电工常识

主　编　杨庆堂　赵　群
副主编　吴　薇　陈　良

HEUP 哈尔滨工程大学出版社

内容简介

本书以电工常识为主要内容，主要介绍了电工基础知识、电工常用工具及仪表、磁路、电动机、低压电器及电力拖动、船用电气设备以及半导体基础知识。介绍了电路、磁路基本理论、电路基本分析方法，力求做到概念准确、内容精炼、重点突出，注重理论联系实际。讲解上通俗易懂，便于自学。本书的典型例题大多取材于工程实际，每章、节后有大量针对性较强的习题、思考题以帮助学生掌握和巩固所学知识。

本书可作为高职高专电类教材，也可供相关技术人员参考。

图书在版编目(CIP)数据

电工常识/杨庆堂，赵群主编．—哈尔滨：哈尔滨工程大学出版社，2014.1
ISBN 978-7-5661-0758-9

Ⅰ．①电…　Ⅱ．①杨…　②赵…　Ⅲ．①电工-基本知识　Ⅳ．①TM

中国版本图书馆 CIP 数据核字(2014)第 021314 号

出版发行　哈尔滨工程大学出版社
社　　址　哈尔滨市南岗区东大直街 124 号
邮政编码　150001
发行电话　0451-82519328
传　　真　0451-82519699
经　　销　新华书店
印　　刷　黑龙江省地质测绘印制中心印刷厂
开　　本　787mm×1 092mm　1/16
印　　张　11
字　　数　266 千字
版　　次　2014 年 1 月第 1 版
印　　次　2014 年 1 月第 1 次印刷
定　　价　24.00 元
http://www.hrbeupress.com
E-mail:heupress@hrbeu.edu.cn

前　言

《电工常识》是根据我国当前高职高专教学课程内容与课程体系改革的实际，力图在体现高职高专培养目标和改革教学指导思想两方面取得突破。妥善处理典型内容与现代科学成就的关系、先进性与适用性的关系、传授知识与培养学生能力的关系。

本书具有以下特点：

(1)结合本课程教学内容和课程体系改革的成果，更新教材体系和内容，使之适应现代科技发展和培养21世纪人才的需要；

(2)适当降低理论知识深度，拓宽知识面，加强工程应用知识，以适应大多数专业基础课时减少的趋势；

(3)本书精选例题、习题，每一节后附有思考题，内容密切结合实际，题量适度，能起到复习、巩固、拓宽知识和加强能力培养的作用。

本书共分六章，分别为电工基础知识、电工工具及仪表应用、磁路与电动机、低压电器及电力拖动常识、船厂常用电气设备介绍、半导体基础知识。本书内容着眼于电工技术的基础性、实用性和先进性，以常用电工基本概念、基本理论、基本分析方法和仪器仪表使用为重点，同时融入电工领域的新技术、新成果，以增强教材的活力和生命力。

本书由渤海船舶职业学院杨庆堂、赵群任主编，辽河石油装备制造总公司吴薇、渤海船舶职业学院陈良任副主编。具体分工如下：杨庆堂编写第三、四章，赵群编写第一、六章，吴薇编写第五章，陈良编写第二章。

由于编者水平、经验有限，书中难免有疏漏之处，恳请相关单位和读者在使用本书过程中将意见和建议及时反馈给我们，以使修订时改进。

编　者

2012年6月

目　　录

第一章　电工基础知识

1. 了解直流、交流电路基本知识。
2. 掌握电路中欧姆定律的使用。
3. 了解电的产生与安全使用。
4. 掌握触电急救的常识。

第一节　直流电路

1. 了解直流电路的基本知识。
2. 运用欧姆定律解题。

一、电路

在物理课程中已经学过简单直流电路的分析和计算方法。本节在物理学的基础上进一步研究复杂直流电路，讨论电路的基本物理量、电路的工作状态以及电阻的连接等内容，并以直流电路为例，讨论求解这类电路的基本定律——欧姆定律。

电路就是电流所通过的路径，它是为了某种需要由某些电工设备及元件按一定方式组合起来的一个整体。

电路的一种作用是实现电能的传输与转换，其典型的例子为电力系统。电力系统包括电源、负载和中间环节这三个组成部分，其电路示意图如图 1-1-1(a)所示。

在电力系统中，发电机是电源，是供应电能的设备。不同类型的发电机组，可以把热能、水能、风能或原子能转换为电能。除发电机外，电池也是常用的电源。在电力系统中电灯、电动机、电炉等用电器称为负载，它们是消耗电能的设备。这些不同类型的负载分别将电能转换为光能、机械能和热能等。在电源与负载之间，变压器和输电线以及必要的控制与保护电器构成了电路的中间环节，它们起到传输与分配电能的作用。

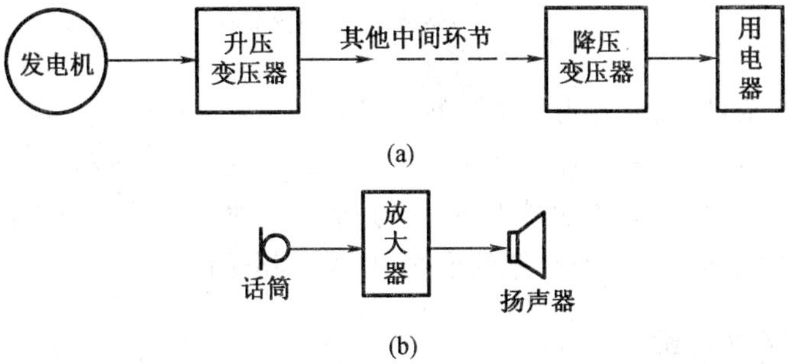

图 1-1-1　电路示意图

(a)电力系统；(b)扩音机

电路的另一种作用是传递与处理信号，典型的例子如扩音机，其示意图如图 1－1－1(b)所示。话筒把语言或音乐转换为相应的电压与电流，形成一定的电信号。而后通过电路传递到扬声器，把电信号还原为语言或音乐。由于话筒输出的电信号比较微弱，不足以推动扬声器发音，所以中间必须用放大器进行放大。信号的这种转换和放大，称为信号的处理。

在扩音机电路中，话筒是输出信号的设备，称为信号源。信号源相当于电源，但与上面所说的发电机、电池等电源不同，信号源输出的电信号的变化规律是取决于所加的信息的。扬声器是接受和转换信号的设备，称为负载。

随着现代科技的发展，电路日益广泛地应用于信号传递与处理，如视听设备、微机系统、自动控制系统、数控加工设备等都是应用电路来传递与处理信号的比较复杂的例子。

由实际电路元件组成的电路，如电动机、变压器、晶体管以及电阻器和电容器等，由于其电磁性能比较复杂，所以很难进行定量的分析与计算。

为了便于对实际电路进行定量的分析与计算，需要将实际元件作理想化处理，即在一定的条件下突出其主要的电磁特性，忽略其次要因素，把它近似地看作某个理想电路元件或几个理想电路元件的组合。例如，一个白炽灯，它除了具有电阻性、消耗电能外，当通过电流时还会产生磁场，就是说它还具有电感性，但电感很小，一般可以忽略不计，所以在直流或工业频率的交流电源作用下，白炽灯就可以视为一个理想电阻元件。所谓理想电路元件是指具有单一的、确定的电磁性能的电路元件，是对实际元件电磁性能的科学抽象与概括。理想电路元件主要有电阻元件、电感元件、电容元件、电源元件等。这些元件分别由相应的图形符号和相应的文字标注及参数来表征，见图 1－1－2(a)。

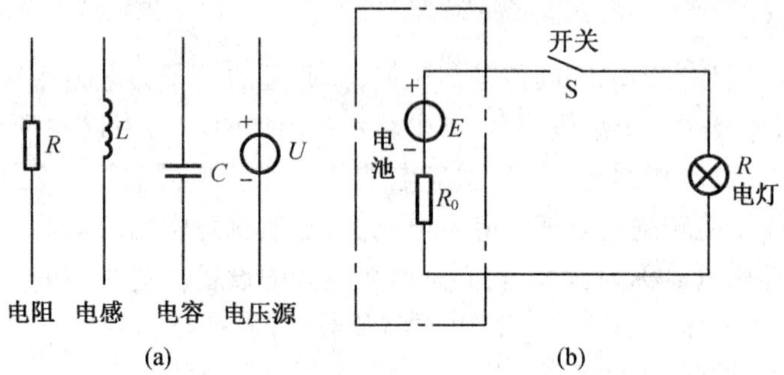

图 1－1－2 理想电路元件和电路模型

(a)理想电路元件；(b)电路模型

由理想元件组成的电路，称为电路模型。图 1－1－2(b)是一个最简单的电路模型，灯泡为理想电阻元件 R，实际电源用电动势 E 和内电阻 R_0 表示，导线和开关组成中间环节，导线视为无电阻的理想导体。本书中以后所分析的电路均为电路模型，简称电路，像图 1－1－2(b)这样用标准图形符号绘制的电路模型称为电路图。

二、电路的基本物理量

1. 电流

电荷有规则的运动称为电流。在金属导体中，电流是自由电子在电场作用下作有规则地运动形成的。在某些液体或气体中，电流则是正负离子在电场力作用下有规则运动形成的。电流的大小取决于在一定时间内通过导体横截面的电荷量多少，用电流强度来衡量。

若在 t 秒内通过导体横截面的电量是库仑 Q，则电流强度 I 就可以用下式表示

$$I=\frac{Q}{t}$$

如果在 1 秒内通过导体横截面的电量是 1 库仑，则导体中的电流强度就是 1 安培，简称安，以字母 A 表示。除安培外，常用的电流强度单位还有千安（kA）、毫安（mA）和微安（μA）。

$$1\ (\mathrm{kA})=10^3(\mathrm{A})$$
$$1\ (\mathrm{A})=10^3(\mathrm{mA})$$
$$1\ (\mathrm{mA})=10^3(\mu\mathrm{A})$$

电流强度简称电流。这样电流这一名词不但表示一种物理现象，而且也代表一个物理量。

电流不但有大小，而且有方向。习惯上规定以正电荷移动的方向为电流方向。在金属导体中，虽然电流实际上是自由电子定向移动形成的，但其效果和等量的正电荷反向流动完全相同，因此电流方向与电子移动方向相反。

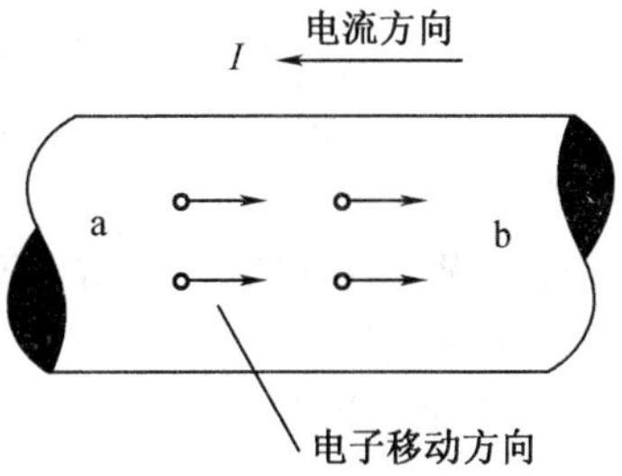

图 1－1－3　电流方向及电子移动方向

2. 电压

电压又称电位差，是衡量电场做功本领大小的物理量。在电路中若电场力将电荷 Q 从 a 点移到 b 点，所做的功为 W_{ab}，则功 W_{ab} 与电量 Q 的比值就称为该 a，b 两点间的电压，用符号 U_{ab} 表示，其数学式为

$$U_{ab}=\frac{W_{ab}}{Q}$$

若电场力将 1 库仑的电荷从 a 点移到 b 点所做的功是 1 焦耳，则 ab 间的电压值是 1 伏特，简称伏（V）。常用的电压单位有千伏（kV）、伏（V）、毫伏（mV）和微伏（μV）。

$$1\ (\mathrm{kV})=10^3(\mathrm{V})$$
$$1\ (\mathrm{V})=10^3(\mathrm{mV})$$
$$1\ (\mathrm{mV})=10^3(\mu\mathrm{V})$$

电压不但有大小，而且有方向，即有正负。对于负载来说，电流流进端为正，流出端为负。电压的方向由正指向负，常用带箭头的细实线表示电压方向。

3. 电动势与电位

电动势是衡量电源将非电能转换成电能本领的物理量。电动势的定义是：在电源内部，外力将单位正电荷从电源的负极移到电源正极所做的功，以字母 E 表示。若外力将电荷 Q 从负极移到正极所作的功是 W_E，则电动势的数学式为

$$E=\frac{W_E}{Q}$$

电动势的单位和电压相同，也是伏特。

电动势的方向规定为在电源内部由负极指向正极。在电路中，用带箭头的细直线表示

电动势的正方向。

对于一个电源来说，既有电动势又有电压，但电动势只存在于电源内部。电源两端的开路电压（不接负载时的电压）等于电源电动势，但两者方向相反。电源两端的电压方向规定为：在电源外部正极指向负极。

电路中某点与参考点间的电压称作该点的电位。通常参考点的电位规定为零电位。电位的符号用字母 V 表示，如 V_A 表示 A 点的电位，单位仍然是伏特。零电位的符号是≡（表示接大地）或⊥（表示电路的公共接点设备的金属外壳接地）。

电路中任意两点间的电位之差，就称为该两点的电位差，常用带双脚标的字母 U 表示，如 U_{AB} 就表示 $V_A - V_B$，即 A，B 两点间的电位差（电压）。

三、电阻元件的连接

1. 导体、绝缘体和电阻

（1）导体　导电能力强的材料称为导体。常见的导体是金属，如银、铜、铝、铁等。

（2）绝缘体　电流几乎不能通过的物质称为绝缘体。常用的绝缘材料有橡胶、塑料、树脂、云母、空气等。

（3）电阻　导体对电流的阻碍作用称为电阻，用字母 R 或 r 表示。其单位是欧姆，简称欧，用字母 Ω 表示。

如果导体两端的电压为 1 V，通过的电流是 1 A，则该导体的电阻就是 1 Ω。除欧姆（Ω）外，常用的电阻单位有千欧（kΩ）和兆欧（MΩ）。

$$1(\mathrm{M\Omega}) = 10^3(\mathrm{k\Omega}) = 10^6(\Omega)$$

实验证明，温度一定时导体的电阻与导体的长度 L 成正比，与导体的横截面积 S 成反比，并与导体的材料性质有关，可用下式表示

$$R = \rho \frac{L}{S}$$

式中 ρ 称作电阻率或电阻系数。电阻率的大小等于长度为 1 米、截面为 1 平方毫米的导体，在一定温度下的电阻值，其单位是欧·米（Ω·m）。

例 用康铜丝绕制 10 Ω 的电阻，问需要直径为 1 mm 的康铜丝多少米？

解　由 $L = \frac{RS}{\rho}$，$S = \frac{\pi d^2}{4}$，康铜丝 $\rho = 5 \times 10^{-7}(\Omega \cdot \mathrm{m})$

则
$$L = \frac{R\pi \mathrm{d}^2}{\rho 4} = \frac{10 \times 3.14 \times (1 \times 10^{-3})^2}{5 \times 10^{-7} \times 4} = 15.7(\mathrm{m})$$

2. 欧姆定律及其应用

（1）电路和电路图

电流通过的路径称为电路，如图 1-1-4 所示。当合上开关时，因电流流过小灯泡，小灯泡就发光。电池、灯泡、开关和连接导线就构成了一个简单的电路。

用国家统一规定的符号来表示电路连接情况的图叫做电路图。

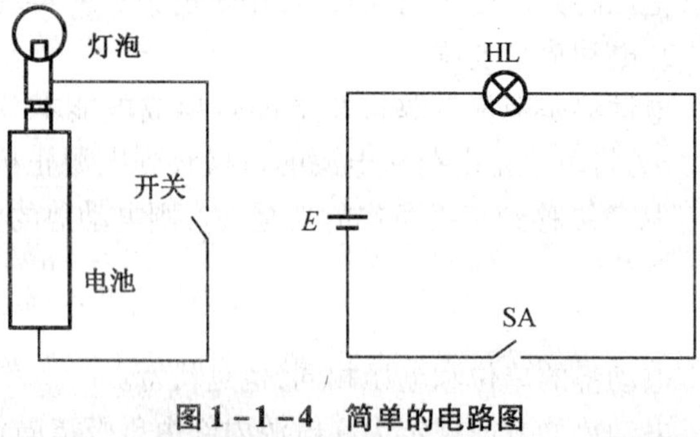

图 1-1-4　简单的电路图

一般电路都是由电源、负载、开关和连接导线四个基本部分组成。

电路常有三种状态：

①通路　指接通的电路。通路也称闭合电路，此时电路里有工作电流。

②开路　指电路中某处断开。开路也称断路，此时电路中无电流。

③短路　指电路被短接，如电源两端用导线连在一起就称短路。短路电流很大，电路一般不允许短路。

(2)部分电路欧姆定律

流过某一段导体的电流与这段导体两端的电压成正比，与这段导体的电阻成反比，见图1-1-5，其数学表达式为

$$I=\frac{U}{R}$$

式中　I——导体中的电流，A；

U——导体两端的电压，V；

R——导体的电阻，Ω。

例　已知某段电路的电压为2.2 V，电阻1.1 Ω，试求流过该段电路的电流。

解　$I=\frac{U}{R}=\frac{2.2}{1.1}=2\ \text{A}$

(3)全电路欧姆定律

全电路是含有电源的闭合电路，如图1-1-6所示。虚线框中E是电源电动势，r为电源内阻。全电路中的电流强度与电源电动势成正比，与整个电路的电阻之和成反比，其数学式为

$$I=\frac{E}{R+r}$$

式中　I——电路中的电流，A；

E——电源电动势，V；

R——电路中的电阻，Ω；

r——电源内阻，Ω。

由上式得　$E=IR+Ir=U_R+U_r$

式中　U_R——电路端电压；

U_r——电源内阻压降。

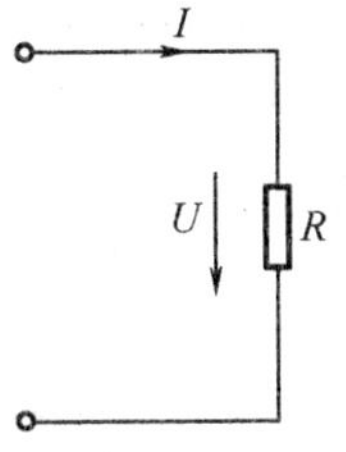

图1-1-5　部分电路欧姆定律

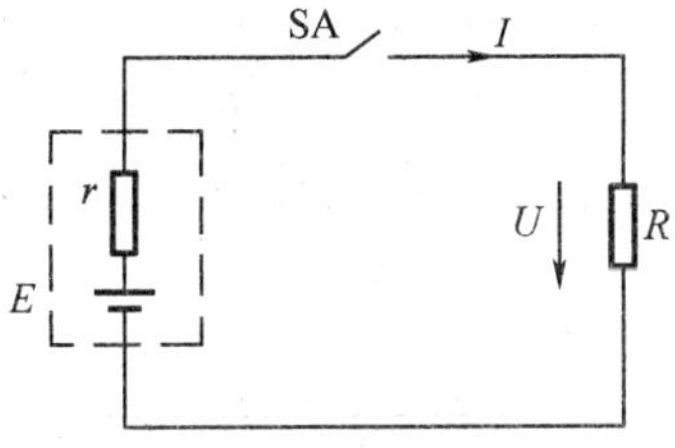

图1-1-6　全电路欧姆定律

全电路欧姆定律还可叙述为电源电动势在数值上等于闭合电路中各部分电压之和。

3. 电阻的串联、并联及其应用

(1)电阻的串联及应用

两个或两个以上电阻依次相连,中间无分支的连接方式叫电阻的串联。如图 1-1-7 所示。

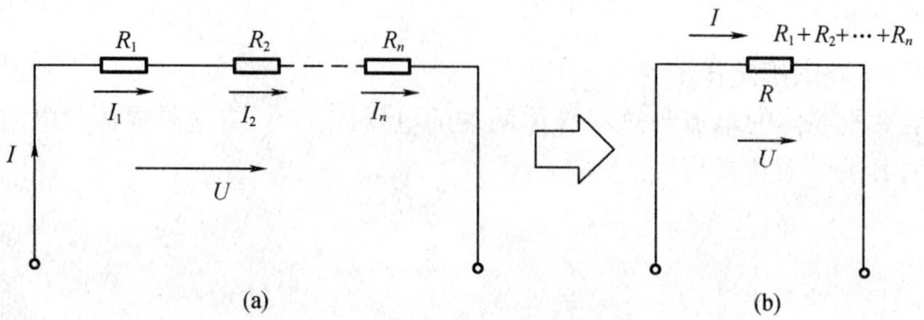

图 1-1-7　电阻的串联

串联电路有以下性质:

①串联电路中流过每个电阻的电流都相等,即 $I=I_1=I_2=\cdots=I_n$。

②串联电路两端的总电压等于各电阻两端的电压之和,即 $U=U_1+U_2+\cdots+U_n$。

③串联电路的等效电阻(即总电阻)等于各串联电阻之和,即 $R=R_1+R_2+\cdots+R_n$。

根据欧姆定律 $U_1=I_1R_1$,$U_n=I_nR_n$,已知 $I_1=I_n$,则

$$\frac{U_1}{U_2}=\frac{R_1}{R_2}$$

上式表明在串联电路中,电压的分配与电阻成正比。

电阻的串联应用很广泛,在实际工作中常见的有:

①用几个电阻串联来获得较大的电阻。

②采用几个电阻构成分压器,使同一电源能供给几个不同的电压。

③电焊机上常用两个 36 V 灯泡串联起来接在电焊机的输出端(电焊机的空载输出电压为 70 V 左右)作临时照明用。

(2)电阻的并联及其应用

两个或两个以上电阻跨接在电路中相同的两点之间称电阻的并联,如图 1-1-8 所示。

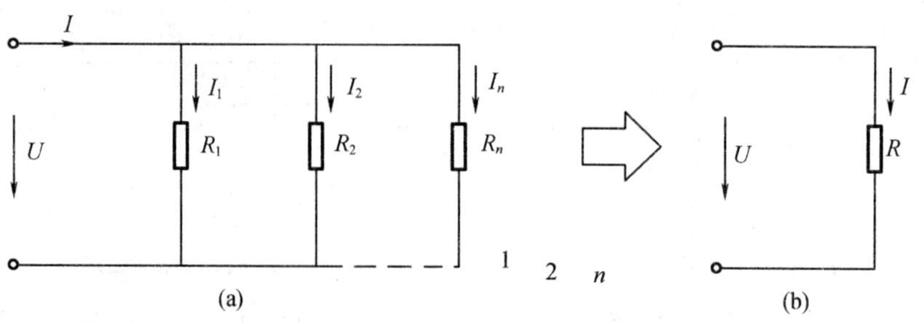

图 1-1-8　电阻的并联

并联电路的性质：

①并联电路中各电阻两端的电压相等，即 $U_1 = U_2 = \cdots = U_n$。

②并联电路中的总电流等于各电阻中的电流之和，即 $I = I_1 + 1_2 \cdots + I_n$。

③并联电路的等效电阻（即总电阻）的倒数等于各并联电阻的倒数之和，即

$$\frac{1}{R_{总}} = \frac{1}{R_1} + \frac{1}{R_2} + \cdots + \frac{1}{R_n}$$

若两个电阻并联，则

$$R = \frac{R_1 R_2}{R_1 + R_2}$$

根据并联电路的性质(1)可得

$$\frac{I_1}{I_n} = \frac{R_n}{R_1}$$

在并联电路中，电流的分配与电阻成反比。两个电阻并联其分流公式为

$$I_1 = \frac{R_2}{R_1 + R_2} I$$

$$I_2 = \frac{R_1}{R_1 + R_2} I$$

并联电阻应用也相当广泛，例如：

①在家庭中，相同电压的家用电器，在电路中属并联使用。

②在工厂中，相同电压的工业设备、电动机等也都是并联使用。

③在电工产品中，并联可获得较小的电阻，如两个 100 Ω 的电阻并联后是 50 Ω。

3. 混联电路

实际工作中的电路往往有串联又有并联，这种电路称为混联电路，如图 1－1－9 所示。对于混联电路求解等效电阻时，可将它们划分成许多基本的串、并联电路，再应用串、并联的计算公式一步一步地进行计算，就可以求出它的等效电阻。

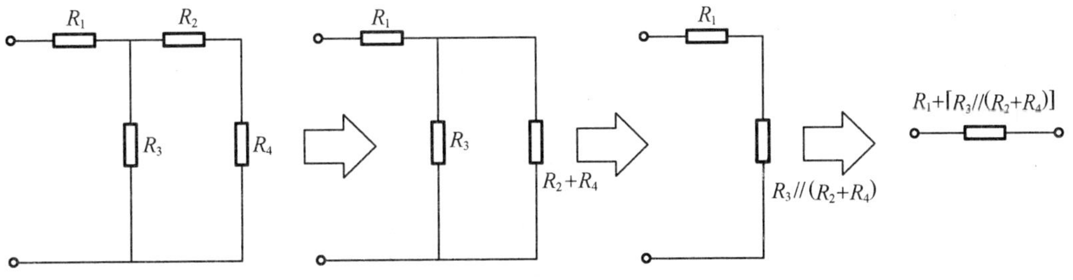

图 1－1－9　混联电路计算变化图

四、电功与电功率

1. 电功

电流流过用电器时电流就做功，将电能转换成其他形式的能，如磁、热、机械能等。我们把电流在一段时间内所做的功叫做电功，用字母 W 表示，其数学式

$$W = IUt$$

在上式中,若电压为伏特,电流为安培,时间为秒,则电功单位是焦耳,用字母 J 表示。

2. 电功率

电流在一秒钟内作的功称电功率,用字母 P 表示,其数学式为

$$P=\frac{W}{t}=IU=I^2R=\frac{U^2}{R}$$

电功率单位是瓦特,用字母 W 表示,常用单位还有千瓦(kW)、毫瓦(mW)。

$$1(\text{kW})=10^3(\text{W})$$

$$1(\text{W})=10^3(\text{mW})$$

根据电功率公式分析:

(1)当用电器的电阻一定时,电功率与电流的平方和电压的平方成正比。

(2)当流过用电器的电流一定时,电功率与电阻值成正比。

(3)当施加在用电器两端电压不变时,电功率与电阻值成反比。

3. 电流的热效应

电流通过导体时使导体发热的现象叫电流的热效应。英国科学家焦耳和俄国科学家楞次分别研究了电流的热效应后,各自提出了相同的实验定律:电流流过导体产生的热量与电流强度的平方、导体的电阻及通电时间成正比。为纪念这两位科学家,就把这个实验定律叫做焦耳－楞次定律,其数学表达式为

$$Q=I^2Rt$$

Q 的单位是焦耳,简称焦,以字母 J 表示。

我们利用了电流的热效应生产了很多用电器,如电炉、电熨斗、电加热器等;又如电焊机低电压大电流焊接钢板。但电流的热效应也有不少弊端,在长距离输电过程中,有大量的电能被消耗在电线的发热上。目前的高电压、小电流输电线就是为了减少输电线上的电能损耗。

4. 负载的额定值

电能转换成热能,但转换成机械能或其他能时却不希望发热,因过度发热会损坏绝缘,比如电机就有一个最高温升值,控制这个温升值当然与电压、电流和功率有关,所以我们制定了一个额定值,每台设备或电机均有额定功率 P_N、额定电压 U_N 和额定电流 I_N,电机在长期运行中均不能超过这个额定值。我们把电机超过额定值的情况叫过载,过载会烧坏电机。电机在额定值工作叫满载;电机在低于额定值下工作叫轻载,若长时间负载很轻,即大马拉小车,在经济上不合算。

思考与练习

1. 什么叫电路,它由哪几部分组成,各起什么作用?

2. 什么是电流,它的方向是怎样规定的,电流的方向与金属导体中自由电子移动的方向有什么不同,为什么?

3. 在什么情况下端电压等于电动势、小于电动势、等于零?

4. 一个电池的电动势为 1.5 V,内电阻为 0.3 Ω,当外电阻 R 在下列情况时求电路中的电流和端电压。(1)$R=2.7$ Ω;(2)$R=0$;(3)$R\to\infty$。

5. 一台水泵电动机,运行时功率为 6 kW,每天工作 8 小时,一个月按 30 天计,共消耗多少电能?

6. 电车上用直流电动机，在 600 V 电压下通过的电流强度是 120 A，运行 1 小时，共做了多少功？

7. 要把一额定电压为 24 V，电阻为 240 Ω 的指示灯接到 36 V 电源中使用，应串多大电阻？

8. 求图 1－1－10 中的 I_1 和 I_2。

9. 求图 1－1－11 中 AB 间的总电阻 R_{AB} 和 R_1 中的电流。

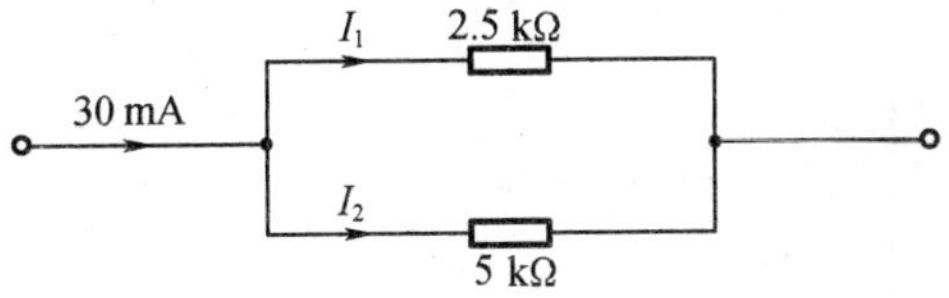

图 1－1－10

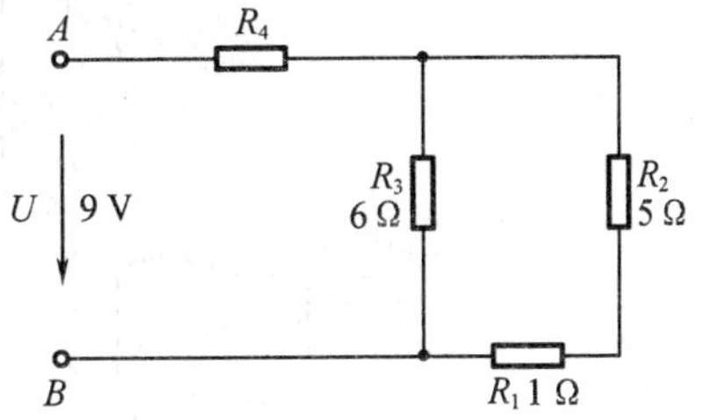

图 1－1－11

第二节　正弦交流电路

1. 了解交流电的产生与基本知识。
2. 利用向量法解释交流电路。

一、交流电的基本概念

交流电是指大小和方向都随时间作周期性变化的电动势(电压或电流)。正弦交流电是指按正弦规律变化的交流电，如图 1－2－1 所示。

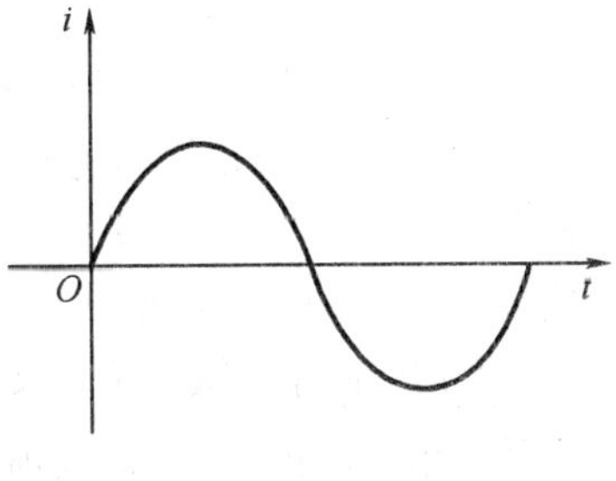

图 1－2－1　正弦交流电波形图

交流电有极为广泛的用途，现代工农业生产中几乎所有电能都是以交流形式产生出来的。即使船厂的高架吊车、直流焊机、电镀、船舶通信所需要的直流电也可经过交流整流获得，而且交流电可以使用变压器改变电压和电流，便于远距离输电和向用户提供各种不同的电压。

1. 正弦电动势的产生

正弦电动势通常是由交流发电机产生的，图 1－2－2 是交流发电机的示意图。在静止不动的磁极间装有能转动的圆柱形铁芯，铁芯上紧绕着线圈 $abb'a'$，线圈的两端分别连着两个彼此绝缘的铜环 C，铜环又通过电刷 A，B 与外电路相接。当线圈在磁场中沿逆时针方向旋转时，线圈中就产生感生电动势。为获得正弦交流电，磁极被设计成特殊形状，如图 1－2－2 (b)所示。在磁极中心处磁感应强度最强，在中心两侧磁感应强度按正弦规律逐渐减小，在磁极分界面 OO' 处磁感应强度正好为零。这样不仅铁芯表面的磁感应强度按正弦规律分布，而且磁感应强度的方向总是处处与铁芯表面垂直。

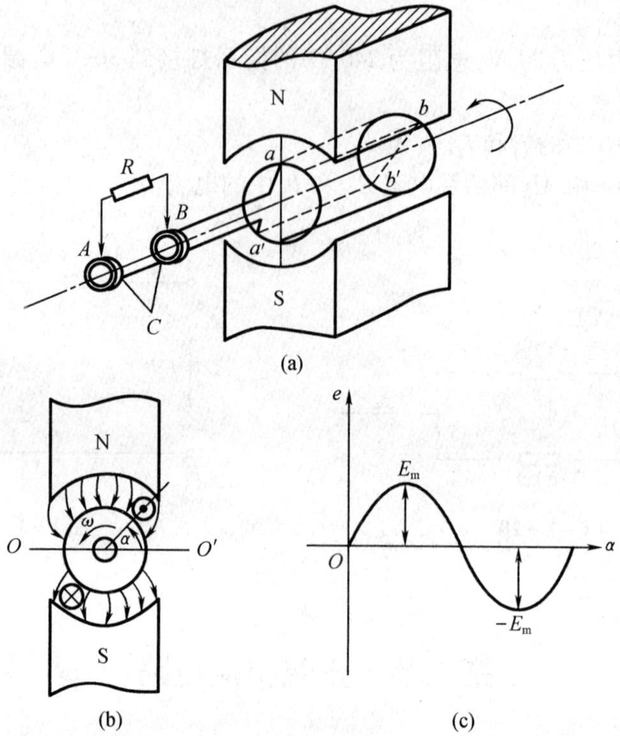

图 1-2-2　正弦交流发电机示意图及正弦交流电动势波形

3. 正弦交流电的基本特征和三要素

(1)瞬时值　正弦交流电随时间按正弦规律变化,某时刻的数值不一定和其他时刻的数值相同。我们把任意时刻正弦交流电的数值称为瞬时值,分别用字母 e,u 和 i 表示。瞬时值有正有负,也可能为零。

(2)最大值　即最大的瞬时值(峰值)。正弦交流电动势、电压和电流的最大值分别用字母 E_m,U_m 和 I_m 表示,数值为绝对值。最大值为正弦交流电的三要素之一。

(3)有效值　有效值是根据电流热效应来规定的,让一个交流电流和一个直流电流分别通过阻值相同的电阻,如果在相同时间内产生的热量相等,那么就把这一直流电的数值叫做这一交流电的有效值。正弦交流电动势、电压和电流的有效值分别用字母 E,U 和 I 表示,它与最大值之间的关系:最大值 $=\sqrt{2}$ 有效值。

(4)周期、频率和角频率

①周期　交流电每重复一次所需的时间,用字母 T 表示,单位是秒(s)。

②频率　交流电 1 秒钟内重复的次数,用字母 f 表示,单位是赫兹(Hz),$f=\frac{1}{T}$。

③角频率　交流电在 1 秒钟内变化的电角度,用 ω 表示,单位是弧度/秒(rad/s),角频率与频率的关系为 $\omega=2\pi f$。

上述的周期、频率和角频率都是表示交流电快慢的物理量。三个物理量都是互相关联的。通常把角频率称为正弦交流电的三要素之二。

(5)初相角　线圈刚开始转动瞬间的相位角称为初相角,也称初相位或初相,如图

1－2－3 所示。初相角是正弦交流电的三要素之三。

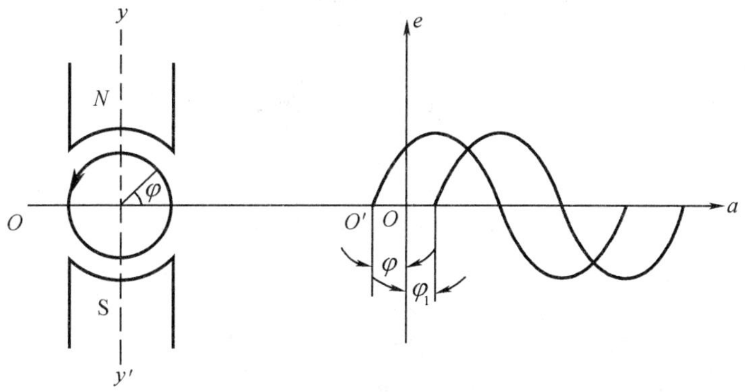

图 1－2－3　初相角示意图

只有当正弦交流电的最大值、角频率和初相角这三个量确定时，正弦交流电才能被确定。也就是说这三个量是正弦交流电必不可少的要素，所以称它为三要素。

4. 正弦交流电的相位差

如图 1－2－4(a)所示，设线圈 1 和 2 完全相同，它们的平面与中性面的夹角分别为 φ_1 和 φ_2。当它们同时以角频率 ω 逆时针旋转时，两个线圈中都将产生感生电动势，而且电动势的频率相同，最大值相同，但初相不同，如图 1－2－4(b)所示的两条曲线，它们起始位置不同。为了比较两个正弦交流电，我们引入相位差的概念。所谓相位差就是两个同频率正弦交流电的相位之差，实际上也就是初相角之差。如果一个正弦交流电比另一个正弦交流电提前达到零值或最大值，则前者叫超前，后者叫滞后。若两个正弦交流电同时达到零值或最大值，并初相角相等，称作同相，如图 1－2－4(a)所示。若一个正弦交流电达到正的最大值时，另一个正弦交流电达到负的最大值，它们的初相相差 180°，则称反相，如图 1－2－4(b)所示。

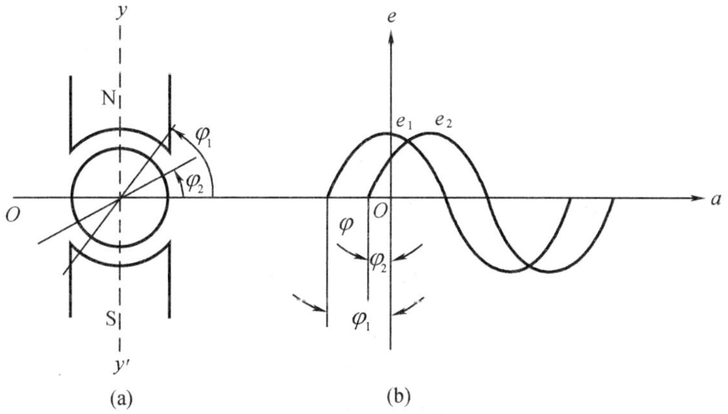

图 1－2－4　相位差示意图

例　已知 $i_1=10\sqrt{2}\sin(100\pi t-90°)$ A，$i_2=28.28\sin100\pi t$A，求 i_1 和 i_2 的有效值；i_1 和 i_2 的相位差和时差，并说明哪个电流超前，哪个电流滞后。

解　因为已知 $I_{1m}=10\sqrt{2}$ A　$I_{2m}=28.28$ A

所以
$$I_1=\frac{I_{1m}}{\sqrt{2}}=\frac{10\sqrt{2}}{\sqrt{2}}=10\ \text{A}\quad I_2=\frac{I_{2m}}{\sqrt{2}}=\frac{28.28}{\sqrt{2}}=20\ \text{A}$$

i_1 和 i_2 的相位差为

$$\varphi_{12}=-90°-0°=-90°$$

i_1 和 i_2 的相时差为

$$t_{12}=\frac{\varphi_{12}}{\omega}=\frac{-\pi/2}{100\pi}=-\frac{1}{200}=-0.005\ \text{s}$$

计算结果说明 i_1 滞后 i_2 90°，或者说 i_2 超前 i_1 90°。i_1 比 i_2 迟 0.005 s 到达正的幅值。

二、单相交流电

由交流电源、用电器、连接导线和开关等组成的电路称交流电路。若电源中只有一个交变电动势，则称其为单相交流电路。交流负载一般是电阻、电感和电容或它们的不同组合。

1. 纯电阻电路

由白炽灯、电烙铁、电阻炉或电阻器组成的交流电路都可以看成是纯电阻电路，如图 1-2-5。在这个电路中，当外加电压一定时，影响电流大小的主要因素是电阻 R。通过矢量图看出，电流与电压是同相的。当然交流电是瞬变的，我们可以用电压与电流的有效值欧姆定律进行数量上的计算。

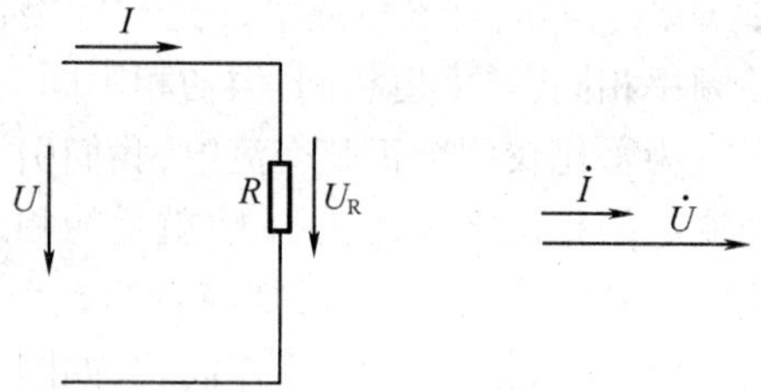

图 1-2-5　纯电阻电路及矢量图

电压与电流有效值的乘积称作负载 R 上的有功功率

$$P=U_RI=I^2R=\frac{U_R^2}{R}$$

式中　P——有功功率，W；

U_R——加在电阻两端的交流电压有效值，V；

I——过电阻的交流电流有效值，A；

R——用电器的电阻值，Ω。

例　已知白炽灯工作时的电阻为 484 Ω，其两端的电压有效值为 220 V，求：(1)电流有效值；(2)有功功率。

解
$$I=\frac{U}{R}=\frac{220}{484}=\frac{5}{11}\ \text{A}$$

$$P=\frac{U^2}{R}=\frac{220\times220}{484}=100\ \text{W}$$

2. 纯电感电路

当电流流过线圈时将产生自感电动势来阻碍电流的变化，则线圈中的电流变化总滞后线圈两端的外加电压的变化，所以电流与电压间就有相位差。线圈中产生的自感电动势 e_L 方向总是反抗电流的变化，其大小为 $e_L = -L\dfrac{\Delta i}{\Delta t}$。图 1－2－6 为纯电感交流电路及矢量图，我们可以分析一下交流电在一个周期 T 内的变化情况。在电感中通入一个交流电流，交变电流由 $t=0$ 的一瞬间开始逐步增大，而电流的变化率$\dfrac{\Delta i}{\Delta t}$则由最大逐渐变小。当电流变到最大值时，则$\dfrac{\Delta i}{\Delta t}$趋向于零，所以说当电流通过纯电感电路时，不仅电流的大小和方向在变化，而且变化率$\dfrac{\Delta i}{\Delta t}$也在不断改变。$\dfrac{\Delta i}{\Delta t}$反映了线圈中自感电动势变化规律，也就是说，电流的零位正好$\dfrac{\Delta i}{\Delta t}$自感电动势的最大值，而电流的最大值正好对应着自感电动势的零值，它们两者之间有着 90°的相位差，而且两者的变化趋势正好相反。根据上述分析，可绘出自感电动势的波形图和矢量图。

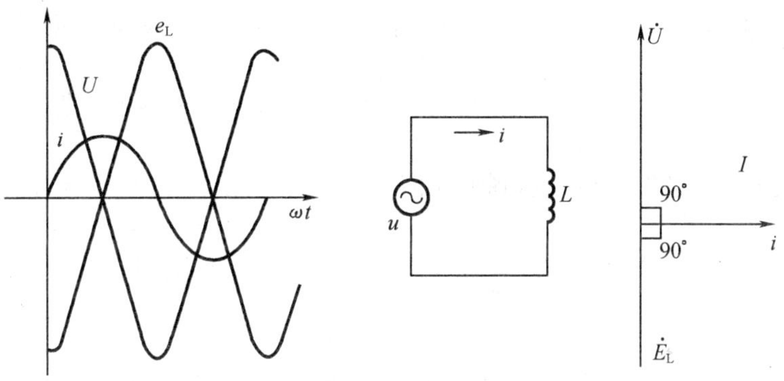

图 1－2－6　纯电感电路及矢量图

由于自感电动势总是要反抗电流的变化，所以要使电流顺利地在电路中流动，必须外加一个电压，其大小一定要等于自感电动势，而方向一定要与自感电动势方向相反，即

$$U_L = -e_L = L\frac{\Delta i}{\Delta t}$$

由此可知，电感线圈上电压与流过线圈的电流之间存在着相位差，而且在相位上超前电流 90°。在计算纯电感电路时，我们引入感抗的概念。

$$X_L = \omega L = \frac{U}{I}$$

感抗的单位是欧姆。感抗就是电流流过线圈时，因自感作用造成的阻力。在纯电感电路中，只有电感线圈的磁场能量和电源的能量进行转换，没有能量的消耗，所以说纯电感是储能元件。如日光灯电路就是利用电感线圈来限止电流，这比用电阻来限流可减少电能的损耗。

3. 纯电容电路

电容（或称电容量）是表现电容器容纳电荷本领的物理量。我们把电容器的两极板间的电势差增加 1 V 所需的电量，叫做电容器的电容。任何两个导体中间隔以不导电的材料，就形成了一个电容器。最简单的电容器是平板电容器,如图 1－2－7 所示。金属板 A,B 称为极板,其引出线称为电极,其图形符号如图 1－2－7(b),文字符号为 C。

把电容器串接在直流电路中时,由于电容器两极板间被绝缘的介质隔开,电流不能通过,因此它对直流电就相当于开路。可是若把电容器接在交流电路上,情况就不同了,由于交流电的大小和方向都是在不断地变化,使电容器不断地充电和放电,从而使电路中出现持续的交变电流。电流 i 和电压 u 的关系为

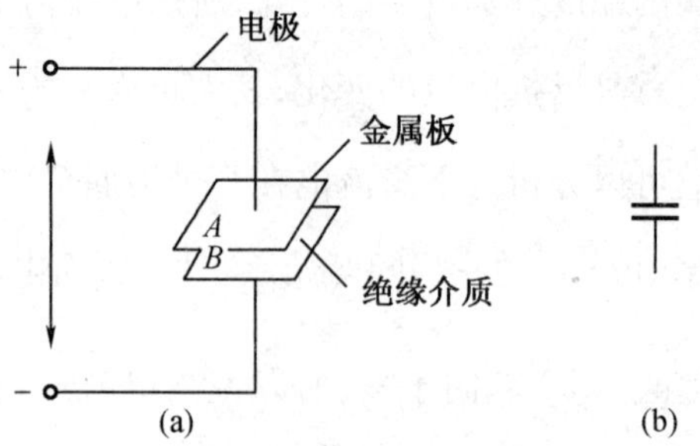

图 1－2－7　电容器的结构及符号

$$i = C\frac{\Delta u}{\Delta t}$$

纯电容电路的特点在相位上是电流超前电压 90°,和纯电感电路中的相位关系正好相反。这主要因为电流不是由电压的大小来决定的,而是由电压变化率$\frac{\Delta u}{\Delta t}$来决定的。

由图 1－2－8 可知,$u=0$ 时,$\frac{\Delta u}{\Delta t}$为最大,所以 i 为最大值。0°～90°期间,电压开始逐渐上升,变化率逐渐下降,90°时电压达到最大值。$\frac{\Delta u}{\Delta t}$为零,电压曲线处于无变化的平坦部分,所以电流为零。在 90°～180°期间,$\frac{\Delta u}{\Delta t}$从零增至为最大,而电压值则逐渐下降,电流值从零增至最大,但其方向与前段时间内的方向相反,应为负值。在 180°～270°期间,电流值从负的最大变化到零。在 270°～360°期间,电流值又从零值增至正的最大值。依次循环下去,这就是电流超前电压 90°的原因。

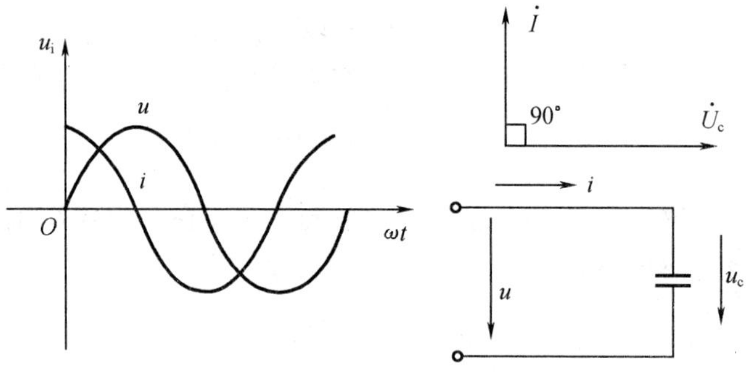

图 1－2－8　纯电容电路电流电压矢量图

电流、电压与容抗之间的关系

$$I = \frac{U}{X_C} = \frac{U}{\dfrac{1}{\omega C}} = \omega CU$$

其中 $X_C=\frac{1}{\omega C}=\frac{1}{2\pi fC}$，称为电容器的容抗，它反映了电容器对电流的阻碍作用。电容 C 的单位为法拉，容抗的单位为欧姆。

在电容电路中，只有电容器与电源之间的能量转换，没有能量的消耗。在电容器充电时，电容器把电能储存起来，电容器放电时，电容器把电场能送回电源，所以电容器是储能元件。

三、三相交流电路

前面所讲的单相交流电路中的电源只有两根输出线，而且电源只有一个交变电动势。如果在交流电路中有几个电动势同时作用，每个电动势的大小相等，频率相同，但初相不同，则称这种电路为多相制电路，其中每一个电路称为多相制电路的一相。目前应用最为广泛的是三相制电路，简称三相电路，其电源由三相发电机产生。

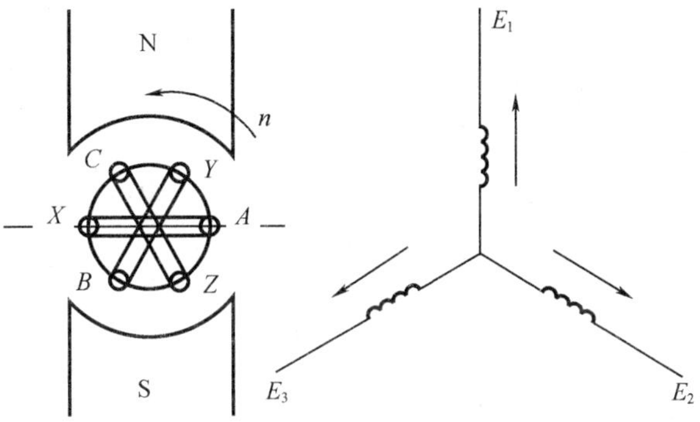

图 1－2－9　三相交流电路原理图

三相交流电的优点：

（1）三相发电机比尺寸相同的单相发电机输出的功率大。

（2）三相发电机和变压器的结构及制造都不复杂，且使用和维护都较方便。

（3）在同样条件下输送同样大功率时，特别是在远距离输电时，三相输电线比单相输电线可节约 25% 左右的线材。所以三相交流电得到广泛应用。

1. 三相电动势的产生

三相电动势是由三相交流发电机产生的。实际应用的发电机如图 1－2－10 所示，它主要由转子和定子组成。转子是电磁铁，其磁极表面的磁场按正弦规律分布，定子内嵌有三个线圈，彼此相隔 120°，每个线圈的匝数、几何尺寸相同。根据国标，各线圈的始端分别用 U_1，V_1，W_1 表示，末端分别用 U_2，V_2，W_2 表示。转子作顺时针旋转时，定子绕组相对转子作逆时针旋转，每个线圈产生的感应电动势分别为 e_1，e_2，e_3 由于各线圈互差 120°，三个电动势初相互差 120°。如果把第一相 e_1 作为参数初相，则 e_2 滞后初相 120°，e_3 超前初相 120°，我们把它称为对称三相电动势，而且规定每相电动势的正方向是从线圈的末端指向始端，流出为正。

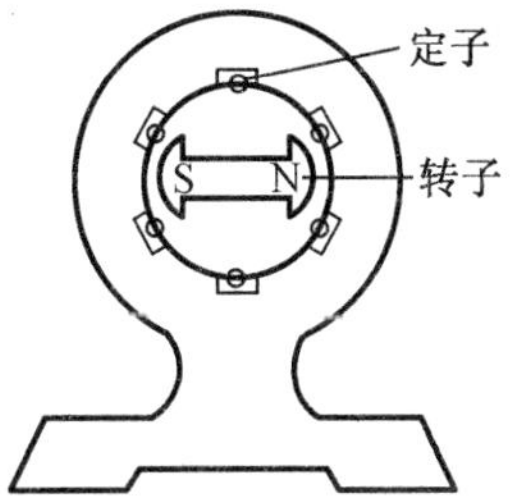

图 1－2－10　三相交流发电机示意图

三相交流电的特点：

(1)由于三相绕组以同一速度切割磁力线，所以电动势的频率相同，即 $f_1 = f_2 = f_3$。

(2)由于每相绕组的几何形状、尺寸、匝数均相等，所以三相电动势幅值也相等，即 $E_1 = E_2 = E_3$。

(3)由于三个绕组在空间的位置互差 120°，所以三个电动势在相位上也互差 120°，所以 e_1, e_2, e_3 是三相对称电动势。

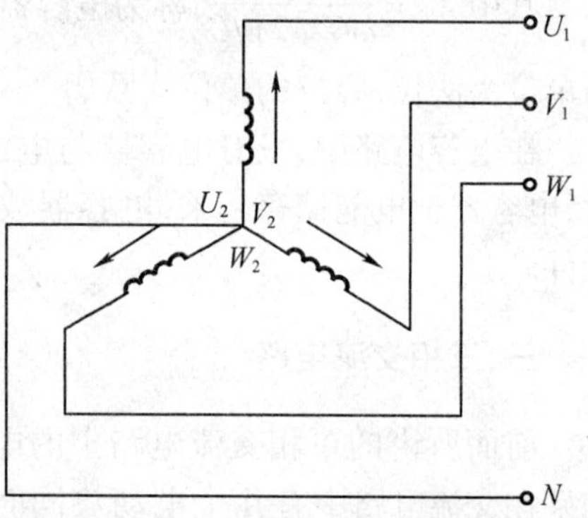

图 1－2－11　三相四线供电制

2. 三相发电机和负载的星形连接

三相发电机的三个绕组不是单独向外输电的，而是按照一定方式连接成一个整体向外输电，一般常用星形连接方式。所谓星形连接就是把各相绕组的末端连接在一起，成为一个公共点，这一点叫中点或零点，从中点引出的连接线叫做中线(中性线)，从始端引出的三根连接线叫相线(火线)。绕组接成星形时，可以得到两种电压，一种是相电压，另一种是线电压。相电压是指每个绕组的始端和末端之间的电压(相线与中性线之间的电压)。线电压是指相线和相线之间的电压。相电压的矢量图规定，相电压的正方向是从端线指向中性线，相电压的有效值用 U_U, U_V, U_W 表示，线电压用 U_{UV}, U_{VW}, U_{WU} 表示，线电压的正方向由注脚文字的先后次序来标明，如 U_{UV} 表示 U 端指向 V 端。

线电压与相电压的关系，线电压 U_{UV} 包含着 U 相和 V 相两相之间的电压，由于它们之间存在着相位差，所以线电压绝不等于相电压的代数和。

利用矢量图可得线电压和相电压的关系，由图 1－2－12 可见

$$\frac{1}{2}U_{UV} = U_U \cos 30° = U_U \cdot \frac{\sqrt{3}}{2}$$

$$U_{UV} = \sqrt{3}\,U_U$$

$$U_{VW} = \sqrt{3}\,U_V$$

$$U_{WU} = \sqrt{3}\,U_W$$

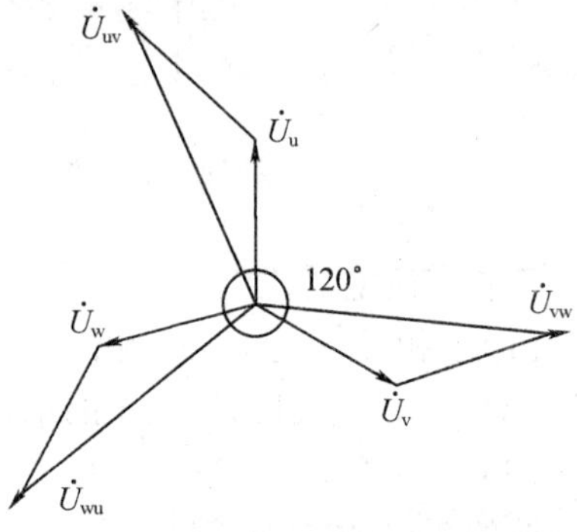

图 1－2－12　线电压和相电压矢量图

写成一般公式为

$$U_{线} = \sqrt{3}\,U_{相}$$

通过以上分析，可以得出如下结论：发电机三相绕组作星形连接时，线电压的有效值等于相电压有效值 $\sqrt{3}$ 倍，在相位上线电压超前对应的相电压 30°。

我们经常讲的 220 V，380 V 的两种电压，就是同一个三相电源作星形连接时的相电压和线电压。

当三相负载作星形连接接在三相电源上时，则三相电源每相绕组或每相负载中的电流叫相电流；而由电源内负载每一相供电的线路上的电流叫线电流，显然在星形连接的三相电路中，相电流等于线电流。

3. 负载作三角形连接的三相电路

如果把电动机的三个绕组依次首尾连起来，在首尾的连接点上接进三相电源，则称这

种连接方法为负载的三角形接法。由此可见，负载的相电压等于线电压，但线电流与相电流不等。线电流与相电流的关系可以绘成矢量图，如图 1－2－13(b)所示。

$$I_U=\sqrt{3}I_{UV} \qquad I_{线}=\sqrt{3}I_{相}$$

综上所述，三相对称负载作三角形连接时，负载的相电压等于线电压，线电流的有效值等于相电流有效值的$\sqrt{3}$倍，线电流在相位上滞后与它对应的相电流 30°。

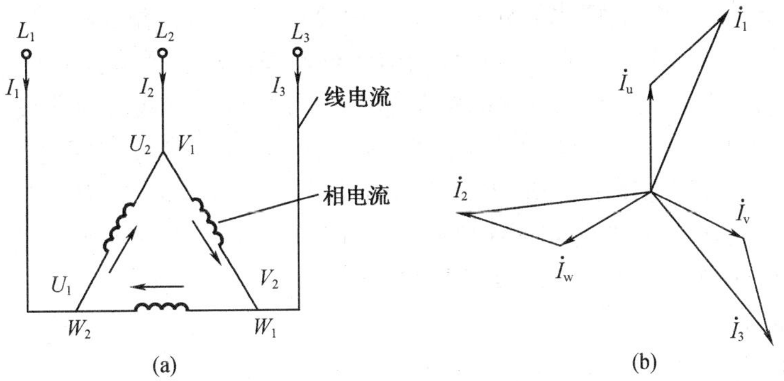

图 1－2－13 负载作三角形连接及其矢量图

思考与练习

1. 什么叫交流电，什么叫正弦交流电，正弦交流电的三要素是什么，正弦交流电的数学表示式是什么？

2. 已知交流电动势 $e=10\sqrt{2}\sin(100\pi t-\frac{3}{4}\pi)$(V)，则它的最大值、周期、频率、角频率、初相、有效值各为多少？

3. 什么是同相，什么是反相，什么叫超前，什么叫滞后？

第三节 供电及配电

1. 熟悉电能的生产、输送、分配。
2. 了解用电等级。

电能在生产、输送、分配、使用及控制方面，都较其他形式的能量优越，所以在工农业生产、科学实验及人民生活等各个领域得到了广泛的应用。

由包括各种电压等级的电力线路将发电厂、升降压变压器和电力用户联系起来的升压、输电、降压、配电和用电的整体，称为电力系统。电工要为电力系统投入运行和应用服务。从发电到用电的许多环节中，都包含了电工的辛勤劳动。因此，电工是工业、农业和各项事业中必不可少的技能人员。

电能是一种最优越的能源，是现代工业的主要动力。一般工矿企业所消耗的电能占其总能源消耗的 80% 左右，因此，合理的供配电及安全用电是厂矿企业重要的基础技术工作。

本章将简要介绍电力系统组成、工厂供配电及安全用电的基本知识，着重介绍接地、接零保护。

一、电力系统的组成

随着我国经济的飞速发展，电能越来越成为现代人们生产和生活中的重要能量。电能的获取，是通过其他形式的能量转化而来的，如水力、火力、风力、太阳能等。它具有清洁、无噪音、无污染、易转化（如转化成光能、热能、机械能等）、易传输、易分配、易调节、易控制和测试等优点，因而在工矿企业、交通运输、国防科技和人民生活诸方面得到广泛应用。因此，电力工业也就成了国民经济发展的重要部门，成了社会主义现代化建设的基础。

电能是由发电厂生产的。发电厂的发电机发出的电能，经过升压变压器升压后，再通过输电线路传输，送到降压变电所，经降压变压器降压后送给用户，从而完成了一个发电、输电、配电、用电的全过程。我们把连接发电厂和用户之间的环节称为电力网。把发电厂、电力网和用户组成的统一整体称为电力系统，如图 1－3－1 所示。下面对电力系统各组成部分作简要介绍。

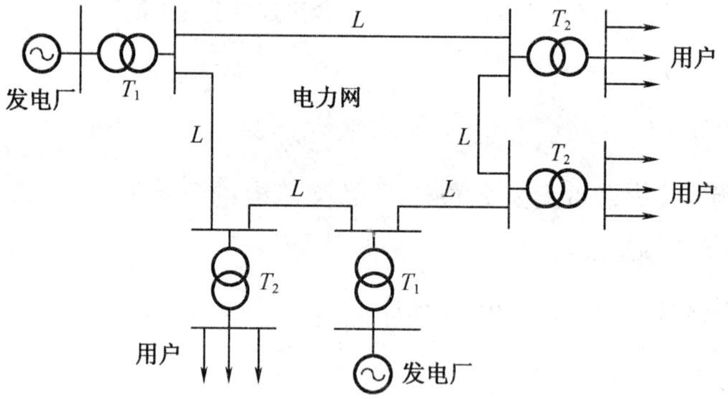

图 1－3－1　电力系统示意图

T_1—升压变压器；T_2—降压变压器；L—输电线路

1. 发电厂

发电厂是用来发电的，是电力系统的核心。电能是二次能源，根据转化电能的一次能量不同，发电厂可分为火力发电厂（一次能源为煤、油、天然气）、水力发电厂（一次能源为水势能）、核电厂（一次能源为原子能）、地热发电厂（一次能源为地热）、风力发电厂（一次能源为风能）、太阳能发电厂（一次能源为太阳能）等。

目前，由于我国的煤矿资源和水力资源丰富，因此，火力发电和水力发电占据了我国电力生产的主导地位。但随着核电的开发，核电的比例也在逐渐增大。由于核电厂消耗的一次能源“浓缩轴”较火电厂消耗的煤数量和成本要少得多（在发相同的电能前提下），因此，发展核电对人类有着很重要的意义。

2. 电力网

电力网是发电厂和用户之间的联系环节。一般由变电所和输电线路构成。其中变电所是接受电能、变换电压和分配电能的场所，一般可分为升压变电所和降压变电所两大类。升压变电所是将低电压变换为高电压，一般建在发电厂；降压变电所是将高压变换为一个合理、规范的低电压，一般建在靠近负荷中心地点。

输电线路是电力系统中实施电能远距离传输的环节。它一般由架空线路及电缆线路组成。架空线路主要由导线、避雷线、绝缘子、杆塔和拉线、杆塔基础及接地装置构成，如图 1－3－2 所示。电缆线路则较为简单，一般采用直埋方式将电缆埋在地下或采用沟道内敷设方式。架空线路由于其结构简单，施工简便，建设速度快，检修方便，成本低等优点而被广泛应用于电力系统，成为我国电力网的主要输电方式。而电力电缆线路由于电缆价格昂贵，成本高，检修不便等因素而用于架空线路不便架设的场合，如大城市中心、过江、跨海、污染严重地区等。

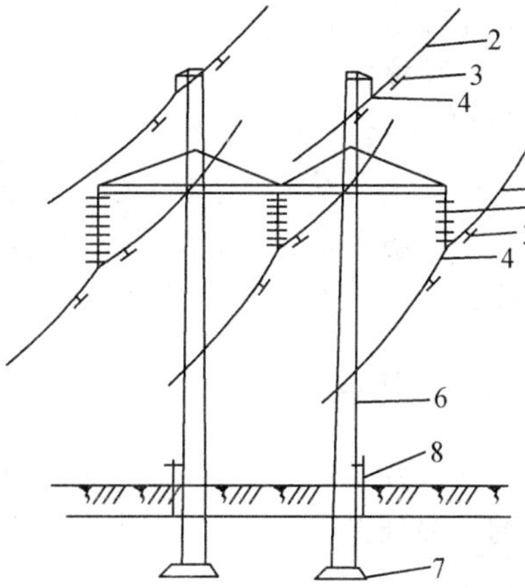

图 1－3－2　架空线路的组成元件

1—导线；2—避雷线；3—防振锤；4—线夹；5—绝缘子；6—杆塔；7—基础；8—接地装置

一般为了提高电力系统的稳定性，保证用户的供电质量和供电可靠性，通过电力网，把多个发电厂、变电所联合起来，构成一个大容量的电力网进行供电。目前我国有华东、华南、华中、华北、东北、西南、西北七大电力网。

电力网按其功能可分为输电网和配电网。由 35 kV 及以上输电线路和变电所组成的电力网称为输电网。其作用是将电能输送到各个地区的配电网或直接送到大型工矿企业，是电力网中的主要部分。由 10 kV 及以下的配电线路和配电变电所组成的电力网称为配电网，它的作用是将电力分配给各用户。

电力网按其结构方式又可分为开式电力网和闭式电力网。用户从单方向得到电能的电力网称为开式电力网，其主要由配电网构成。用户从两个及以上方向得到电能的电力网称为闭式电力网，它主要由输电网组成或由输电网和配电网共同组成。

3. 用户

用户是指电力系统中的用电负荷。电能的生产和传输最终是为了供用户使用。对于不同的用户，其对供电可靠性的要求也不一样。根据用户负荷的重要程度，我们把它分为以下三个等级。

（1）符合下列情况之一时，应为一级负荷

①中断供电将造成人身伤亡时。

②中断供电将在政治、经济上造成重大损失时。例如，重大设备损坏、重大产品报废、用重要原料生产的产品大量报废、国民经济中重点企业的连续生产过程被打乱需要长时间才能恢复等。如大型医院，炼钢厂，石油提炼厂或矿井等。

③中断供电将影响有重大政治、经济意义的用电单位的正常工作。例如，重要交通枢纽、重要通信枢纽、重要宾馆、大型体育场馆、经常用于国际活动的大量人员集中的公共场所等用电单位中的重要电力负荷。在一级负荷中，当中断供电将发生中毒、爆炸和火灾等情况的负荷，以及特别重要场所的不允许中断供电的负荷，应视为特别重要的负荷。

（2）符合下列情况之一时，应为二级负荷

①中断供电将在政治、经济上造成较大损失时。例如，主要设备损坏、大量产品报废、

连续生产过程被打乱需较长时间才能恢复、重点企业大量减产等。

②中断供电将影响重要用电单位的正常工作。例如,交通枢纽、通信枢纽等用电单位中的重要电力负荷,以及中断供电将造成大型影剧院、大型商场等较多人员集中的重要的公共场所秩序混乱。

(3)不属于一级和二级负荷者应为三级负荷

在这三类负荷中,对于一级负荷,应最少由两个独立电源供电,其中一个电源为备用电源。对于二级负荷,一般由两个回路供电,两个回路电源线应尽量引自不同的变压器或两段母线。对于三级负荷,则无特殊要求,采用单电源供电即可。

二、工厂供电

在市场经济的今天,提高产品质量,增强产品竞争能力,取得良好经济效益是每个工矿企业的首要任务。在自动化程度日益提高的形势下,工厂对供电的可靠性及电能质量的要求也越来越高。为了保证工厂生产和生活用电的需要,并有效节约能源,工厂供电必须做到安全、可靠、优质、经济。这就需要有合理的工厂配电系统。

工厂配电系统的形式是多种多样的。其基本接线方式有三种:放射式、树干式和环式。各工厂配电网具体采用哪种接线方式,需要根据工厂负荷对供电可靠性的要求、投资的大小、运行维护方便及长远规划等原则来分析确定。下面以常见的双回路放射式工厂配电系统来说明工厂配电的结构,如图 1－3－3 所示。工厂总变电所从地区 35～110 kV 电网引入电源进线,经厂总变压器降压至 6～10 kV 电压,然后通过高压配电线路送给车间变电所(或高压用电设备),经车间变电所变压器二次降压至 380 V/220 V 后,经低压配电线路,送给车间负荷,或经低压配电箱分配送给车间负荷,如电动机,照明灯具等。在低压配电系统中,一般采用三相四线制接线方式。

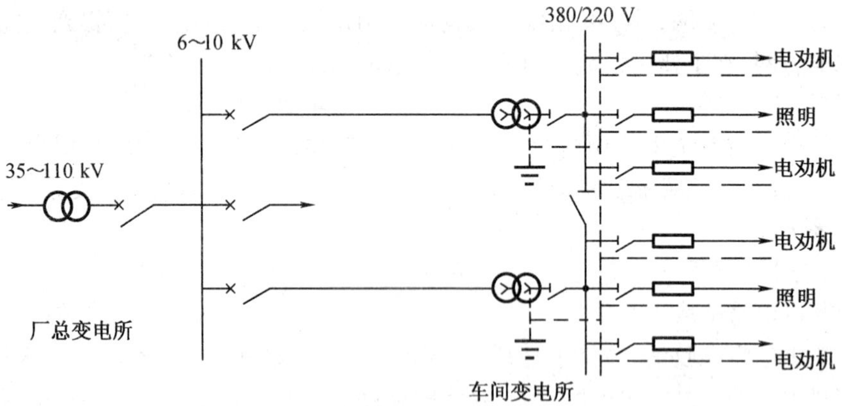

图 1－3－3　工厂配电系统示意图

思考与练习

1. 电力系统由哪几部分组成,各起什么作用?
2. 用电有哪几种等级?

3. 哪些情况是属于二级负荷用电？
4. 对实际生产生活中遇到的一些供电系统进行分析组成与用电等级。

第四节　电工安全用电知识

1. 掌握电工安全用电的理论知识。
2. 能运用理论知识规避和处理用电事故。
3. 正确掌握电工安全操作规程。

一、触电与急救

1. 人体触电的种类

（1）单相触电　当人站在地面上，碰触带电设备的其中一相时，电流通过人体流入大地，这种触电方式称为单相触电，如图 1－4－1 和图 1－4－2 所示。

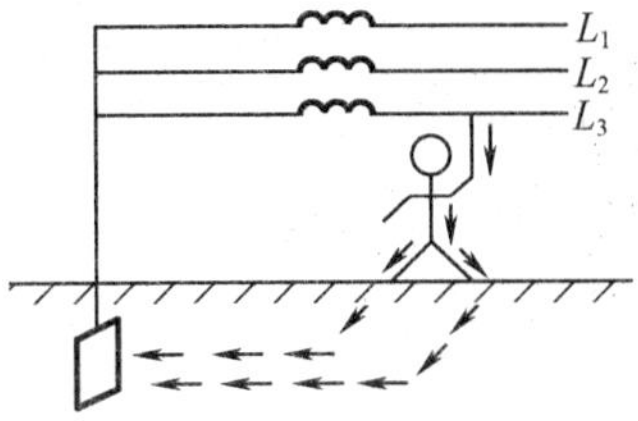

图 1－4－1　低压中性点直接接地的单相触电

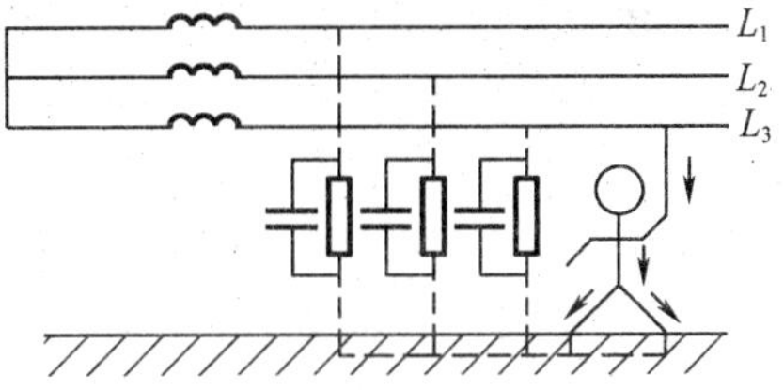

图 1－4－2　低压中性点不接地的单相触电

在 6～10 kV 高压中性点不接地系统中，特别是在较长的电缆线路上，当发生单相触电时，另两相对地电容电流较大，触电的危害程度较大。

（2）两相触电　电流从一根导线进入人体流至另一根导线的触电方式称为两相触电，如图1－4－3 所示。

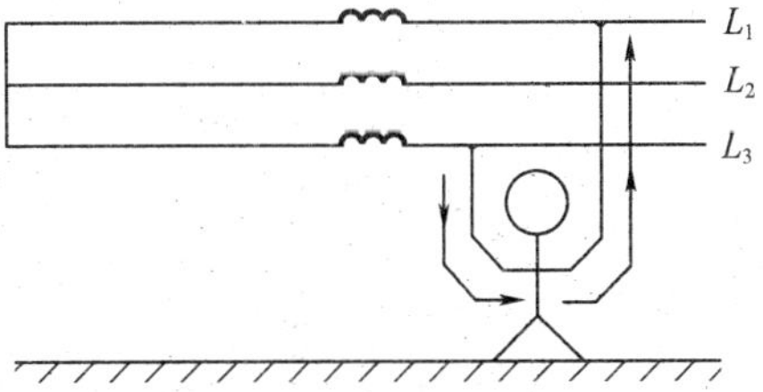

图 1－4－3　两相触电

两相触电时，加在人体上的电压为线电压，在这种情况下，触电者即使穿上绝缘靴或站在绝缘台上也起不了保护作用。对于 380 V 的线电压，两相触电时通过人体的电流能达到 200～270 mA，这样大的电流只要经过 0.186 s 就可能致触电者死亡，所以两相触电比单相触电危险得多。

（3）跨步电压触电　当某相导线断线落地或运行中的电气设备因绝缘损坏漏电时，电流向大地流散，以落地点或接地体为圆心，在半径为 20 m 的圆面积内形成分布电位，如有人在落地点周围走过时，其两脚之间（按 0.8 m 计算）的电位差称为跨步电压，如图 1－4－4 所示。跨步电压触电时，电流从人的一只脚经下身，通过另一只脚流入大地形成回路。触电者先感到两脚麻木，然后跌倒。人跌倒后，由于头与脚之间的距离加大，电流将在人体内脏重要器官内通过,人就有生命危险。

2. 电流对人体的危害

电流危害的程度与通过人体的电流强度、频率、通过人体的途径及持续时间等因素有关。

(1)电流强度对人体的影响

①使人体有感觉的最小电流称为感觉电流。工频交流电的平均感觉电流,成年男性约为 1.1 mA,成年女性约为 0.7 mA;直流电的平均感觉电流约为 5 mA。

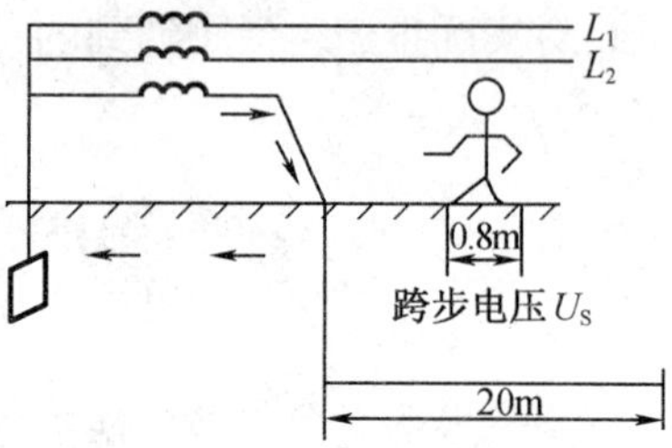

图 1-4-4 跨步电压

②人体触电后能自主摆脱电源的最大电流称为摆脱电流,工频交流电的平均摆脱电流,成年男性约为 16 mA 以下,成年女性约为 10 mA 以下;直流电的平均摆脱电流均为 50 mA。

③在较短的时间内危及生命的最小电流称为致命电流。一般情况下,通过人体的工频电流超过 50 mA 时,心脏就会停止跳动,发生昏迷,并出现致命的电灼伤;工频 100 mA 的电流通过人体时很快会使人致命。

(2)电流频率对人体的影响

在相同电流强度下,不同的电流频率对人体影响程度不同。一般为 28 ~ 300 Hz 的电流频率对人体影响较大,最为严重的是 40 ~ 60 Hz 的电流。当电流频率大于 20 000 Hz 时,所产生的损害作用明显减小。

(3)电流流过途径的危害

电流通过人体的头部会使人昏迷而死亡;电流通过脊髓,会导致截瘫及严重损伤;电流通过中枢神经或有关部位,会引起中枢神经系统强烈失调而导致死亡;电流通过心脏会引起心室颤动,致使心脏停止跳动,造成死亡。实践证明,从左手到脚是最危险的电流途径,因为心脏直接处在电路中,从右手到脚的途径危险性较小,但一般也能引起剧烈痉挛而摔倒,导致电流通过人体的全身。

(4)电流的持续时间对人体的危害

由于人体发热出汗和电流对人体组织的电解作用,电流通过人体的时间越长,使人体电阻逐渐降低。在电源电压一定的情况下,会使电流增大,对人体的组织破坏更大,后果更严重。

3. 人体电阻及安全电压

(1)人体电阻

人体电阻主要包括人体内部电阻和皮肤电阻,人体内部电阻是固定不变的,并与接触电压和外部条件无关,一般约为 500 Ω 左右。皮肤电阻一般是手和脚的表面电阻。它随皮肤的清洁、干燥程度和接触电压等而变化。一般情况下,人体的电阻为 1 000 ~ 2 000 Ω。

(2)安全电压

我国的安全电压,以前多采用 36 V 或 12 V,1983 年我国发布了安全电压国家标准 GB 3805—1983,对频率为 50 ~ 500 Hz 的交流电,把安全电压的额定值分为 42 V,36 V,24 V,12 V 和 6V 等五级。

4. 触电急救

(1)使触电者迅速脱离电源

触电事故附近有电源开关或插座时,应立即断开开关或拔掉电源插头。若无法及时找到并断开电源开关时,应迅速用绝缘工具切断电线,以断开电源。

(2)简单诊断

①将脱离电源的触电者迅速移至通风、干燥处,将其仰卧,并将上衣和裤带放松,观察触电者是否有呼吸,摸一摸颈部动脉的搏动情况。

②观察触电者的瞳孔是否放大,当处于假死状态时,大脑细胞严重缺氧处于死亡边缘,瞳孔就自行放大,如图1－4－5所示。

图1－4－5　检查瞳孔

(a)瞳孔正常;(b)瞳孔放大

③对有心跳而呼吸停止的触电者,应采用“口对口人工呼吸法”进行急救,其步骤如下:

清除口腔阻塞将触电者仰卧,解开衣领和裤带,如图1－4－5检查瞳孔后将触电者头偏向一侧,张开其嘴,用手清除口腔中假牙或其他异物,使呼吸道畅通,口对口人工呼吸,如图1－4－6所示。

鼻孔朝天头后仰,抢救者在触电病人一边,使其鼻孔朝天后仰,如图1－4－6(b)所示。贴嘴吹气胸扩张,抢救者在深呼吸2～3次后,张大嘴严密包绕触电者的嘴,同时用放在前额的手的拇指、食指捏紧其双侧鼻孔,连续向肺内吹气2次,如图1－4－6(c)所示。放开嘴鼻好换气,吹完气后应放松捏鼻子的手,让气体从触电者肺部排出,如此反复进行,以每5 s吹气一次,坚持连续进行。不可间断,直到触电者苏醒为止,如图1－4－6(d)所示。

④对“有呼吸而心脏停搏”的触电者,应采用“胸外心脏按压法”进行急救,如图1－4－7所示。其步骤如下。

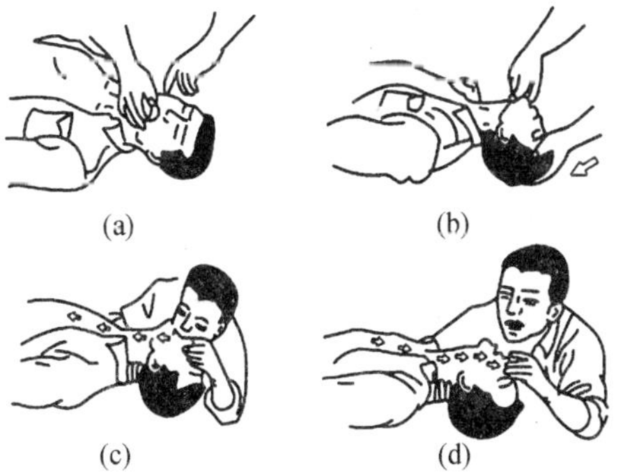

图1－4－6　口对口人工呼吸

(a)清理口腔阻塞;(b)鼻孔朝天后仰;
(e)贴嘴吹气胸扩张;(d)放开嘴鼻好换气

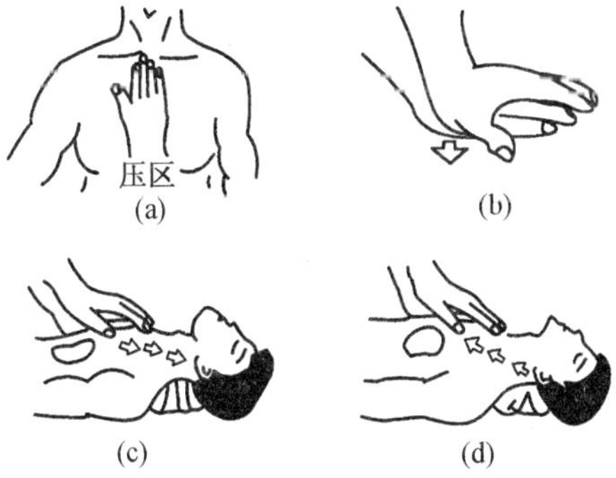

图1－4－7　胸外心脏按压法

(a)中指对凹膛,当胸一手掌;(b)掌根用力向下压;
(c)慢慢向下;(d)突然放开

将触电者仰卧在硬板或地面上,颈部枕垫软物使头部稍后仰,松开衣服和裤带,急救者跨跪在触电者的腰部。

急救者将后手掌根部按于触电者胸骨下二分之一处,中指指尖对准其颈部凹陷的下缘，当胸一手掌，左手掌复压在右手背上，如图1－4－7(a)和(b)。

掌根用力下压3～4 cm后，突然放松，如图1－4－7(c)和(d)所示，挤压与放松的动作要有节奏，每秒钟进行一次，必须坚持连续进行，不可中断，直到触电者苏醒为止。

⑤对呼吸和心脏都已停止的触电者，应同时采用口对口人工呼吸法和胸外心脏按压法进行急救，其步骤如下。

单人抢救法两种方法应交替进行，即吹气2～3次，再挤压10～15次，且速度都应快些，如图1－4－8所示。

双人抢救法　由两人抢救时，一人进行口对口吹气，另一人进行挤压。每5 s吹气一次，每秒钟挤压一次，两人同时进行，如图1－4－9所示。

图1－4－8　单人抢救法

图1－4－9　双人抢救法

二、电工安全操作知识

1. 停电检修的安全操作规程

(1)停电检修工作的基本要求

停电检修时，对有可能送电到检修设备及线路的开关和闸刀应全部断开，并在已断开的开关和闸刀的操作手柄上挂上“禁止合闸，有人工作”的标示牌，必要时要加锁，以防止误合闸。

(2)停电检修工作的基本操作顺序

首先应根据工作内容，做好全部停电的倒闸操作。停电后对电力电容器、电缆线等，应装设携带型临时接地线及绝缘棒放电，然后用试电笔对所检修的设备及线路进行验电，在证实确实无电时，才能开始工作。

(3)检修完毕后的送电顺序

检修完毕后，应拆除携带型临时接地线，并清理好工具，然后按倒闸操作内容进行送电合闸操作。

2. 带电检修的安全操作规程

如果因特殊情况必须在电气设备上带电工作时，应按照带电工作安全规程进行。

(1)在低压电气设备和线路上从事带电工作时，应设专人监护，使用合格的有绝缘手柄的工具，穿绝缘鞋，并站在干燥的绝缘物上。

(2)将可能碰及的其他带电体及接地物体应用绝缘物隔开，防止相间短路及触地短路。

(3)带电检修线路时，应分清相线和零线。断开导线时，应先断开相线，后断开零线。搭接导线时，应先接零线，再接相线。接相线时，应先将两个线头搭实后再进行缠接，切不可使人体或手指同时接触两根导线。

3. 电气火灾的消防知识

一旦发生电气火灾:应立即组织人员采用正确方法进行扑救,同时拨打119火警电话,向公安消防部门报警,并且应通知电力部门用电监察机构派人到现场指导和监护扑救工作。

(1)电气设备发生火灾时,要首先切断电源,以防火势蔓延和灭火时造成触电。

(2)灭火时,灭火人员不可使身体或手持的灭火工具触及导线和电气设备,以防止触电。

(3)灭火时要采用黄沙、二氧化碳或1211灭火机等不导电的灭火材料。不可用水或泡沫灭火器进行灭火。若用导电的灭火材料进行灭火,则既有触电危险又会损坏电气设备。

4. 电器设备安全知识

(1)保护接地和保护接零的作用

①保护接地

将电气设备正常运行下不带电的金属外壳和架构通过接地装置与大地连接,它是用来防护间接触电的。

保护接地的作用。在中性点不接地的三相三线低压(380 V)电网中,当电气设备因一相绝缘损坏而使金属外壳带电时,如果设备上没有采取接地保护,则设备外壳存在着一个危险的对地电压,这个电压的数值接近于相电压,此时如果有人触及设备外壳,就会有电流通过人体,造成触电事故。

②保护接零

将电气设备正常运行下不带电的金属外壳和架构与配电系统的零线直接进行电气连接。由于它也是用来保护间接触电的,称作保护接零。

保护接零的作用。采用保护接零时,电气设备的金属外壳直接与低压配电系统的零线连接在一起,当其中任何一相的绝缘损坏而使外壳带电时,形成相线和零线短路。由于相零回路阻抗很小,所以短路电流很大,促使线路上的保护装置(如熔断器、自动空气断路器等)迅速动作,切断故障设备的电源,从而起到防止人身触电的保护作用及减少设备损坏的机会。

(2)接地和接零的注意事项

①在中性点直接接地的低压电网中,电力装置宜采用接零保护;在中性点不接地的低压电网中,电力装置应采用接地保护。

②在同一配电线路中,不允许一部分电气设备接地,另一部分电气设备接零,以免接地设备一相碰壳短路时,可能由于接地电阻较大,而使保护电器不动作,造成中性点电位升高,使所有接零的设备外壳都带电,反而增加了触电的危险性。

③由低压公用电网供电的电气设备,只能采用保护接地,不能采用保护接零,以免接零的电气设备一相碰壳短路时,造成电网的严重不平衡。

④为防止触电危险,在低压电网中,严禁利用大地作相线或零线。

⑤用于接零保护的零线上不得装设开关或熔断器,单相开关应装在相线上。

思考与练习

1. 人体触电的类型有哪些,若发生应如何紧急处理?
2. 触电的急救方法有哪些,如何操作?
3. 简要叙述一下接零和接地的注意事项。

第二章 电工工具及仪表应用

1. 能熟练使用常用电工工具。
2. 会正确使用电工仪表进行测量。
3. 能利用常用电工工具对绝缘导线的绝缘层进行剖削。
4. 能对主线路、分支线路等进行正确的连接、会对导线进行绝缘修复。

第一节 常用电工工具

1. 能熟练掌握使用常用电工工具。
2. 正确使用和维护电工工具，既能提高工作效率和施工质量，又能减轻劳动强度、保证操作安全和延长电工工具使用寿命。

一、低压验电器

1. 结构

低压验电器又称试电笔，主要用来检查低压电气设备或低压线路是否带电。常用验电器外形有钢笔式、旋具式。一般钢笔式和旋具式的电笔，是由金属探头、氖管、安全电阻、笔尾的金属体、弹簧和观察小窗组成，弹簧与后端外部的金属部分相接触，如图 2－1－1 所示。

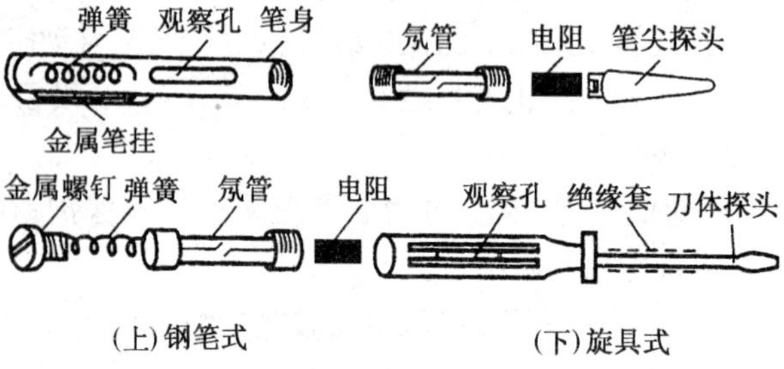

图 2－1－1 电笔

使用电笔时必须按照图 2－1－2 所示的正确方法进行操作，手指应触及笔尾的金属体，使氖管小窗背光朝向自己，以便于观察，当电笔触及带电体时，带电体经电笔、人体到大地形成通电回路，只要带电体与大地之间的电位差超过 60 V，电笔中的氖管就能发出红色的辉光。

2. 使用低压验电器的安全知识

使用电笔前，一定要在有电的电源上检查氖泡能否正常发光。

使用测电笔时，由于人体与带电体的距离较为接近，应防止人体与金属带电体的直接接触，更要防止手指皮肤触及笔尖金属体，以避免触电。

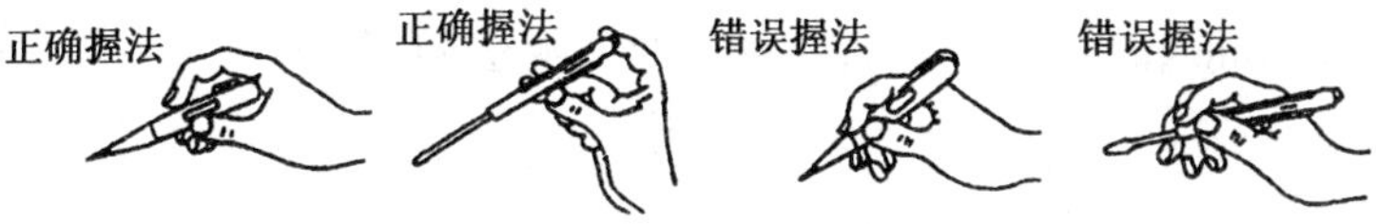

图2-1-2　电笔的握法

二、电工刀

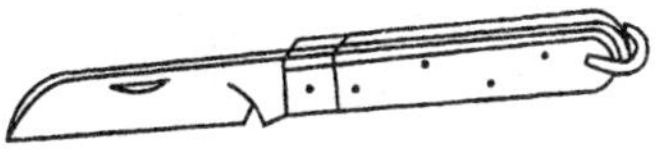

图2-1-3　电工刀图

电工刀是电工在装配维修工作时用于剖削电线绝缘外皮、割削绳索、木桩、木板等物品的常用工具。图2-1-3所示为电工刀外形结构。

使用电工刀时要注意以下几点：

刀口朝外进行操作。在剖削绝缘导线的绝缘层时，必须使圆弧状刀面贴在导线上，以免刀口损伤芯线。一般电工刀的刀柄是不绝缘的，因此严禁用电工刀在带电导体或器材上进行剖削作业，以防止触电。电工刀的刀尖是剖削作业的必需部位，应避免在硬器上划损或碰缺，刀口应经常保持锋利。

三、螺钉旋具

螺钉旋具又称螺丝刀、起子、螺丝批或旋凿，分为一字形和十字形两种，以配合不同槽型螺钉使用。常用的规格有50，100，150，200 mm等，电工不可使用金属杆直通柄顶的螺钉旋具（俗称通心螺丝刀）。为了避免金属杆触及皮肤或邻近带电体，应在金属杆上加套绝缘管。不能用锤子打击螺丝刀手柄，以免手柄破裂。不许用螺丝刀代替凿子使用。螺丝刀不能用于带电作业。其结构如图2-1-4所示。

图2-1-4　螺钉旋具

（a）十字口螺钉旋具；（b）一字口螺钉旋具图

螺钉旋具的使用：图2-1-5标示了螺钉旋具的使用握法。图2-1-5（a）所示为大螺钉旋具的使用方法，一般是用来旋紧或旋松大螺钉；图2-1-5（b）所示为小螺钉旋具的使用手形。

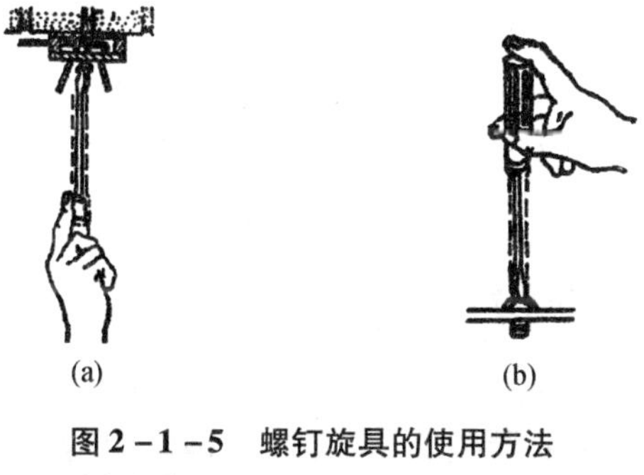

图2-1-5　螺钉旋具的使用方法

（a）大螺钉旋具的用法；（b）小螺钉旋具的用法

四、钢丝钳

钢丝钳是钳夹和剪切工具，由钳头和钳柄两部分组成，钳头包括钳口、齿口、刀口和铡口，其结构如图2-1-6（a）所示。

电工所用的钢丝钳,在钳柄上必须套有耐压为500 V以上的绝缘套管,它的规格用全长表示,有150 mm、175 mm和200 mm三种。使用时的握法如图2－1－6(b)所示,其刀口应朝向自己面部。

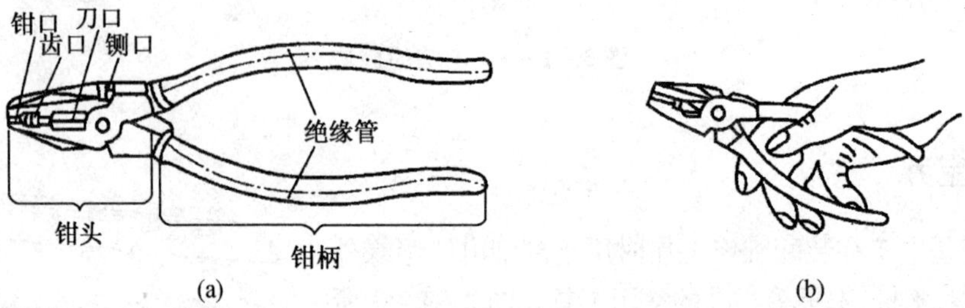

图2－1－6　钢丝钳

(a)构造;(b)握法

它的功能较多:钳口主要用来弯绞或钳夹导线线头;齿口用来固紧或起松螺母;刀口用来剪切导线或剖切软导线绝缘层;铡口用来铡切导线线芯或铅丝、钢丝等较硬金属丝。图2－1－7标示出了各部分的用法。

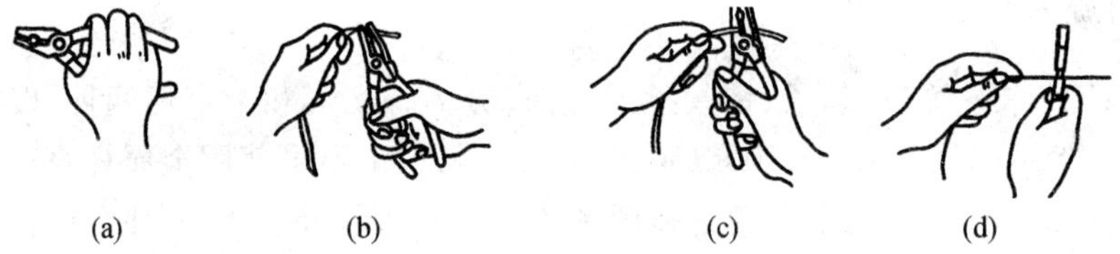

图2－1－7　电工钢丝钳各部分的用途

(a)紧固螺母子;(b)弯绞导线;(e)剪切导线;(d)铡切导线

有良好绝缘柄的钢丝钳,可在额定工作电压500 V及以下的有电场合使用。用钢丝钳剪切带电导线时,不准用钳口同时剪切两根或两根以上的导线,以免相线间或相线与零线间发生短路故障。

五、剥线钳

剥线钳用来剥削截面为6 mm^2以下的塑料或橡胶绝缘导线的绝缘层,由钳头和钳柄两部分组成,如图2－1－8所示。钳头部分由压线口和切口构成,分为0.5～3 mm的多个直径切口,用于不同规格的芯线剥削。

使用时,左手持导线,右手握钳柄,右手向内紧握钳柄,导线端部绝缘层被剖断后自由飞出。使用时应将导线放在大于芯线直径的切口上切削,以免切伤芯线。剥线钳不能用于带电作业。

六、尖嘴钳

尖嘴钳如图2－1－9所示,头部尖细,适用于在狭小的工作空间操作,用来夹持较小的螺钉、垫圈、导线等,其握法与钢丝钳的握法相同。尖嘴钳的规格以全长表示,常用的有130 mm、160 mm和180 mm三种,电工用尖嘴钳在钳柄套有耐压强度为500 V的绝缘套管。

尖嘴钳的用途：

(1)有刃口的尖嘴钳能剪断细小金属丝。

(2)钳嘴能用来夹持较小螺钉、垫圈、导线等元件。

(3)在装接控制电路板时，尖嘴钳能将单股导线弯成一定圆弧的接线鼻子。

七、断线钳

断线钳又称斜口钳，其头部扁斜，钳柄有铁柄、管柄和绝缘柄三种型式，其中电工用的绝缘柄断线钳的外形如图 2-1-10 所示，其耐压为 1 000 V。

断线钳是专供剪断较粗的金属丝、线材及电线电缆等用。

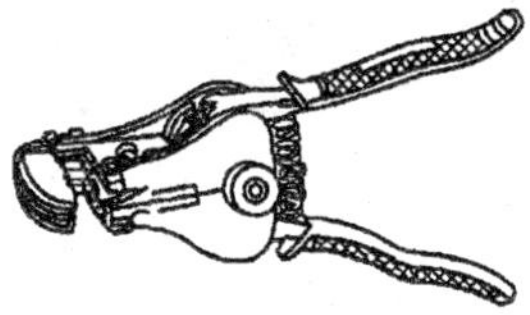

图 2-1-8　剥线钳

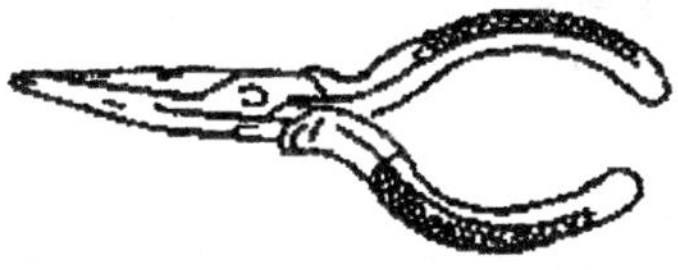

图 2-1-9　尖嘴钳

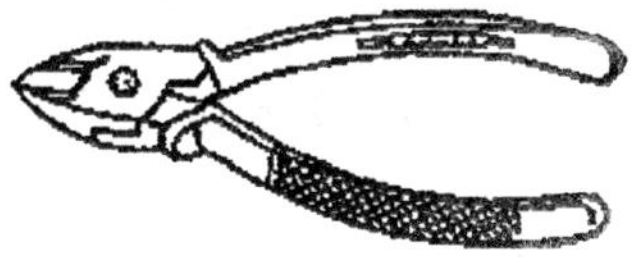

图 2-1-10　断线钳

八、活络扳手

活络扳手是用来紧固和拧松螺母的一种专用工具，它由头部和柄部组成，而头部则由活络扳唇、呆扳唇、扳口、蜗轮和轴销等构成，如图 2-1-11 所示。旋动蜗轮可以调节扳口的大小。常用的活络扳手有 150 mm、200 mm、250 mm 和 300 mm 四种规格。由于它的开口尺寸可以在规定范围内任意调节，所以特别适用于在螺栓规格多的场合使用。

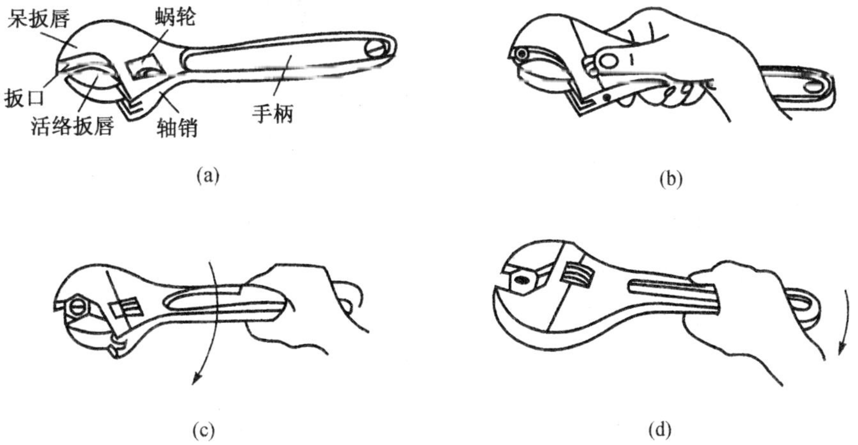

图 2-1-11　活络扳手

(a)活络扳手结构；(b)扳较小螺母时握法；(c)扳较大螺母时握法；(d)错误握法

使用时应将扳唇紧压螺母的平面。扳动大螺母时，手应握在接近柄尾处。扳动较小螺母时，应握在接近头部的位置。施力时手指可随时旋调蜗轮，收紧活络扳唇，以防打滑。

思考与练习

1. 常用电工工具有哪些,各有什么用途?
2. 低压验电笔的基本构造是怎样的,使用时应注意哪些事项?
3. 用电工刀对废旧塑料单芯硬线作剖削练习。

第二节　常用电工仪表使用

1. 了解电工测量的基本方法。
2. 正确使用电工仪表进行测量。

一、测量的基本知识

通常把对各种电量和磁量的测量称为电工测量,而用于测量电量或磁量的仪器仪表称为电工仪表。

1. 测量方法

测量的过程就是把被测量(未知量)与已知的标准量进行比较,以求得被测量的值的过程。应当指出,不论用什么测量方式方法,测量的结果与被测量的实际数值总存在差别,这种差别叫做误差。因此,在进行具体测量之前,应先明确被测量的性质和测量所要达到的目的,然后选定测量方式和选择合适的测量方法,最后选用相应的仪器设备。

在电工测量过程中,为了准确得到被测量的大小,选择合适的仪表是一个重要方面,而正确的测量方法是获得准确测量结果的重要基础。常用的测量方法可分为:

(1)直接测量

即用经过标准校准或标定的测量仪表直接对被测量进行测定,从而获得测量值的方法。如把电流表串联在电路中测量电流就属于直接测量法。这种方法的优点是设备简单、操作方便,缺点是准确度低。

(2)间接测量

有些情况下被测量不便于直接测定,或直接测量该电磁量的仪器不够精确,那么就可以利用被测量与某种中间量之间的函数关系,先测出中间量,然后通过计算公式算出被测量,这种测量方式称为间接测量。例如用伏安法测电阻,就是先测出电阻上的电压与电流的值,然后利用欧姆定律间接算出电阻值。间接法的测量误差比直接法大,但在某些场合又不得不采用间接法。

(3)比较测量法

把被测量和已知的标准量直接比较,或者将被测量产生的效应与同一类标准量产生的效应比较,从而求得被测量的值,这种方法称为比较测量。例如用电桥来测量电机绕组的阻值就是比较测量法。这种方法的优点是准确度和灵敏度高,缺点是设备复杂、价格昂贵、操作麻烦。

2. 测量误差及其处理

不论采用什么测量方法,也不论采用何种测量方式,使用何种测量仪器,由于仪器本身制造工艺上的限制,测量方法的不够完善,感应器官不够灵敏,都会使测量的结果与被测量的实际数值存在差别,这种差别叫测量误差。

(1)测量误差产生的原因

测量误差来自测量时选用的仪器设备、测量方式、方法和工作环境条件以及个人技术等,主要有系统误差、偶然误差、疏忽误差这几类。

系统误差又称规则误差,在测量过程中,保持恒定或遵循一定的规律变化。系统误差主要有仪表误差、理论误差或方法误差、测量者个人因素带来的误差。

偶然误差又称随机误差,是由于某种偶然因素所造成的,其特点是在相同的测量条件下,有时偏大,有时偏小,无规律性。例如,温度、外界磁场、电源频率的偶然变化,即使采用同一仪表去测量同一个量,也会得到不同的结果。所以偶然误差也叫随机误差,它的大小和符号没有一定的规律。

疏忽误差又称人为误差,是严重偏离了被测量的实际值,即测量结果出现了明显的错误。它的出现主要是操作者本人疏忽大意造成的,纯粹是一种错误。

(2)减小或消除误差的措施

实验中的测量误差虽然是不可避免的,但可以采取某些措施来减小或消除它们。

①从仪表和仪器设备本身考虑,对仪表要经常进行校正,避免用大量程仪表测量小的被测量,仪表和仪器的安置方法要正确,要注意仪器设备的额定值等。

②从测量线路和测量方法上来考虑,选择合理的测量线路,采用正确的测量方法等。

二、电工测量仪表

1. 仪表的准确度等级

仪表的最大绝对误差 Δ_m 与仪表量限 Δ_m 比值的百分数(有时称为最大引用误差)表示为仪表的准确度,设仪表的准确度等级为 K,则

$$\pm K\% = \frac{\Delta_m}{A_m} \times 100\%$$

根据国家标准 GB 776—1976《电气测量指示仪表通用技术条件》规定,仪表的准确度等级有七个,即 0.1,0.2,0.5,1.0,1.5,2.5 和 5.0 级。

2. 仪表的主要技术要求

为了保证测量结果的准确和可靠,要求电工测量仪表:有足够的准确度。有合适的灵敏度,要便于读数,要有良好的阻尼,有较高的过负载能力,有较好的绝缘强度,有较小的功率损耗等。

3. 电工仪表的分类、标记

(1)电工仪表的分类如下

①根据仪表的工作原理分有:磁电系、电磁系、电动系、感应系、整流系等。

②根据仪表测量对象的名称(或单位)分有:电流表(安培表、毫安表、微安表)、电压表(伏特表、毫伏表)、功率表(瓦特表)、高阻表(兆欧表)、欧姆表、电度表(千瓦小时表)及万用表等。

③根据仪表使用的方式分有:开关板式和便携式。前者安装于开关板上或仪器的外壳上,准确度较低;后者便于携带,常在实验室使用,准确度较前者为高。

④根据被测电流的种类分有:直流、交流和交直流两用。

⑤根据仪表取得读数的方法分有:指针式、数字式和记录式仪表等。

(2)电工仪表的标记

电工仪表表盘上的各种标记,说明仪表的种类、准确度等级和使用方法等。

三、电工测量基本技术

1. 电压表及电压的测量

测量电路中电压的仪表称电压表,它必须并联在被测电路的两端,如图2－2－1所示。

(1)直流电压的测量

如选用磁电系仪表,要注意接线端钮的极性,电压表的"＋"极接入被测电路的高电位端,以免指针反偏损坏仪表。如图2－2－2(a)所示,把电压表并联在被测电路上,流过电压表的电流随被测电压大小而变化,便可获得读数。

电压表的内阻直接影响到测量的准确度,内阻愈大,测量误差愈小,故电压表的内阻应尽量大些。

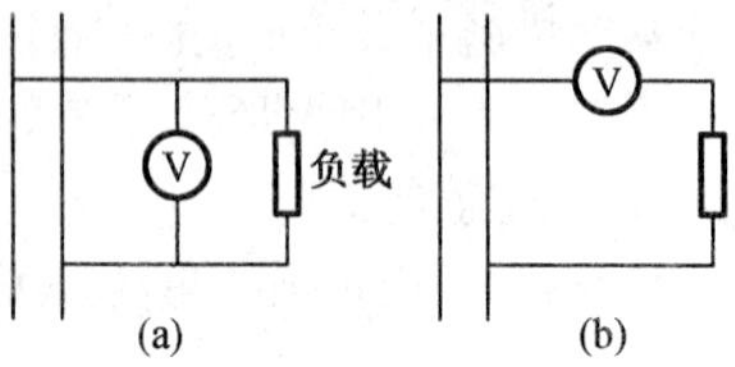

图2－2－1　电压表的接线

(a)正确接线;(b)错误接线

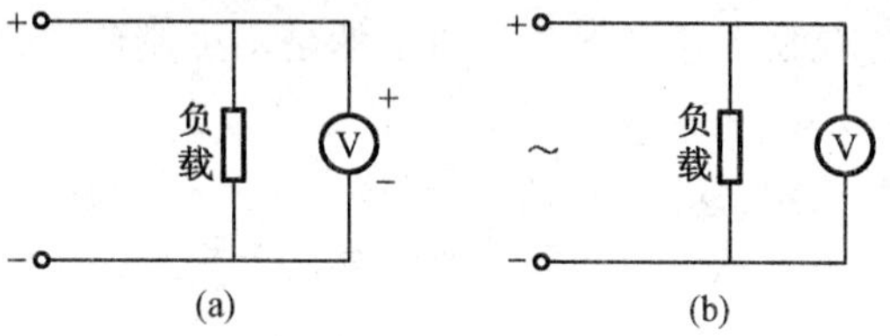

图2－2－2　测量电压接线图

(a)直流电压测量;(b)交流电压测量

(2)交流电压的测量

可将适当量程的交流电压表直接并联在被测电压两端,如图2－2－2(b)所示。

2. 电流表及电流的测量

测量电路中电流的仪表称电流表,它必须串联在被测电路中。

在测量电流时,要根据电流的种类和大小来选择仪表,一般在测量直流时选用磁电系仪表,而在测量交流电时选用电磁系或电动系仪表。

要根据电流大小选择适当量程的电流表,不能使电流大于电流表的最大量程,否则就会烧坏仪表。在被测电路不能估计其电流大小时,最好先选择量程足够大的电流表,粗测一下,然后根据测量结果,正确选用量程适当的仪表。

(1)直流电流的测量

测量直流电流时,要将电流表串联在被测电路中,要注意电流表的量程和极性。电流表直接接入电路,如图2－2－3所示。

电流表直接接入电路时,仪表本身的内阻会造成功率损耗,影响测量的准确度。因此在选择电流表时,其内阻越小,测量的准确度越高。

(2)交流电流的测量

在测量交流电时,应选用电磁系仪表。当被测电流大于电流表量程时,可借助电流互感器来扩大仪表的量程,其接线法如图2－2－4(a)所示。测量时电路电流通过电流互感器的一次绕组,电流表串联在二次绕组中,电流表的读数应乘以电流互感器的变比才是实际电流值。应注意配套的电流表其表盘标度如已按变比标出,可以直接读数。根据此原理制

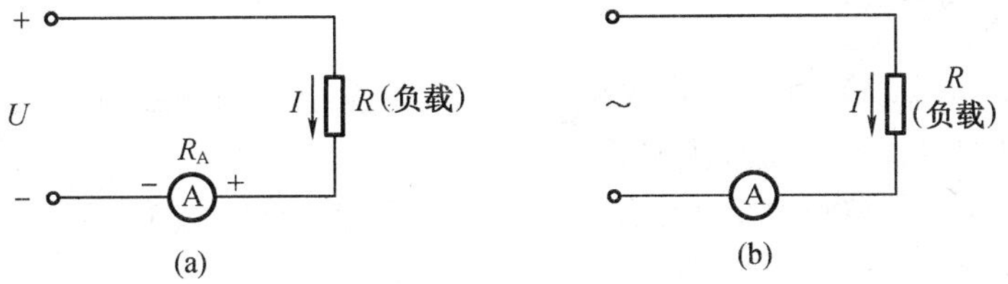

图 2－2－3　测量电流接线图

(a)直流电流测量;(b)交流电流测量

成钳形电流表,如图 2－2－4(b)所示。

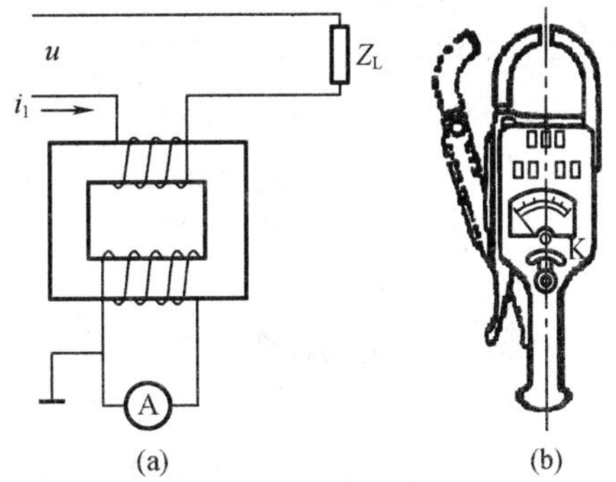

图 2－2－4　扩大电流表的量程接线图及钳形电流表

3. 电阻的测量

电阻的测量除了可以用万用表的电阻挡测量以外,还可以用直流单臂电桥、直流双臂电桥测量,对于绝缘电阻应用兆欧表测量。

(1)直流单臂电桥

①直流单臂电桥的主要技术特性

国产直流单臂电桥的型号用 QJ 表示,其中 Q 表示电桥,J 表示直流。电桥的主要技术特性是准确度和测量范围,电桥的准确度很高。

②电桥的测量精度

直流电桥准确度等级分为:0.02、0.05、0.1、0.2、1.0、1.5、2.0 共七个级别。它表示电桥在正常的工作状态下,其规定测量范围内误差不超过的百分数如 2.0 级的 QJ23 型电桥,它的测量范围为 $1 \sim 10^5\ \Omega$,但只是在 10 ~ 99 999 Ω的基本量限范围内的误差不超过 ±0.2%。

③电桥使用步骤

使用前先把检流计锁扣或短路开关打开,调节调零器使指针或光点置于零位。

如使用外接电源,电源电压应按规定选择。

R_x接好后,先估计一下测量电阻的阻值范围,选择合适的比率臂倍率,以保证比较的四挡电阻都能充分使用。如 R_x为几个欧姆,应选择比率为 10^{-3},这样四个挡的比较臂均用上。

电源和检流计按钮的使用:测量时先按"电源"按钮,再按"检流计"按钮,若检流计指针向"+"偏转,说明比较臂电阻小了,应增加比较臂阻值。反之指针向"－"偏转,则应减少比较臂阻值。

测量完毕,先松开检流计按钮,后松开电源按钮。特别是在测量具有电感的元件(如线圈)时,一定要遵守上述操作次序,否则将有很大的自感电势作用于检流计,造成检流计损坏。

在电桥调平衡过程,不要把检流计按钮按死,每改变一次比较臂电阻,按下按钮测量一次,直到检流计偏转较小时,再按死检流计按钮。

将测量结果记下后,被测电阻值等于比率臂读数与比较臂读数的乘积。测量结束不再使用时,应将检流计的锁扣锁上。

(2)直流双臂电桥

①使用说明

电桥的桥臂 R_1,R_2 为固定比率臂,R_n 乃为可变电阻。在面板上有相应的刻度。测量时调节比率臂和电阻 R_n,至检流计指零,则

$$被测电阻 = 倍率数 \times 刻度盘读数 = (R_1/R_1)R_n$$

电桥测量范围在 0.001 ~11 Ω 范围内,测量误差为 ±2%。

②使用双臂电桥注意事项

使用双臂电桥应注意的问题,除了与单臂电桥相同外,还要考虑以下几点:

被测电阻接线必须按规定连接,即电桥电位接头 P_1,P_2 所引出的接线应比电流接头 C_1,C_2 所引出的接线更靠近被测电阻。若被测电阻本身具有电位和电流接头,则只要将对应点相连即可。如图 2-2-5 所示。

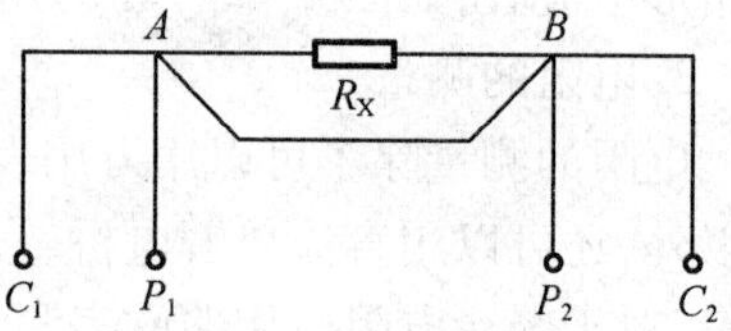

图 2-2-5 双臂电桥连接图

但在实际测量中,被测电阻通常没有什么接头之分,此时应自行引出电位和电流接头。如图所示应注意不要把电位和电流接头绞在一起,接线应尽可能用粗一些的导线,注意接牢。

双臂电桥工作时,电流较大,所以它的电源容量要大。如用电池,测量时要迅速,否则耗电很快,且容易使被测电阻发热,影响测量准确度。也可用外附电池,适当提高电源电压。

(3)兆欧表(俗称摇表)

它是用于测量各种电气设备绝缘电阻的仪表。

电气设备绝缘性能的好坏,直接关系到设备的运行安全和操作人员的人身安全。为了对绝缘材料因发热、受潮、老化、腐蚀等原因所造成的损坏进行监测,或检查修复电气设备的绝缘电阻是否达到规定的要求,都需要经常测量电气设备的绝缘电阻。测量绝缘电阻应在规定的耐压条件下进行,所以必须采用备有高压电源的兆欧表,而不用万用表测量。

一般绝缘材料的电阻都在 10^6 Ω 以上,所以兆欧表标度尺的单位为兆欧:MΩ。

①兆欧表的接线和测量方法

兆欧表有三个接线头。其中两个较大的接线柱上标有"接地 *E*"和"线路 *L*",另一个较小的接线柱上标有"保护环 *G*"或"屏蔽 *G*",如图 2-2-6 所示。

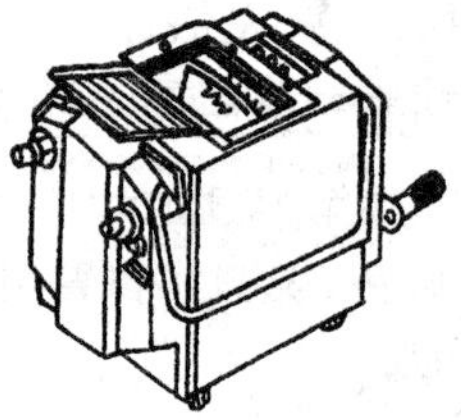

图 2-2-6 兆欧表外形

测量照明或电力线路对地的绝缘电阻。按图 2-2-7(a)把线接好,顺时针摇摇把,转速由慢变快,约 1 min 后,发电机转速稳定时(120 r/min),表针也稳定下来,这时表针指示的数值就是所测得的电线与大地间的绝缘电阻。

测量电动机的绝缘电阻。将兆欧表的接地柱接机壳,*L* 接点击的绕组,如图 2-2-7(b)所示,然后进行摇测。测量电缆的绝缘电阻测量电缆的线芯和外壳的绝缘电阻时,除将外壳接 *E*、线芯接 *L* 外,中间的绝缘层还需和 *G* 相接,如图 2-2-7(c)所示。

②兆欧表的选用

根据测量要求选择兆欧表的额定电压等级。测量额定电压在 500 V 以下的设备或线路

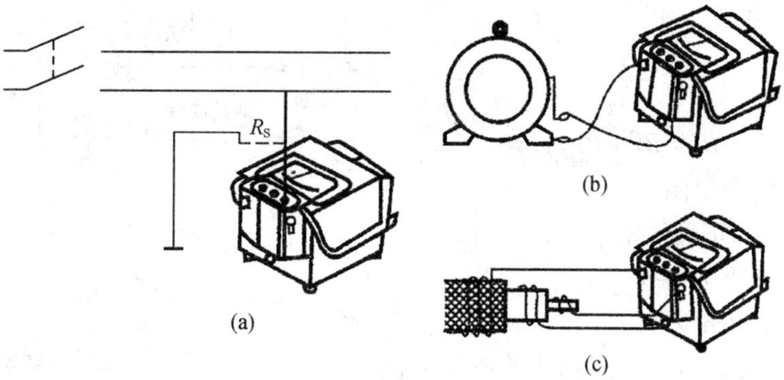

图 2-2-7　兆欧表的接线图

(a)测量线路的绝缘电阻;(b)测量电机的绝缘电阻;(c)测量电缆的绝缘

的绝缘电阻时,选用电压等级为 500 V 或 1 000 V 的兆欧表;测量额定电压在 500 V 以上的设备或线路的绝缘电阻时,应选用 1 000 ~ 2 500 V 的兆欧表。通常在各种电器和电力设备的测试检修规程中,都规定有应使用何种额定电压等级的兆欧表。

选择兆欧表时,要注意不要使测量范围超出被测绝缘电阻值过大,否则读数将产生较大的误差。有些兆欧表的标尺不是从 0 开始,而是从 1 MΩ 或 2 MΩ 开始的,这种兆欧表不适测量处于潮湿环境中低压电气设备的绝缘电阻。

③使用兆欧表时的注意事项

测量电气设备绝缘电阻时,必须先断电,经短路放电后才能测量。

测量时兆欧表应放在水平位置上,未接线前先转动兆欧表做开路试验,看指针是否指在"∞"处,再把 *L* 和 *E* 短接,轻摇发电机,看指针是否为"0",若开路指"∞",短路指"0",则说明兆欧表是好的。

兆欧表接线柱的引线应采用绝缘良好的多股软线,同时各软线不能绞在一起。

兆欧表测完后应立即将被测物放电,在兆欧表摇把未停止转动和被测物未放电前,不用手去触及被测物的测量部分或进行拆除导线,以防触电。

测量时摇动手柄的速度由慢逐渐加快,并保持每分钟 120 转左右的转速约一分钟时读数较为准确。如果被测物短路,指针指零,应立即停止摇动手柄,以防发热烧坏表内线圈。

在测量了电容器、较长的电缆等设备的绝缘电阻后,应先将"线路 *L*"的连接线断开,再停止摇动,以避免被测设备向兆欧表倒充电而损坏仪表。

测量电解电容的介质绝缘电阻时,应按电容器耐压的高低选用兆欧表。接线时,使 *L* 端与电容器的正极相连接,*E* 端与负极连接,切不可反接,否则会使电容器击穿。

4. 功率的测量

(1)功率表结构

电动系功率表其测量机构的线圈是这样安排的:固定线圈 1 与负载串联,以反映负载电流;活动线圈 2 串联一定附加电阻与负载并联,以反映负载电压。其电路如图 2-2-8 所示。

直流电路中,由图 2-2-8 可知,通过电流线圈的电流,就是负载电流,即

$$I = I_1$$

通过电压线圈的电流 I_2，在并联支路电阻不变时，与负载电压成正比

$$I_2 = \frac{U}{R_2}$$

$$R_2 = R_2' + R_{fj}$$

R_2'为电压线圈电阻。

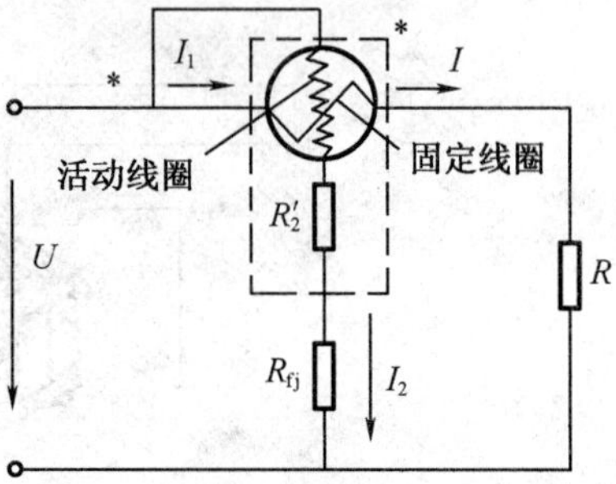

图 2－2－8　电动系功率表结构图

(2) 功率表的正确使用

①功率表的正确接线

电动系仪表转矩方向与两线圈的电流方向有关。为此，要规定使指针正向偏转的电流方向，即功率表的接线要遵守“发电机端”守则。

“发电机端”用符号“＊”“±”或“↑”等表示。接线时，要使用电流和电压线圈的“发电机端”端子接到电源同一极性上，从而保证两线圈的电流都从该端子流入。按此原则，功率表的正确接线有两种方式，见图 2－2－9。

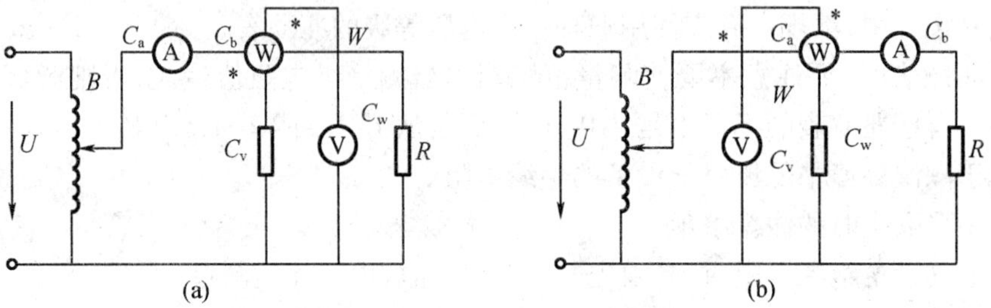

图 2－2－9　功率表的正确接线

(a) 电压线圈接后；(b) 电压线圈接前

图 2－2－10 是功率的几种错误接线，按实线或虚线连接都是错误的。

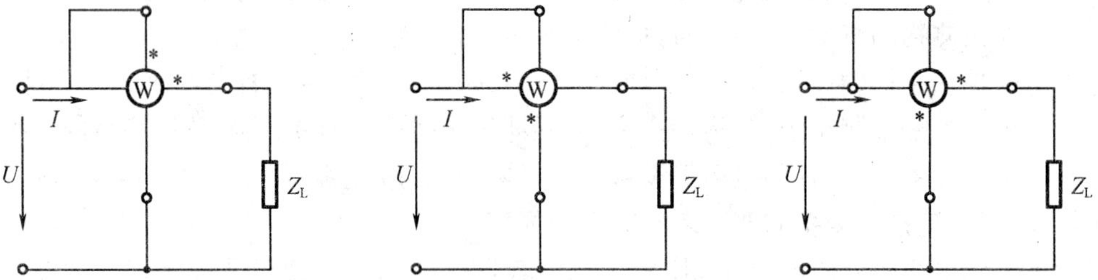

图 2－2－10　功率表的几种错误接线

②量程的选择

功率表的量程包括功率、电流、电压三种量程。功率的量程是表示负载功率因数 $\cos\varphi = 1$，电流和电压均为额定值时的乘积；若 $\cos\varphi < 1$，即使电压和电流达额定值，但功率也不会达到额定值。可见，功率表的量程选择，实质就是电流和电压的量程选择。在实际测量中，为保护功率表，使负载电流和电压不超过电流量程和电压量程，需要接入电流表和电压表，以监视负载电流和电压。

③功率表的读数

通常功率表有几种电流和电压量程，但标尺只有一条，故功率表的标尺不标瓦特数，而只能标分格数。被测功率的结果，需用功率表常数进行换算而得出，而不能直接从标尺上读取。功率表常数 C，是表示每一分格的瓦特值，即

$$C=\frac{U_{H}I_{H}}{\alpha_{m}}$$

式中　U_H——所接电压量程的额定值；

I_H——所接电流量程的额定值；

α_m——功率表标尺的满刻度格数。

有了功率表常数，便可求出被测功率

$$P=CN(W)$$

式中　N——指针偏转的格数。

5. 电能的测量

电度表是一种专门测量电能的仪表，不论是家庭照明用电或工农业生产用电，都需要用电度表来计量在一段时间里所耗用的电能。

电度表种类很多，按工作原理分为电动系和感应系两类。电动系电度表一般用于直流的测量，感应系电度表一般用于交流的测量。感应系电度表是利用电磁感应原理制成的，具有结构简单、牢固、价格便宜、转矩较大等特点。目前，感应系电度表根据测量对象，分为有功电度表和无功电度表两大类。有功电度表的规格常用的有 3，5，10，25，50，75，100 A 等多种，无功电度表的额定电流通常只有 5 A。按结构分，电度表又分为单相电度表、三相三线电度表、三相四线电度表。

(1)单相电度表

①结构

目前，我们所用的电度表绝大多数属于感应系电度表。图 2－2－11 为单相感应系电度表的结构原理示意图。

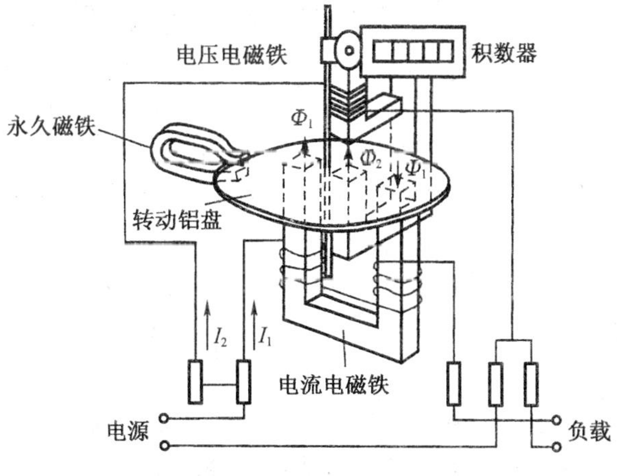

图 2－2－11　单向感应系电度表的结构原理图

②电度表的使用

电度表的正确接线。电度表的接线比较复杂，在接线前要查看附在电度表上的说明书，根据说明书的要求和接线图把进线和出线依次对号接在电度表的接线端子上。

接线时遵循电压线圈并联在被测线路上，电流线圈串联在被测线路中的原则。各种电度表的接线端子均按由左至右的顺序编号。国产单相有功电度表统一规定为 1，3 接进线，2，4 接出线，如图 2－2－12 所示。

正确读数。当电度表不经互感器而直接接入电路时，可以从电度表上直接读出实际电度数(kW·h 即度)；如果电度表利用电流互感器或电压互感器扩大量程时，实际消耗电度数应为电度表的读数乘以电流变比或电压变比。

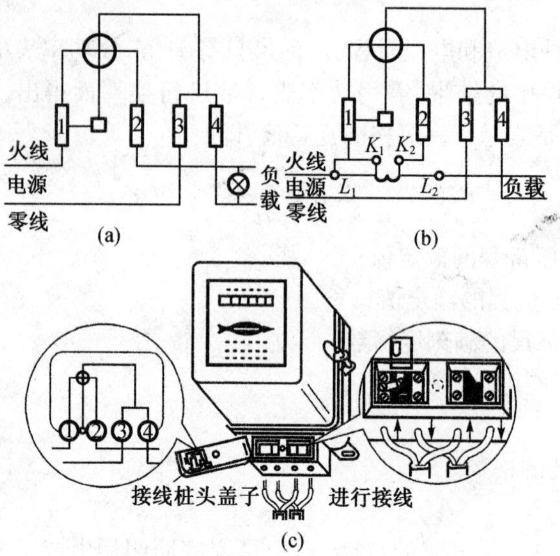

图 2-2-12　DD 型单相电度表的正确接线

(a)直接接入;(b)经电流互感器接入;(c)直接接入接线示意图

③电度表的安装要求

电度表应装在干燥处,不能装在高温潮湿或有腐蚀性气体的地方。电能表应装在没有振动的地方,因为振动会使零件松动,计量不准确。安装电能表不能倾斜,一般电能表倾斜5°会引起1%的误差,倾斜太大会引起铝盘不转。

电能表应装在厚度为25 mm的木板上,木板下面及四周边缘必须涂漆防潮。允许和配电板共用一块木板,木板离地面的高度不得低于1.4 m,但也不能过高,通常在2 m高度为适宜。如需并列安装多只电度表时,则两表间的中心距离不得小于20 mm。

为了有利于线路的走向简洁,保证配电装置的操作安全,电度表必须装在配电装置的左方或下方,切不可装在其右方或上方。

(2)新型特种电度表简介

①分时计费电度表

利用有功电度表或无功电度表中的脉冲信号,分别计量用电高峰和低谷时间内的有功电能和无功电能,以便对用户在高峰、低谷时期内用电收取不同的电费。

②多费率电度表

多费率电度表是一种机电一体化式的电度表,它采用了以专用单片机为主电路的设计。除具有普通三相电度表的功能外,还设有高峰、峰、平、谷时段电能计量,以及连续时间或任意时段的最大值指示功能,而且还具有断相指示、频率测试等功能。这种电度表可广泛用于电厂、变电所、厂矿企业。发、供电部门实行峰谷分时电价,限制高峰负荷。

③电子预付费式电度表

顾名思义是一种先付费后用电,通过先进的IC卡进行用电管理的一种全新概念的电能表。因为采用了IC卡,因此也称电卡式电度表。

这种电度表采用微电子技术进行数据采样、处理及保存,主要由电能计量及微处理器控制两部分组成。

思考与练习

1. 电源电压的实际值为 220 V，今用准确度为 1.5 级、满称值为 250 V 和准确度为 1.0、满称值为 500 V 的两个伏特计去测量，试问哪个读数比较准确？

2. 叙述兆欧表的工作原理。使用兆欧表应注意哪些问题？

3. 测量误差有哪几类，怎样减小这些误差？

4. 单相电度表的工作原理是什么，它是如何接线的？

第三节　导线的连接和绝缘恢复

1. 能利用常用电工工具对绝缘层进行剥削。

2. 能正确连接主线路、分支线路。

3. 会修复导线的绝缘层。

一、导线接头绝缘层的剖削

绝缘导线连接前，应先剥去导线端部的绝缘层，并将裸露的导体表面清擦干净。剥去绝缘层的长度一般为 50～100 mm，截面积小的单股导线剥去长度可以小些，截面积大的多股导线剥去长度应大些。

1. 塑料硬线绝缘层的剖削

(1)4 mm^2 及以下塑料硬线，其绝缘层一般用钢丝钳来剖削。剖削方法如下：

①用左手捏住导线，根据所需线头长度用钢丝钳的钳口切割绝缘层，但不可切入芯线。

②用右手握住钢丝钳头部用力向外移，勒去塑料绝缘层，如图 2－3－1 所示。

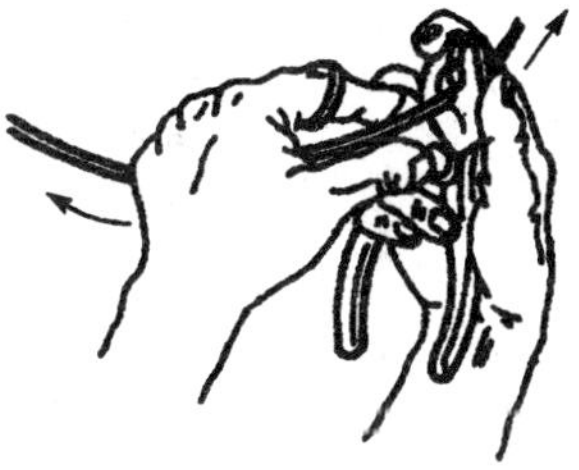

图 2－3－1　钢丝钳剖削塑料线图

③剖削出的芯线应保持完整无损。如果芯线损伤较大，则应剪去该线头，重新剖削。

(2)4 mm^2 以上塑料硬线，可用电工刀来剖削其绝缘层。方法如下：

①根据所需线头长度，用电工刀以 45°角倾斜切入塑料绝缘层，如图 2－3－2(a)所示，应使刀口刚好削透绝缘层而不伤及芯线。

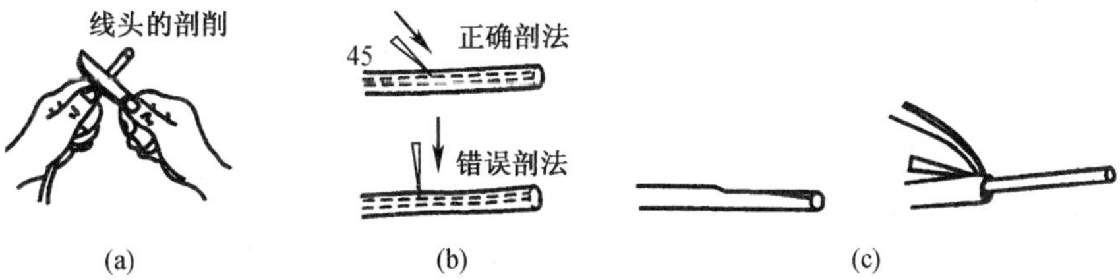

图 2－3－2　电工刀剖削塑料硬线绝缘层

(a)刀以 45°角倾斜切入；(b)刀以 15°角倾斜推削；(c)翻下塑料层

②使刀面与芯线间的角度保持15°左右,用力要均匀,向线端推削。注意不要割伤金属芯线,削去上面一层塑料绝缘,如图2－3－2(b)所示。

③将剩余的绝缘层向后扳翻,如图2－3－2(c)所示,然后用电工刀齐根削去。

2. 塑料软线绝缘层的剖削

塑料软线绝缘层只能用剥线钳或钢丝钳剖削。用钢丝钳剖削的剖削方法同塑料硬线。

剥线钳是用于剥削小直径导线头绝缘层的专用工具,一般在控制柜配线时用得最多。使用时,将要剥削的导线绝缘层长度定好,右手握住钳柄,用左手将导线放入相应的刃口槽中,右手将钳柄向内一握,导线的绝缘层即被剥割拉开,自动弹出,如图2－3－3所示。

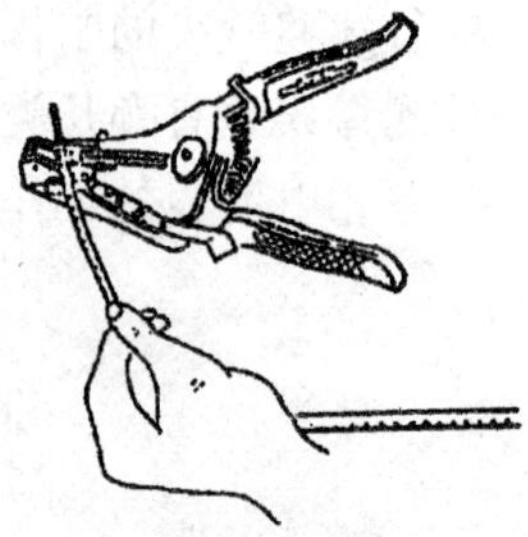

图2－3－3　剥线钳的用法

注意,塑料软线绝缘层不可用电工刀来剖削,因为塑料软线太软,并且芯线又由多股导线组成,用电工刀剖削容易剖伤线芯。

3. 塑料护套线绝缘层的剖削

塑料护套线绝缘层由公共护套层和每根芯线的绝缘层两部分组成。公共护套层只能用电工刀来剖削,剖削方法如下:

(1)按所需线头长度用电工刀刀尖对准芯线缝隙划开护套,如图2－3－4(a)所示。

(2)将护套层向后扳翻,用电工刀齐根切去,如图2－3－4(b)所示。

(3)用钢丝钳或电工刀按照剖削塑料硬线绝缘层法,分别将每根芯线的绝缘层剖除。钢丝钳或电工刀切入绝缘层时,切口应距离护套层5～10 mm,如图2－3－4(c)所示。

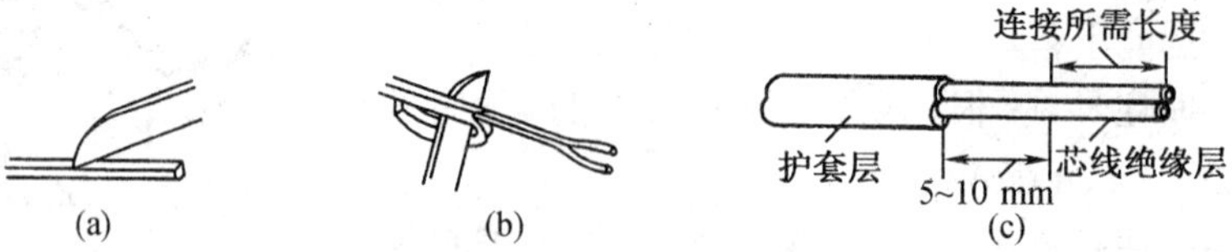

图2－3－4　塑料护套线绝缘层剖削

(a)刀在芯线缝隙间划开护套层;(b)扳翻护套层并齐根切去;(c)剖削芯线绝缘层长度

4. 橡皮线绝缘层的剖削

橡皮线绝缘层外面有柔纤维编织保护层,切削方法如下:

(1)先按剖削护套线护套层的方法,用电工刀刀尖将编织保护层划开,并将其向后扳翻,再齐根切去。

(2)按剖削塑料线绝缘层的方法削去橡胶层。

(3)将棉纱层散开到根部,用电工刀切去。

5. 花线绝缘层的剖削

花线绝缘层分外层和内层,外层是柔韧的棉纱编织物,内层是橡胶绝缘层和棉纱层。其剖削方法如下:

(1)在所需线头长度处用电工刀在棉纱织物保护层四周割切一圈,将棉纱织物拉去。

(2)在距棉纱织物保护层10 mm处,用钢丝钳的刀口切割橡胶绝缘层,注意不可损伤芯线,方法与图2－3－1所示相同。

(3)将露出的棉纱层松开,用电工刀割断,如图2-3-5(a)、(b)所示。

图2-3-5　花线绝缘层的剖削

(a)将棉纱层散开;(b)割断棉纱层

6. 铅包线绝缘层的剖削

铅包线绝缘层由外部铅包层和内部芯线绝缘层组成,内部芯线绝缘层用塑料(塑料护套)或橡胶(橡胶护套)制成。其剖削方法如下:

(1)先用电工刀将铅包层切割一刀,如图2-3-6(a)所示。

(2)用双手来回扳动切口处,使铅包层沿切口折断,把铅包层拉出来,如图2-3-6(b)所示。

(3)内部绝缘层的剖削方法与塑料线绝缘层或橡胶绝缘的剖削方法相同,如图2-3-6(c)所示。

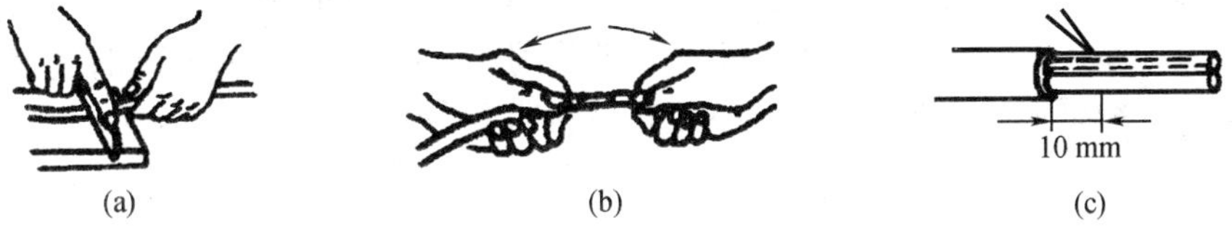

图2-3-6　铅包层的剖削

(a)按所需长度切入;(b)折扳切口拉出铅包层;(c)剖削绝缘层

7. 橡胶套软电缆绝缘层的剖削

橡胶套软线外包橡胶护套层,内部每根芯线上又有各自的橡胶绝缘层。其剖削方法如下:

(1)用电工刀从端头任意两芯线缝隙中割破部分护套层,如图2-3-7(a)所示。

(2)把割破已可分成两片的护套层连同芯线一起进行反向分拉来撕破护套层,当撕拉难以破开护套层时,再用电工刀补割,直到所需长度时为止,如图2-3-7(b)所示。

(3)翻扳已被分割的护套层,在根部分别切断,如图2-3-7(c)所示。

(4)拉开护套层以后部分的剖削与花线绝缘层的剖削方法大体相同。

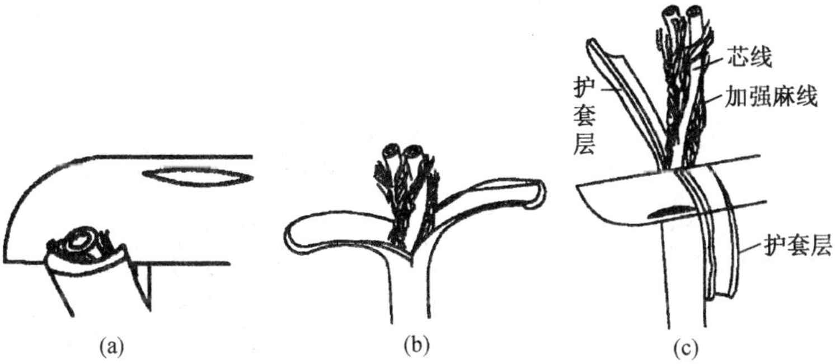

图2-3-7　橡胶套软电缆绝缘层的剖削

(a)割破部分护套层;(b)剖削所需长度;(c)根部分别切断

8. 漆包线绝缘层的去除

漆包线绝缘层是喷涂在芯线上的绝缘层。线径不同,去除绝缘层的方法也不一样。直径在 1.0 mm 以上的,可用细砂纸或细砂布擦除;直径为 0.6～1.0 mm 的,可用专用刮线刀刮去,如图 2－3－8 所示。直径在 0.6 mm 以下的,也可用细砂纸或细砂布擦除。操作时应细心,否则易造成芯线折断。有时为了保持漆包线芯直径的准确,也可用微火烤焦线头绝缘漆层,再将漆层轻轻刮去。注意不可用大火,以免芯线变形或烧断。

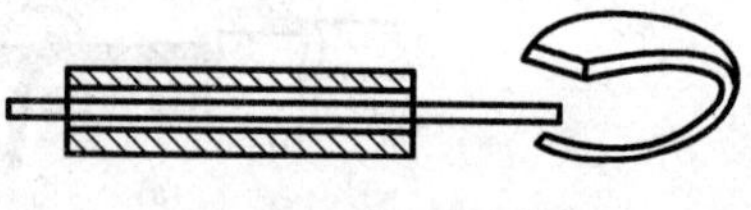

图 2－3－8　刮削漆包线线头绝缘层

二、线连接

当导线不够长或要分接支路时,就要将导线与导线连接。常用绝缘导线的芯线股数有单股、7 股和 19 股等多种,其连接方法随芯线材质与股数的不同而各不相同。

1. 铜芯导线的连接

根据铜芯导线股数的不同,有以下几种连接方法。

(1)单股铜芯导线的直线连接

连接时,先将两导线芯线线头成 X 形相交,如图 2－3－9(a)所示;互相绞合 2～3 圈后扳直两线头,如图 2－3－9(b)所示;将每个线头在另一芯线上紧贴并绕 6 圈,用钢丝钳切去余下的芯线,并钳平芯线末端,如图 2－3－9(c)所示。

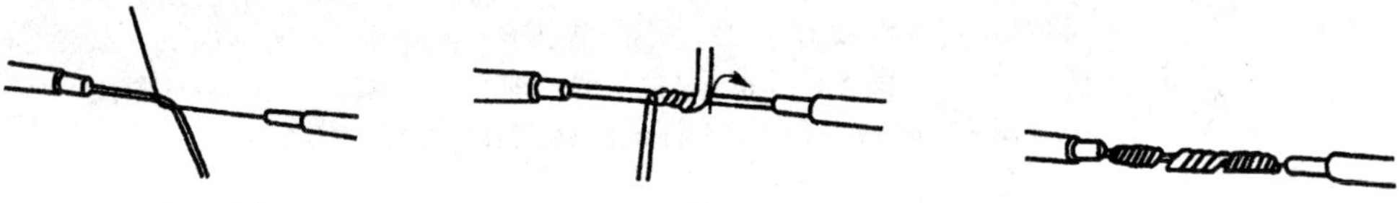

(a)　　　　(b)　　　　(c)

图 2－3－9　单股铜芯导线的直接连接

(a)线头 X 形连接;(b)互绞后扳直;(c)钳平芯线末端

(2)单股铜芯导线的 T 字分支连接

将支路芯线的线头与干线芯线十字相交,在支路芯线根部留出 5 mm,然后顺时针方向缠绕支路芯线,缠绕 6～8 圈后,用钢丝钳切去余下的芯线,并钳平芯线末端。如果连接导线截面较大,两芯线十字交叉后直接在干线上紧密缠 8 圈即可,如图 2－3－10(a)所示。小截

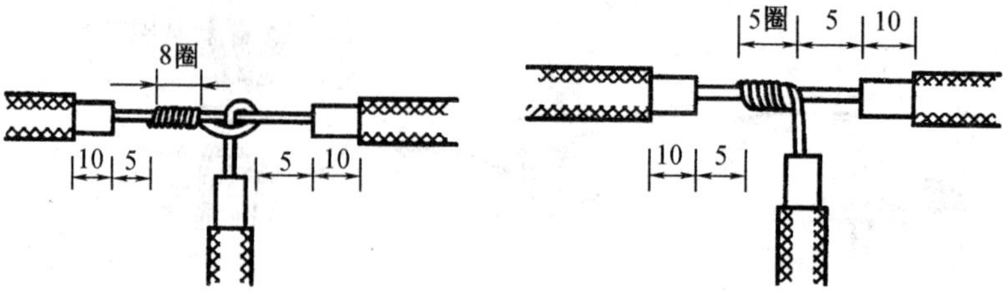

(a)　　　　(b)

图 2－3－10　单股铜芯导线的 T 字分支连接

(a)紧密缠 8 圈;(b)小截面芯线可不打结

面的芯线可以不打结，见图 2－3－10(b)。

(3)双股线的对接

将两根双芯线线头剖削成图 2－3－11 所示的形式。连接时，将两根待连接的线头中颜色一致的芯线按小截面直线连接方式连接。用相同的方法将另一颜色的芯线连接在一起。

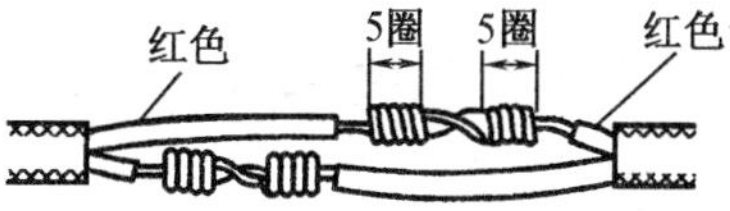

图 2－3－11　双股线的对接

(4)7 股铜芯导线的直线连接

先将剥去绝缘层的芯线头散开并拉直，再把靠近绝缘层 1/3 线段的芯线绞紧，然后把余下的 2/3 芯线头按图 2－3－12(a)所示分散成伞状，并将每根芯线拉直。把两伞骨状线端隔根对叉，必须相对插到底，并拉平两端芯线，如图 2－3－12(b)所示。捏平叉入后的两侧所有芯线，并应理直每股芯线和使每股芯线的间隔均匀，同时用钢丝钳钳紧叉口处以消除空隙，如图 2－3－12(c)所示。

先在一端把邻近两股芯线在距叉口中线约 3 根单股芯线直径宽度处折起，并形成 90°，如图 2－3－12(d)所示。接着把这两股芯线按顺时针方向紧缠 2 圈后，再折回 90°并平卧在折起前的轴线位置上，如图 2－3－12(e)所示。接着把处于紧挨平卧前邻近的 2 根芯线折成 90°，再把这两股芯线按顺时针方向紧缠 2 圈后，再折回 90°并平卧在折起前的轴线位置上，如图 2－3－12(f)所示。把余下的 3 根芯线按顺时针方向紧缠 2 圈后，把前 4 根芯线在根部分别切断，并钳平，如图 2－3－12(g)所示。接着把 3 根芯线缠足 3 圈，然后剪去余端，钳平切口，不留毛刺，如图 2－3－12(h)所示。用同样的方法再缠绕另一侧芯线。

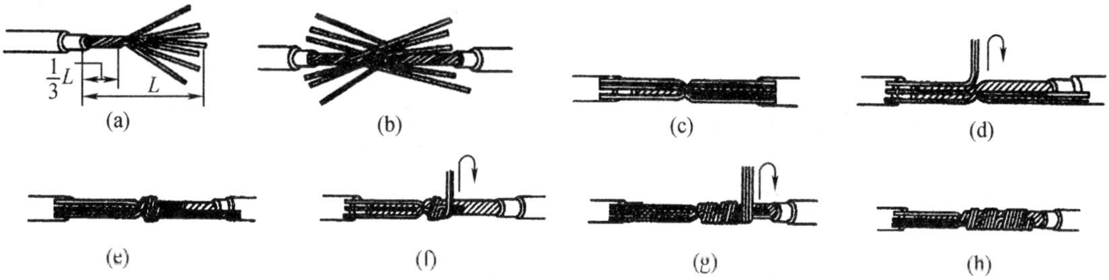

图 2－3－12　7 股铜芯导线的直接连接

(a)芯线绞紧；(b)对叉；(c)捏平；(d)折起；(e)紧缠 2 圈；
(f)再折回 90°平卧；(g)余下芯线紧缠 2 圈；(h)缠足、钳平

(5)7 股铜芯导线的 T 字分支连接

将分支芯线散开并拉直，再把紧靠绝缘层 1/8 线段的芯线绞紧，把剩余 7/8 的芯线分成两组，一组 4 根，另一组 3 根，排齐。用旋凿把干线的芯线撬开分为两组，再把支线中 4 根芯线的一组插入干线芯线中间，而把 3 根芯线的一组放在干线芯线的前面，如图 2－3－13(a)所示。把 3 根芯线的一组在干线右边按顺时针方向紧紧缠绕 3～4 圈，并钳平线端；把 4 根芯线的一组在干线芯线的左边按逆时针方向缠绕，如图 2－3－13(b)所示。逆时针方向缠绕 4～5 圈后，钳平线端，如图 2－3－13(c)所示。

(6)19 股铜芯导线的直线连接

19 股铜芯导线的直线连接与 7 股铜芯导线的直线连接方法基本相同。由于 19 股导线的股数较多，可剪去中间的几股，按要求在根部留出长度绞紧，隔股对叉，分组缠绕。连接

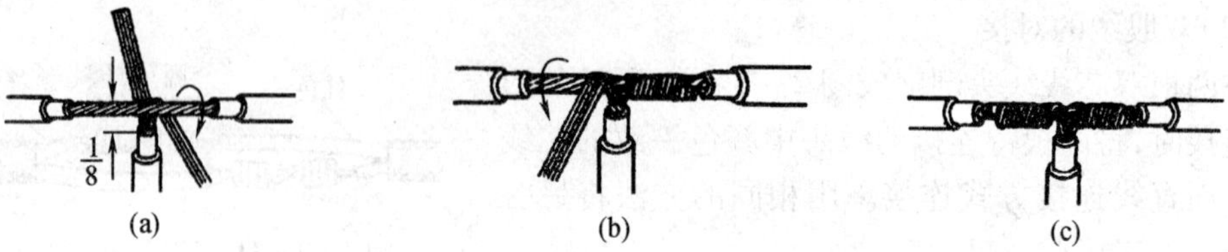

图 2-3-13　7 股铜芯导线的 T 字分支连接

(a)分开干线芯线;(b) 逆时针方向缠绕;(c)缠绕钳平

后,在连接处应进行钎焊,以增加其机械强度和改善其导电性能。

(7)19 股铜芯导线的 T 字分支连接

19 股铜芯导线的 T 字分支连接与 7 股铜芯导线的 T 字分支连接方法也基本相同,只是将支路芯线按 9 根和 10 根分成两组,将其中一组穿过中缝后,沿干线两边缠绕。连接后,也应进行钎焊。

(8)不等径铜导线的连接

如果要连接的两根铜导线的直径不同,可把细导线线头在粗导线线头上紧密缠绕 5～6 圈,弯折粗线头端部,使它压在缠绕层上,再把细线头缠绕 3～4 圈,剪去余端,钳平切口即可,如图 2-3-14 所示。

(9)软线与单股硬导线的连接

连接软线和单股硬导线时,可先将软线拧成单股导线,再在单股硬导线上缠绕 7～8 圈,最后将单股硬导线向后弯曲,以防止绑线脱落,如图 2-3-15 所示。

图 2-3-14　不等径铜导线的连接

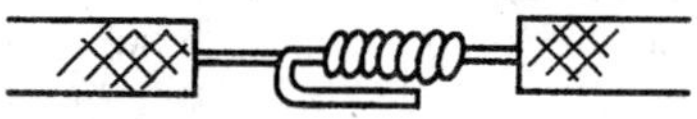

图 2-3-15　软线与单股硬导线的连接

(10)铜芯导线接头的锡焊

①电烙铁锡焊

通常,截面为 10 mm^2 及以下的铜芯导线接头,可用150 W 电烙铁进行锡焊。焊接前,先清除接头上的污物,然后在接头处涂上一层无酸焊锡膏,待电烙铁烧热后,即可锡焊。

②浇焊

截面为 16 mm^2 及以上的铜芯导线接头,应实行浇焊。浇焊时,先将焊锡放在化锡锅内,用喷灯或在电炉上熔化。当熔化的锡液表面呈磷黄色,就表明锡液已到高温。此时可将导线接头放在锡锅上面,用勺盛上锡液,从接头上浇下,如图 2-3-16 所示,直到完全焊牢为止。最后用清洁的抹布轻轻擦去焊渣,使接头表面光滑。

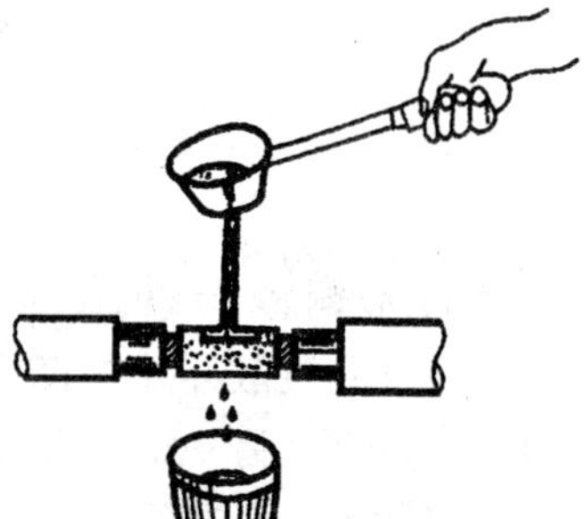

图 2-3-16　铜芯导线接头浇焊法

2. 铝芯导线的连接

由于铝的表面极易氧化,而氧化薄膜的电阻率又很高,所以铝芯导线主要采用压接管压接和沟线夹螺栓压接。

3. 铜(导线)、铝(导线)之间的连接

铜导线与铝导线连接时,要采取防电化学腐蚀的措施。

4. 线头与接线端子(接线桩)的连接

通常,各种电气设备、电气装置和电器用具均设有供连接导线用的接线端子。常见的接线端子有柱形端子和螺钉端子两种,如图 2-3-17 所示。

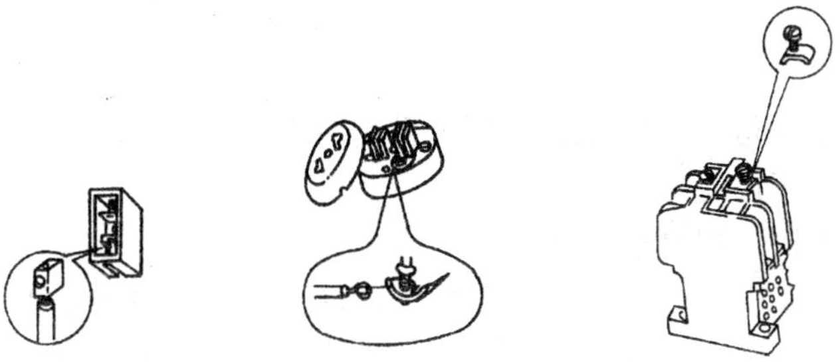

图 2-3-17　接线端子

(a)柱形端子;(b)螺钉端子;(c)具有瓦形垫圈的螺钉端子

(1)线头与针孔接线柱的连接

端子板、某些熔断器、电工仪表等的接线,大多利用接线部位的针孔并用压接螺钉来压住线头以完成连接。如果线路容量小,可只用一只螺钉压接;如果线路容量较大或对接头质量要求较高,则使用两只螺钉压接。

单股芯线与接线柱连接时,最好按要求的长度将线头折成双股并排插入针孔,使压接螺钉顶紧在双股芯线的中间。如果线头较粗,双股芯线插不进针孔,也可将单股芯线直接插入,但芯线在插入针孔前,应朝着针孔上方稍微弯曲,以免压紧螺钉稍有松动线头就脱出,如图 2-3-18 所示。

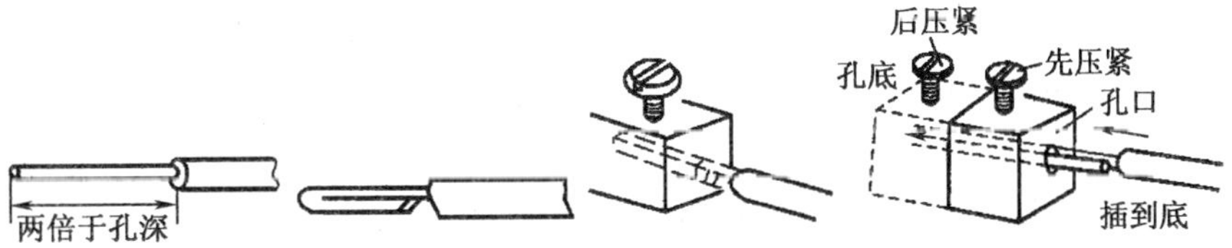

图 2-3-18　单股芯线与针孔接线压接法

多股芯线与接线柱连接时,必须把多股芯线按原拧紧方向,用钢丝钳进一步绞紧,以保证压多股芯线受压紧螺钉顶压时而不致松散。由于多股芯线的载流量较大,孔上部往往有两个压紧螺钉,连接时应先拧紧第一枚螺钉(近端口的一枚),后拧紧第二枚,然后再加拧第一枚和第二枚,要反复加拧两次。此时应注意,针孔与线头的大小应匹配,如图 2-3-19(a)所示。如果针孔过大,则可选一根直径大小相宜的导线作为绑扎线,在已绞紧的线头上紧紧地缠绕一层,使线头大小与针孔匹配后再进行压接,如图 2-3-19(b)所示。如果线头过大,插不进针孔,则可将线头散开,适量剪去中间几股,如图 2-3-19(c)所示,然后将线头绞紧就可进行压接。通常 7 股芯线可剪去 1~2 股,19 股芯线可剪去 1~7 股。

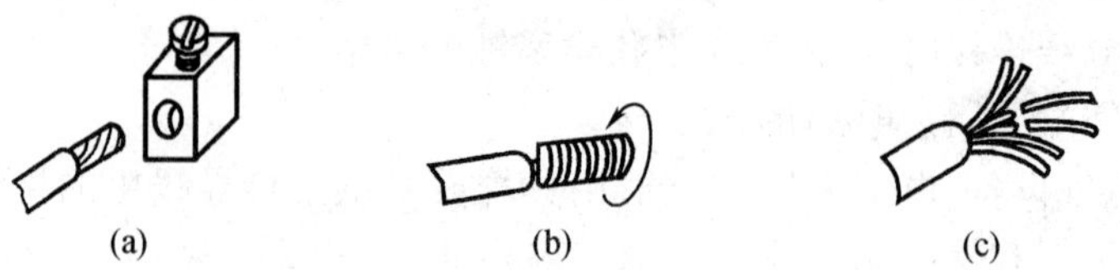

图 2－3－19　多股芯线与针孔接线柱连接

(a)针孔合适的连接;(b)针孔过大时线头的处理;(c)针孔过小时线头的处理

无论是单股芯线还是多股芯线,线头插入针孔时必须到底,导线绝缘层不得插入孔内,针孔外的裸线头长度不得超过 3 mm。

(2)线头与螺钉平压式接线柱的连接

单股芯线(包括铝芯线)与螺钉平压式接线柱,是利用半圆头、圆柱头或六角头螺钉加垫圈将线头压紧完成连接的。对载流量较小的单股芯线,先将线头弯成压接圈(俗称羊眼圈),再用螺钉压紧。为保证线头与接线柱有足够的接触面积,日久不会松动或脱落,压接圈必须弯成圆形。单股芯线压接圈弯法如图 2－3－20 所示。

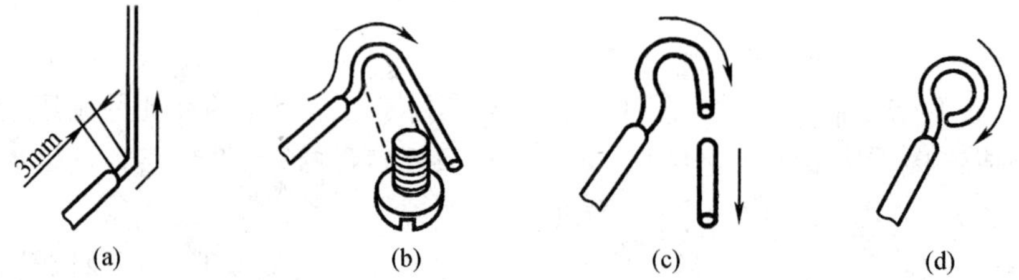

图 2－3－20　单股芯线压接圈弯法

(a)离绝缘层根部约 30 mm 处向外侧折角;(b)按略大于螺钉弯曲圆弧;
(c)剪去芯线余端;(d)修正圆圈成圆

图 2－3－21 所示的 8 种压接圈都不规范:图 2－3－21(a)的压接圈不完整,接触面积太小;图 2－3－21(b)的线头根部太长,易与相邻导线碰触造成短路;图 2－3－21(c)的导线余头太长,压不紧,且接触面积小;图 2－3－21(d)的压接圈内径太小,套不进螺钉;图 2－3－21(e)的压接圈不圆,压不紧,易造成接触不良;图 2－3－21(f)的余头太长,易发生

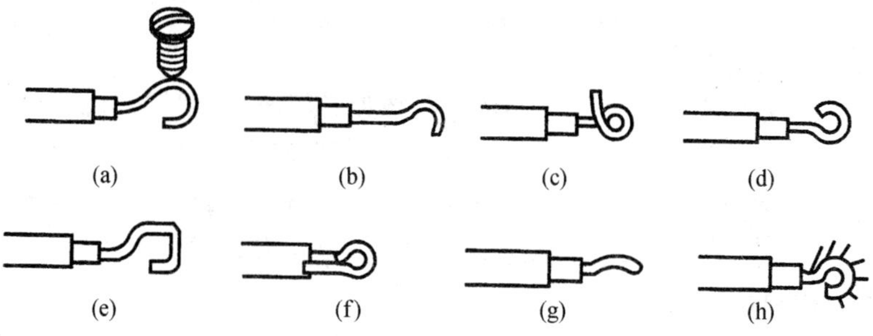

图 2－3－21　不规范的压接法

(a)压线圆接触面积太小;(b)线头根部太长;(c)导线余头太长;(d)压线圈内径太小;
(e)压线圈不圆;(f)余头太长;(g)只有半个圆圈;(h)软线线头未拧紧

短路或触电事故；图 2－3－21(g) 只有半个圆圈，压不住；图 2－3－21(h) 的软线线头未拧紧，有毛刺，易造成短路。

对于横截面不超过 10 mm^2 的 7 股及以下多股芯线，应按图 2－3－22 所示弯制压接圈。把离绝缘层根部约 1/2 长的芯线重新绞紧，越紧越好，图 2－3－22(a) 所示；绞紧部分的芯线，在离绝缘层根部 1/3 处向左外折角，然后弯曲圆弧，如图 2－3－22(b) 所示；当圆弧弯曲得将成圆圈(剩下 1/4) 时，应将余下的芯线向右外折角，然后使其成圆，捏平余下线端，使两股芯线平行，如图 2－3－22(c) 所示；把散开的芯线按 2、2、3 根分成三组，将第一组两根芯线扳起，垂直于芯线，要留出垫圈边宽，如图 2－3－22(d) 所示；按 7 股芯线直线对接的自缠法加工，如图 2－3－22(e) 所示。图 2－3－22(f) 是缠成后的 7 股芯线压接圈。

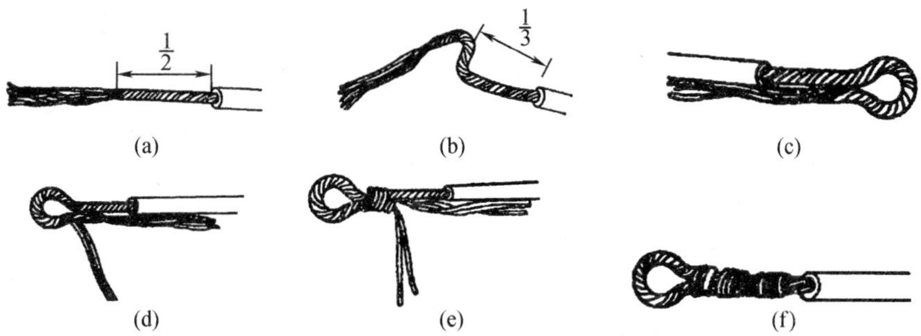

图 2－3－22　7 股导线压接口弯法

(a) 芯线绞紧；(b) 根部 1/3 处弯曲；(c) 两股芯线平行；
(d) 将部分芯线扳起；(e) 自缠法；(f) 芯线压接离

对于横截面超过 10 mm^2 的 7 股以上软导线端头，应安装接线耳。

软导线线头也可用螺钉平压式接线柱连接。软导线线头压接螺钉之间的绕结方法如图 2－3－23 所示，其工艺要求与上述多股芯线的压接相同。

(3) 线头与瓦形接线柱的连接

瓦形接线柱的垫圈为瓦形。为了保证线头不从瓦形接线柱内滑出，压接前应先将已去除氧化层和污物的线头弯 U 形，如图 2－3－24(a) 所示，然后将其卡入瓦形接线柱内进行压接。如果需要把两个线头接入一个瓦形接线柱内，则应使两个弯成 U 形的线头重合，然后将其卡入瓦形垫圈下方进行压接，如图 2－3－24(b) 所示。

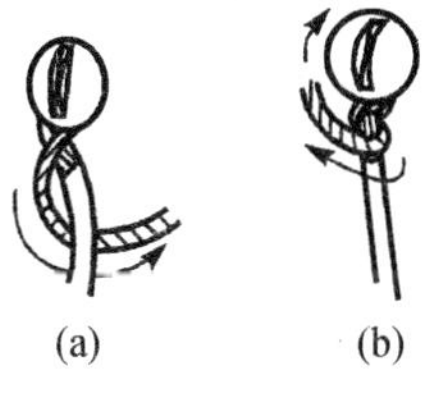

图 2－3－23　软导线线头用平压式接线柱的连接方法

(a) 围绕螺钉后再自缠；
(b) 自缠一圈后，端头压入螺钉

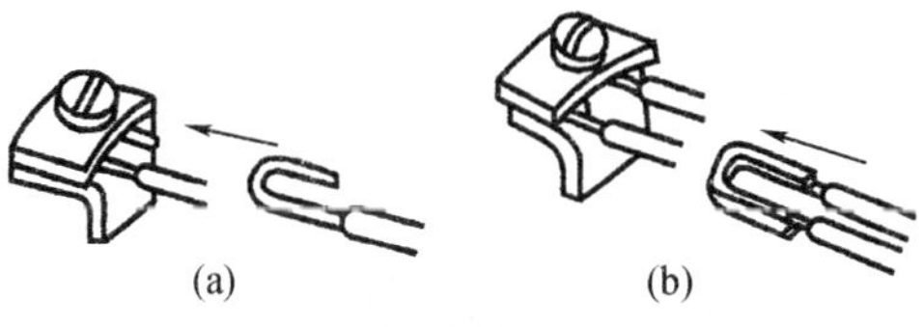

图 2－3－24　单股芯线与瓦形接线柱的连接

(a) 一个线头连接方法；
(b) 两个线头连接方法

三、线绝缘层的恢复

导线绝缘层破损和导线接头连接后均应恢复绝缘层。恢复后的绝缘层的绝缘强度不应低于原有绝缘层的绝缘强度。恢复导线绝缘层常用的绝缘材料是黄蜡带、涤纶薄膜带和黑胶带,黄蜡带和黑胶带选用规格为 20 mm 宽的较为适宜,包缠也方便。

1. 绝缘带包缠方法

包缠时,将黄蜡带从导线左边完整的绝缘层上开始,包缠两个带宽后就可进入连接处的芯线部分。包至连接处的另一端时,也同样应包入完整绝缘层上两个带宽的距离,如图 2－3－25(a)所示。

包缠时,绝缘带与导线应保持约 55°的倾斜角,每圈包缠压叠带宽的 1/2,如 2－3－25(b)所示。包缠一层黄蜡带后,将黑胶带接在黄蜡带的尾端,按另一斜叠方向包缠一层黑胶带,也要每圈压叠带宽的 1/2,如图 2－3－25(c)、(d)所示。

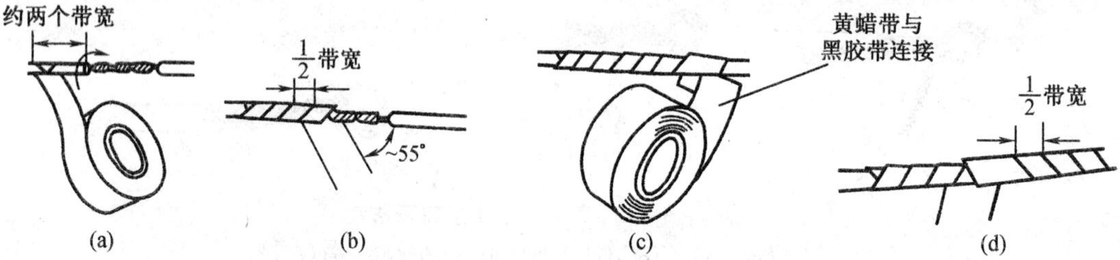

图 2－3－25　绝缘带包缠方法

(a)两个带宽距离;(b)每圈包缠压叠带宽的 1/2;(c)、(d)每圈压叠带宽 1/2

2. 绝缘带包缠注意事项

(1)恢复 380 V 线路上的导线绝缘时,必须先包缠 1 ~ 2 层黄蜡带(或涤纶薄膜带),然后再包缠一层黑胶带。

(2)恢复 220 V 线路上的导线绝缘时,先包缠一层黄蜡带(或涤纶薄膜带),然后再包缠一层黑胶带,也可只包缠两层黑胶带。

(3)包缠绝缘带时,不可出现图 2－3－26 所示的几种缺陷,特别是不能过疏,更不允许露出芯线,以免发生短路或触电事故。

(4)绝缘带不可保存在温度很高的地点,也不可被油脂浸染。

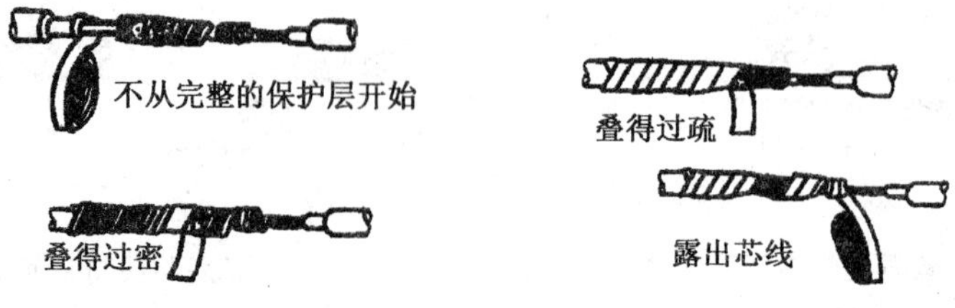

图 2－3－26　绝缘带包缠常见缺陷

思考与练习

1. 恢复导线绝缘层应掌握哪些基本方法？
2. 380 V 线路导线的绝缘层应怎样恢复？
3. 各种导线绝缘层剖削方法各是什么？
4. 导线连接时注意些什么事项？

第三章　磁路与电动机

1. 熟悉并掌握磁路的基本物理量。
2. 可以判断电与磁转换时的磁场与电磁力的方向、大小。
3. 熟悉变压器的结构与原理。
4. 了解并掌握交直流电机的组成与工作原理及维修知识。

第一节　磁路的基本概念与定律

1. 了解磁路的基本概念。
2. 学会使用左、右手定则，学会判断磁场、感生电动势与电磁力方向。
3. 了解磁滞与涡流损耗的原因，掌握其消减的方法。

一、磁场

我国是世界上最早发明指南针并应用于航海的国家。大约在公元前300年，我国就发现某种天然矿石（Fe_3O_4）能够吸引铁，并把它称作吸铁石。吸铁石具有磁性，具有磁性的物体叫做磁体。磁体的两端有磁极，一个极为N极（北极），另一个极为S极（南极）。磁极间相互作用的规律是：同性相斥，异性相吸。磁极周围存在着一种特殊物质，它具有力和能的特性，这就是磁场。为了形象描述磁场的强弱和方向而引入假想线，这种线叫磁力线，在磁体外部磁力线的方向总是由N极指向S极，在磁体内部则由S极指向N极。

1. 电流的磁场

电和磁是紧密联系的，电流产生磁场，磁场变化或运动在导体内又产生感应电动势。许多电气设备（如电动机、变压器等）都是根据电和磁之间的作用原理而工作的。为了分析电和磁之间的关系，必须了解磁路的基本理论。

1820年丹麦科学家奥斯特发现，在电流周围存在着磁场，称作电流的磁效应。

电流与其产生的磁场的方向可用安培定则来判断。安培定则一般分两种情况使用：

（1）直线电流产生的磁场如图3－1－1所示，以右手拇指的指向表示电流的方向，弯曲四指的指向即为磁场方向。

（2）环形电流产生的磁场如图3－1－2所示，以右手弯曲的四指表示电流方向，则拇指所指示的方向为磁场方向。

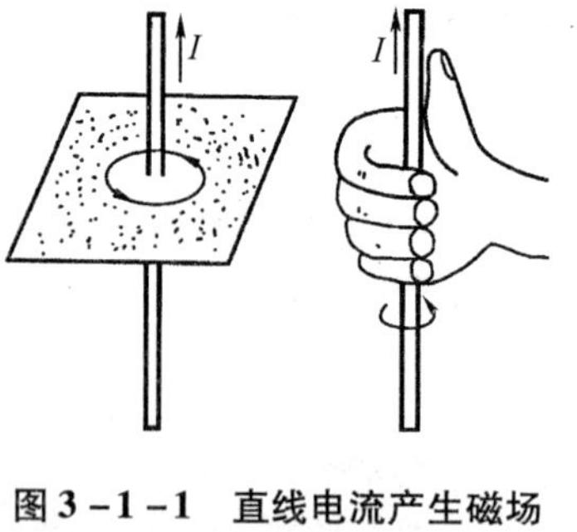

图3－1－1　直线电流产生磁场

2. 磁场对电流的作用

（1）磁场对通电直导体的作用

如图3－1－3所示，在蹄形磁铁的两极中悬挂一根直导体，并使导体与磁力线垂直。当导体没有电流流过时，导体静止不动；当导体流过电流时，导体就会向磁体

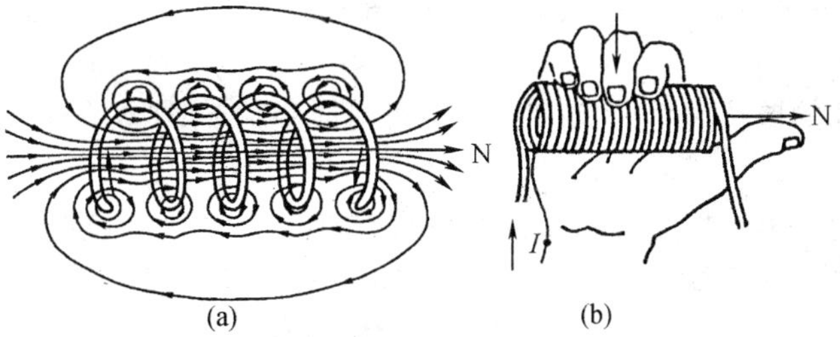

图 3-1-2　环形电流产生的磁场

内部移动,若改变电流方向,导体向相反方向移动,通电导体在磁场中移动的原因是受到磁场的作用力,通常把这种力称作电磁力,用 F 表示。电磁力的方向可用左手定则来判断,如图 3-1-4 所示。平伸左手,使拇指与四指垂直,磁力线穿过手心,四指指向电流方向,则拇指的方向就是导体的受力方向。

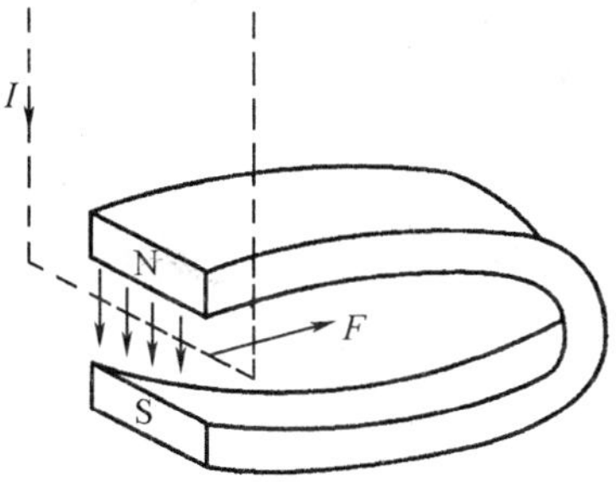

图 3-1-3　通电导体受到电磁力

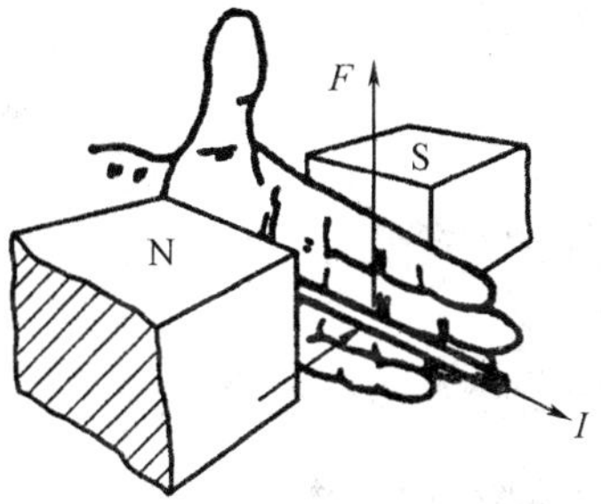

图 3-1-4　左手定则

(2)磁场对通电线圈的作用

由于磁场对通电导体有作用力,因此磁场对通电线圈也应有作用力。如图 3-1-5 所示,在磁感应强度为 B 的均匀磁场中,放一矩形通电线圈 $adcb$。当线圈 ad 和 bc 边与磁力线垂直时则受到力的作用。根据左手定则可知 ad 和 bc 边的受力方向是一上一下而构成一对力偶,线圈在力矩的作用下将绕轴线作逆时针方向转动。该图是一个单匝线圈的直流电动机的原理图,实际的电动机则由多匝线圈组成。

3. 磁场的基本物理量

磁场的特性主要用磁通(Φ)、磁感应强度(B)、磁导率(μ)和磁场强度(H)四个物理量来描述。

(1)磁通 Φ

垂直穿过某一截面 A 的磁力线总数称为磁通 Φ。

磁通的单位为韦伯(Wb)。

(2)磁感应强度 B

磁感应强度 B 是用来表示磁场中某点磁场强弱和方向的物理量。磁感应强度是个矢量,它的方向即为磁场中各点的磁场方向。其值可以用垂直通过单位面积的磁力线数来确定。磁场强的地方磁感应强度较大,磁力线较密;磁场弱的地方磁感应强度较小,磁力线较

疏。如果磁场内各点磁感应强度的大小相等、方向相同,则称为均匀磁场。在均匀磁场中

$$B = \frac{\Phi}{A}$$

磁感应强度 B 的单位为特斯拉(T),它也可写成韦伯/米^2(Wb/m^2)。

(3)磁导率 μ

磁导率 μ 是用来衡量物质导磁能力大小的物理量.其单位为亨/米(H/m)。

自然界中不同的物质有不同的磁导率。真空的磁导率。是一个常数,其值为

$$\mu_0 = -4\pi \times 10^{-7}\ \mathrm{H/m}$$

根据磁导率大小的不同,将物质分为铁磁物质(或铁磁材料)和非铁磁物质(或非铁磁材料)两大类。非铁磁物质(空气、铜等)的磁导率近似等于真空的磁导率。而铁磁物质(铁、钴、镍及其合金)的磁导率很大,如铸铁的磁导率比真空的大数百倍,因而用铸铁做铁芯的线圈,通电后,其内部磁场比空心(或非铁磁物质)线圈的内部磁场强几百倍。因此许多电工设备,如变压器、电动机等都采用铁磁物质作为铁芯,用以增强磁场。

(4)磁场强度 H

磁场中某点的磁感应强度 B 与同一点上物质的磁导率 μ 的比值称为该点的磁场强度 H 即

$$H = \frac{B}{\mu}$$

磁场强度 H 是为了计算方便而引入的辅助物理量。其方向和磁感应强度 B 的方向相同。

磁场强度 H 的单位为安/米或安/厘米(A/m 或 A/cm)。

二、电磁感应

1831 年法拉第发现,当导体相对于磁场运动而切割磁力线或线圈中的磁通发生变化时,在导体或线圈中都会产生电动势;若导体或线圈是闭合电路的一部分,则导体或线圈中将产生电流。从本质上讲,上述两种现象都是由于磁场发生变化而引起的,我们把变动磁场在导体中引起的电动势现象称为电磁感应,也称“动磁生电”。由电磁感应引起的电动势叫做感生电动势,而感生电动势引起的电流叫感生电流。

1.导体切割磁力线产生感应电动势

如图 3-1-5 所示,当闭合导体 $adcb$ 在磁场中静止不动或沿磁力线方向运动时,检流计的指针都不偏转;而当闭合导体沿轴线转动切割磁力线时,检流计向左偏转,手柄摇得越快指针偏转越大。上述现象说明,感生电流不但与导体在磁场中的运动有关,而且还与导体的运动速度 v 有关。

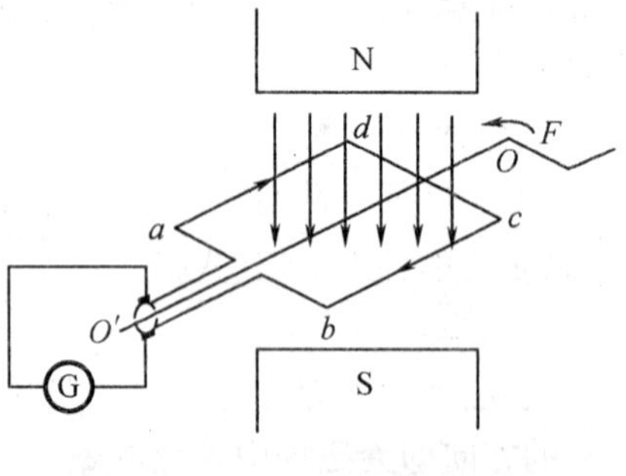

图 3-1-5　简易直流发电机

导体中产生的感生电动势方向可用右手定则来判断(图 3-1-6):平伸右手,拇指与其余四指垂直,磁力线穿过手心,大拇指是运动方向,四指则是感生电动势方向。

2.楞次定律

感生电流产生的磁场总是阻碍原磁通的变

化，这个规律是楞次于1834年首次发现的，所以称为楞次定律。

我们做个演示，把一条形磁铁的N极插入线圈时，检流计将向右偏转；当磁铁在线圈中静止时，检流计指针不偏转；当把磁铁从线圈中拔出时，检流计指针反向偏转。

通过大量实验得出导体或线圈产生感生电动势的条件是：导体相对于磁场做切割磁力线运动或线圈中的磁通发生变化时，导体或线圈中就产生感应电动势；若导体或线圈是闭合电路的一部分，就会产生感生电流。

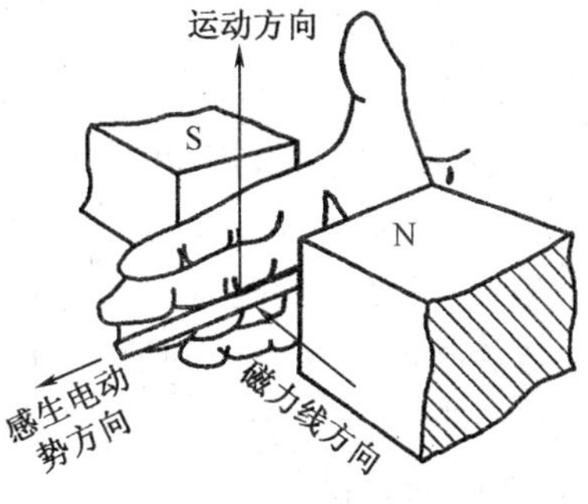

图3-1-6　右手定则

楞次定律为我们提供了一个判断感生电动势或感生电流方向的方法，具体步骤是：

(1)首先判断原磁通的方向及变化趋势(即增加还是减少)。

(2)根据感生电流的磁场方向永远和原磁通变化趋势相反的原则，确定感生磁场方向。

(3)根据感生磁场的方向，用安培定则就可以判断感生电动势和感生电流的方向。把导体或线圈看成一个电源，其电流方向流出为正。感生电动势与感生电流的方向始终一致。

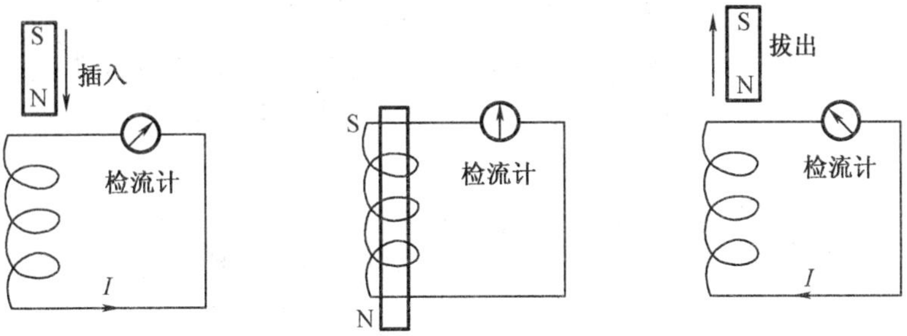

图3-1-7　条形磁铁在线圈中运动而引起感生电流

3. 法拉第电磁感应定律

线圈中的感应电动势的大小与线圈中磁通的变化速度(即变化率)成正比。

楞次定律说明感生电动势的方向，而法拉第电磁感应定律回答了感生电动势的大小。

用$\Delta\Phi$表示在时间间隔Δt内一个单匝线圈中的磁通变化量，则一个单匝线圈产生的感生电动势为

$$e=-\frac{\Delta\Phi}{\Delta t}$$

对于N匝线圈，其感应电动势为

$$e=-N\frac{\Delta\Phi}{\Delta t}$$

式中　e——在Δt时间内，感生电动势的平均值，V；

N——线圈的匝线。

4. 自感与互感

(1)自感

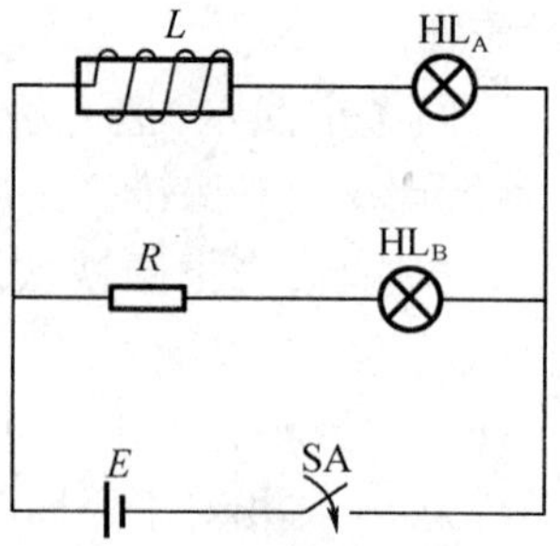

图 3－1－8　自感实验图

首先做一个实验,在图 3－1－8 中,A,B 是完全相同的两个灯泡,L 为铁芯线圈,R 为电阻。当合上开关时,B 灯立即亮,而 A 灯却是逐渐变亮。当 L 线圈通电瞬间,线圈的磁通产生变化,变化的磁通产生与流进电流相反的感生电势,感生电势阻滞了外电流的流入,灯泡不能立即亮。当变化的磁通逐渐趋于稳定,感生电势逐渐减小,外电流逐渐增大时,灯泡逐渐亮起来。

我们把上述这种由于流过线圈本身的电流变化而引起的电磁感应叫自感现象,简称自感。由自感产生的感生电动势称自感电动势,用 e_L 表示,自感电流用 i_L 表示。

自感电动势 e_L 与线圈电流的变化率$\frac{\Delta i}{\Delta t}$之间的关系如下式

$$e_L = -L\frac{\Delta i}{\Delta t}$$

自感 L 的大小不但与线圈的匝数以及几何尺寸有关,而且与线圈中某介质的磁导率有密切关系。有铁芯的线圈,L 不是常数;空芯线圈结构一定时,L 为常数。我们把 L 为常数的线圈叫线性电感。

电感的单位除用亨利外,还可用毫亨和微亨作为单位,它们之间的关系为

$$1\text{亨利(H)} = 10^3\text{毫亨(mH)} = 10^6\text{微亨(}\mu\text{H)}$$

通过讨论得出如下结论:

①产生自感电动势必须是线圈中的电流发生变化才有可能。

②自感电动势的大小除取决于自感系数的大小外,还取决于线圈中电流变化率的大小。

③自感电动势的方向可以用楞次定律判断。

自感对于人们来说,既有利又有弊。例如,日光灯是利用镇流器中的自感电动势来点燃灯管的,同时也利用它来限止灯管的电流,但在含有大电感元件的电路被切断瞬间,因电感两端的自感电动势很高,在开关刀口断开处会产会电弧,容易烧坏刀口,或者容易损坏设备的元器件,这都要设法尽量避免。又如在直流电磁继电器线圈两端并联一个续流二极管,这就是吸收自感电势的一种办法。

(2)互感

把由一个线圈中的电流发生变化在另一个线圈中产生的电磁感应叫做互感现象,简称互感。由互感产生的感生电动势为互感电动势。

互感电动势的大小正比于穿过本线圈磁通的变化率,或正比于另一个线圈中电流的变化率。互感电动势的方向不但与原磁通及其变化的方向有关,还与线圈的绕向有关。我们把绕向相同而感生电动势的极性始终保持一致的端头叫做同名端。互感电动势的方向用楞次定律与右手定则来确定。实际上制造出厂的变压器一般都标好同名端。

利用互感原理制造的变压器和电动机,在工农业生产上有着广泛的应用。但互感也有利有弊,在电子线路中,若线圈的位置安放不当,各线圈产生的磁场就会互相干扰,严重时

会使电路无法工作,一般用屏蔽的方法克服。

三、铁磁材料的磁性能

1. 铁磁材料的磁性能及其应用

铁磁材料在工程上应用非常广泛,在选择和使用铁磁材料时,我们必须清楚地了解铁磁材料的磁性能,它主要有高导磁性、磁饱和性和磁滞性三种。

(1)高导磁性

在外磁场作用下,铁磁材料具有很强的导磁能力。铁磁材料的这种离导磁性能是由其内部的特殊结构决定的。铁磁材料内部天然地存在许多小区域(体积约 10^{-3} mm^3,约含 10^{15}个原子),每个小区域的原子间由于存在一种特有的相互作用力,使分子电流(由电子绕原子核运动和本身自旋形成的)排列整齐,产生一定方向的磁场,即形成一个磁化的小区域,称之为磁畴。每个磁畴相当于一小块磁性很强的小磁铁。磁畴的存在已被实验证实。

当无外磁场作用时,各磁畴的排列杂乱无章,磁场互相抵消,对外不显磁性,其示意图如图 3－1－9(a)所示。当有外磁场作用时,各磁畴将逐渐趋向外磁场方向排列,从而在内部形成很强的与外磁场同方向的附加磁场,其示意图如图 3－1－9(b)所示,因此磁场显著增强,这种现象称为铁磁材料的磁化。

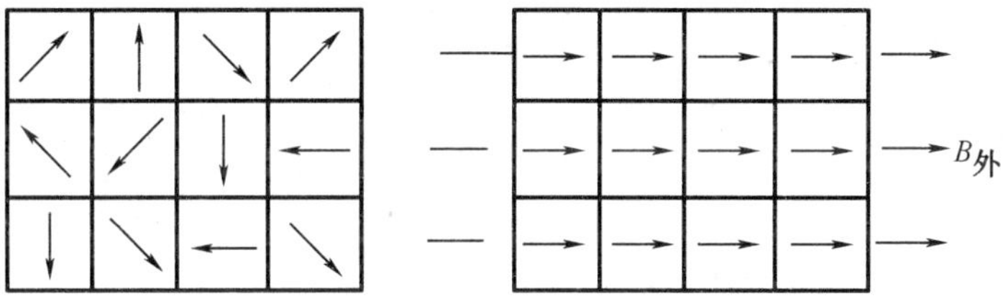

图 3－1－9　铁磁材料磁畴示意图

(a)无外磁场;(b)有外磁场

由于铁磁材料具有很强的磁化特性,因此变压器、电动机等电工设备的线圈都绕在铁芯上,这样通入较小电流,便可获得比较强的磁场,使线圈的体积和重量大大减小。而非铁磁材料不具有磁畴结构,因而导磁能力极差。

(2)磁饱和性

铁磁材料磁化产生的内部磁场不会随着外磁场的增强而无限地增强。在图 3－1－10 所示电路中,由于磁场强度 H 与线圈中通入的电流 I 成正比,因此 B 的大小反映外磁场的强弱。铁磁材料内部的磁场强弱用磁感应强度 B(可用磁通计来测定)表示。B 随着 H 而变化的曲线称为磁化曲线,如图 3－1－11 所示。

磁化曲线可分为三部分:在 Oa 段,B 近似与 H 正比关系,此时内部磁场随着外磁场的增强而显著增强,这是因为在磁化刚开始时,随着外磁场的增强,铁磁材料内部取向排列的磁畴增加很快,使内部磁场迅速增强。在 ab 段,继续增强外磁场,内部磁场增强变缓,这是因为当外磁场增强到一定程度,铁磁材料内部大部分的磁畴已转向外磁场,因此内部磁场增强变慢。过 b 点后,即使再增强外磁场,由于铁磁材料内部的磁畴基本上全部转向了外磁场,因此内部磁场的增强极为缓慢。此时铁磁材料内部的磁场达到饱和,磁感应强度 B 达

到了饱和值 B_m。在变压器、电动机等电工设备的铁芯中,B 与 H 的工作值通常取在 ab 部分,这样既不会使铁芯处于饱和状态,又能提高铁磁材料的利用率。图 3 - 1 - 12 所示为几种常用铁磁材料的基本磁化曲线。

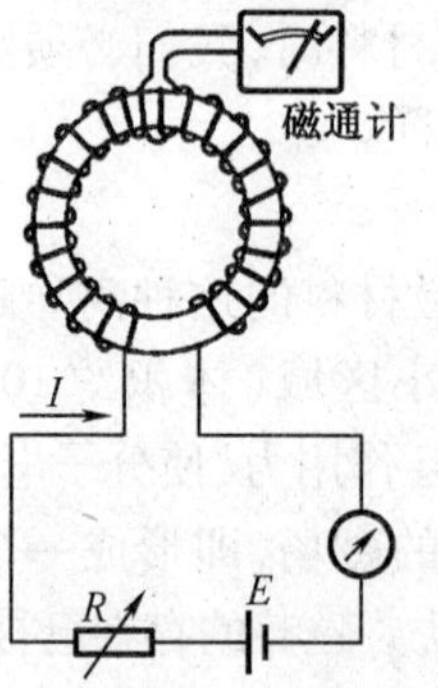

图 3 - 1 - 10　铁磁材料的磁化

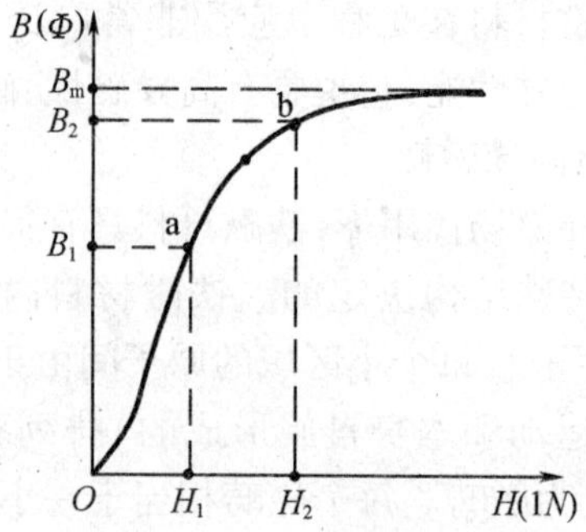

图 3 - 1 - 11　磁化曲线

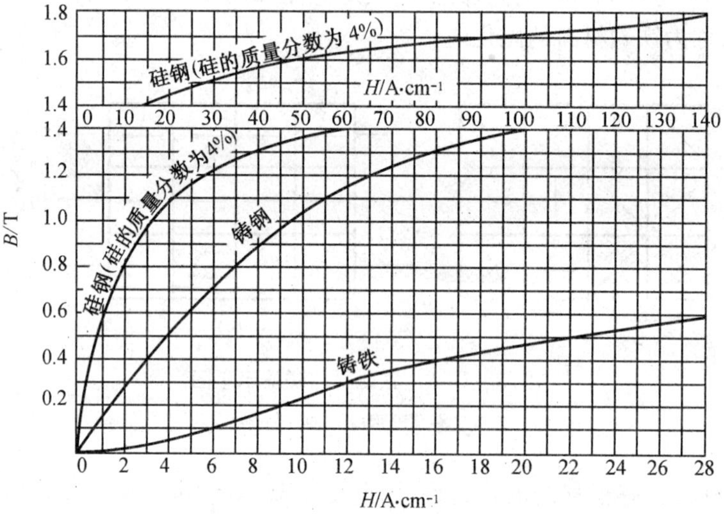

图 3 - 1 - 12　常用铁磁材料的磁化曲线

(3)磁滞性

当铁芯线圈中通有交变电流时,铁磁材料便处于交变磁场的作用之下,这时铁磁材料就会被反复磁化。电流变化一个周期,B 与 H 的变化关系曲线如图 3 - 1 - 13 所示。

由图 3 - 1 - 13 可见,当日由零增大到 $+H_m$时,B 由零增大到饱和值 B_m,Ob 曲线称为原始磁化曲线。而后当 H 由 $+H_m$减少时,B 并不沿着原始磁化曲线减少,而是沿 bc 曲线减少。当 H 减少到零时,B 却不为零,此时铁磁材料内部尚保持一部分磁性,其磁感应强度为 B_r,B_r称为剩磁。要消除剩磁,使 B 减少到零,必须外加一定大小的反向磁场强度($-H_c$),H_c称为矫顽磁力。由此可见,铁磁材料在磁化的过程中,内部磁场的磁感应强度 B 的变化总是滞后于外磁场强度 B 的变化,这一现象称为磁滞。

若继续反向增大 H,当 H 为 $-H_m$时,B 也增大到反向饱和值 $-B_m$。此后当 H 值在 $-H_m$

和 $+H_m$ 之间交变时，B 值就沿着 $efgbcde$ 闭合曲线变化，这个闭合曲线称为磁滞回线。

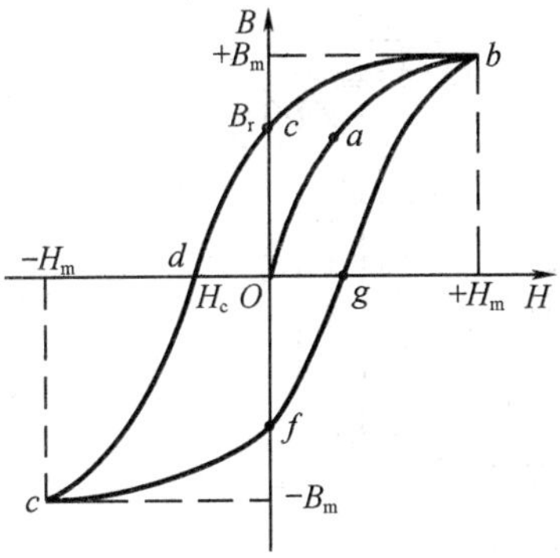

图 3－1－13　磁滞回线

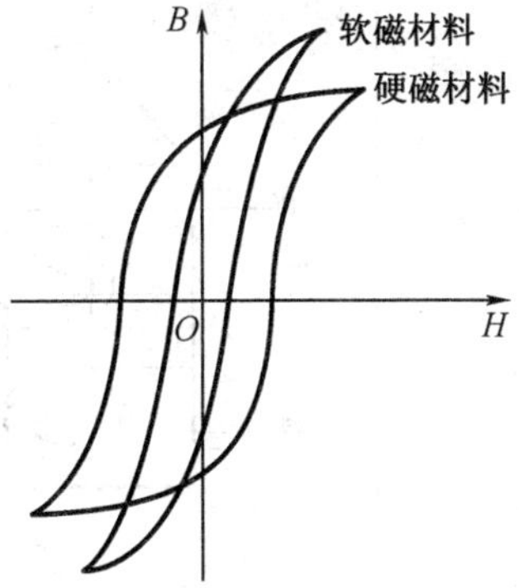

图 3－1－14　软磁和硬磁材料的磁滞回线

不同的铁磁材料，其磁滞回线的形状也不同。根据磁滞回线的形状，可将铁磁材料分为软磁材料和硬磁材料两种：

①软磁材料　软磁材料具由较窄的磁滞回线，因而它具有较小的剩磁和很高的磁导率，适用于在交变磁场中工作，其磁滞回线如图 3－1－14 所示。常用的软磁材料有铸钢、硅钢、铁镍合金及铁氧体等。硅钢片常用来制造变压器、电动机等电工设备的铁芯。

②硬磁材料　硬磁材料具有较宽的磁滞回线，因而剩磁和矫顽磁力较大，其磁滞回线如图 3－1－14 所示。常用的硬磁材料有碳钢、钨钢及镍铝合金等，常用来制造永久磁铁。

2. 铁磁材料中的能量损耗

铁磁材料在交变磁场作用下，会产生能量损耗，主要表现为磁滞损耗和涡流损耗两种形式。这两种损耗的总和称为铁芯损耗，简称铁损。

(1)磁滞损耗　在交变外磁场作用下，铁磁材料要反复磁化，其内部磁畴的取向不断变化，从而使磁畴间相互摩擦，产生了相应的能量损耗，这种损耗称为磁滞损耗。

磁滞损耗是变压器、电动机等电工设备铁芯发热的原因之一。软磁材料的磁滞损耗比硬磁材料的要少，因此交流铁芯都选用软磁材料，如硅钢等。

(2)涡流损耗　涡流损耗是由铁芯中的涡流产生的。图 3－1－15(a)中的铁芯是由整块铁磁材料制成的。当线圈中通有交流电流时，它所产生的交变磁通穿过铁芯，铁芯内就会产生感应电动势和感应电流，这种感应电流在垂直于磁力线方向的截面内形成环流，故称为涡流。涡流在变压器、电动机等电工设备的铁芯中要消耗电能，从而形成涡流损耗。

涡流损耗会造成铁芯发热，严重时会影响电工设备的正常工作。为了减少涡流损耗，电工设备的铁芯采用彼此绝缘的硅钢片叠成，其叠置的方式如图 3－1－15(b)所示。由于硅钢片具有较高的电阻率，且涡流被限制在较小截面内流通，因此大大减少了涡流。

涡流对许多电工设备是有害的，但在某些场合却是有用的。例如，工业用的高频感应电炉就是利用涡流的热效应来加热或冶炼炉内金属。由于涡流损耗是与磁场的变化频率平方成正比的，所以提高电源频率，会大大增加涡流的热效应。

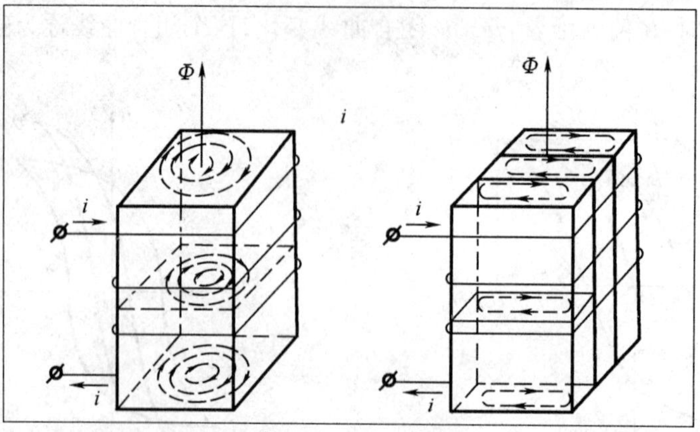

图 3-1-15 涡流

(a)涡流的产生;(b)涡流的限制

第二节 变 压 器

1. 了解变压器的用途与基本结构。
2. 掌握变压器的工作原理。
3. 了解变压器常见的应用。

一、变压器的用途、构造和分类

变压器是基于电磁感应原理而制成的静止的电气设备。它可将某一数值的电路变量变换成同频率另一数值的电路变量。

因此,变压器用途非常广泛。例如变换电压、变换电流和变换阻抗。

在输电时,为了减少线路损耗和节省材料,利用变压器将电压升高;在用电时,为了保证用电安全和符合用电设备的电压要求,用变压器将电源电压降低。此外,在电子电路中变压器用来传递信号、实现阻抗变换等。

尽管变压器的用途不同,但其基本的结构是相同的。变压器都是由铁芯和绕组两大部分构成。铁芯是变压器的磁路部分,为了提高磁路的导磁能力和降低铁芯损耗,铁芯通常是用表面涂有绝缘漆且厚度为 0.35 ~ 0.5 mm 的硅钢片叠成。

绕组是变压器的电路部分,它是由圆形或矩形截面的绝缘导线绕制成的一定形状的线圈。与电源相连的绕组称为一次绕组,与负载相连的绕组称为二次绕组;电压高的绕组称为高压绕组,电压低的绕组称为低压绕组。

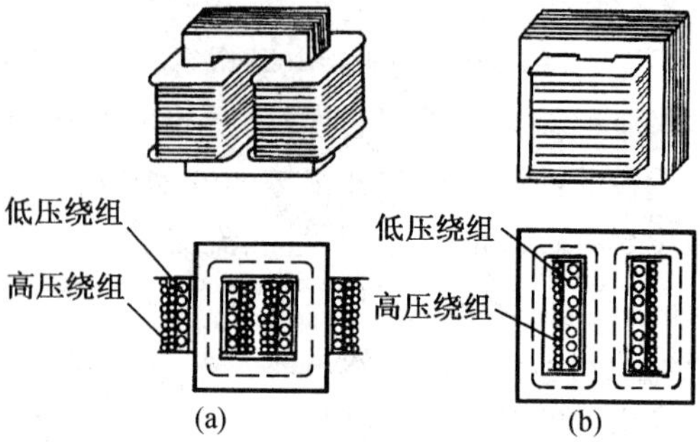

图 3-2-1 单相变压器的基本结构

(a)芯式变压器;(b)壳式变压器

变压器结构型式有心式和壳式两种:图 3-2-1(a)所示为心式变压器的结构,其特点是绕组包围着铁芯,电力变压器多采用这种型式。另一种是壳式变压器,其结构如图 3-2-1(b)所示,它的特点是铁芯包围着绕组,多用于小容量的单相变压器中。

变压器的种类很多,按照用途可分为:输配电系统用的电力变压器;电子线路用的级间耦合变压器、脉冲变压器;测量仪表中用的仪用互感器;实验室用的自耦变压器;焊接用的电焊变压器,等等。

二、单相变压器的工作原理

1. 变压原理

据图 3-2-2,当变压器的初级线圈接入交流电源 u_1 时,在初级线圈中便有交变电流 i_1 流过,并产生交变磁通。该磁通的绝大部分被铁芯束缚而同时穿过初、次级线圈,被称为主磁通。还有很少一部分通过周围空气闭合,称为漏磁通;因漏磁很小,通常可以忽略不计。

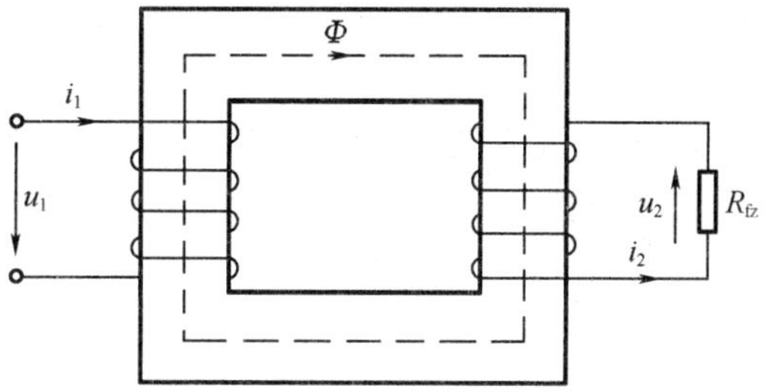

图 3-2-2　变压器原理图

当主磁通同时穿过初、次级线圈时,就在两个线圈中分别产生与电源频率相同的感生电动势 e_1 和 e_2。设初、次级线圈的匝数分别为 N_1 和 N_2,主磁通随时间的变化率为$\frac{\Delta\Phi}{\Delta t}$,则由法拉第定律可得初、次级感生电动势的数学表达式

$$e_1 = -N_1\frac{\Delta\Phi}{\Delta t}$$

$$e_2 = -N_2\frac{\Delta\Phi}{\Delta t}$$

当忽略初、次级绕组的直流电阻和漏磁通时,感生电压就近似等于感生电动势,但相位相反

$$u_1 = -e_1 = N_1\frac{\Delta\Phi}{\Delta t}$$

$$u_2 = -e_2 = N_2\frac{\Delta\Phi}{\Delta t}$$

当我们只讨论各量的数量关系时,用 u_1 除以 u_2 就得到

$$\frac{u_1}{u_2}=\frac{N_1}{N_2}=k$$

式中　u_1——初级交流电压的有效值,V;

u_2——次级交流电压的有效值,V;

N_1——初级线圈的匝数;

N_2——次级线圈的匝数;

k——初、次级的电压比,或称匝数比,简称变比。

上式表明,变压器初、次级线圈的电压比等于它们的匝数比 k。当 $k>1$ 时,$N_1>N_2$,$u_1>u_2$,这种变压器称为降压变压器;当 $k<1$ 时,$N_1<N_2$,$u_1<u_2$,这种变压器称为升压变压器。

2. 变流原理

由上面分析知道，变压器能从电网上吸收能量，并通过电磁能量转换以另一个电压等级把电能输给用电设备或下一级变压器。在这个过程中，变压器只起一个传递能量的作用。根据能量守恒定律，在忽略损耗时，变压器输出的能量 P_2 应和变压器从电网中吸收的能量 P_1 相等，即 $P_1 = P_2$，于是当变压器只有一个次级时，就有下述关系

$$I_1U_1 = I_2U_2$$

$$\frac{I_1}{I_2} = \frac{U_2}{U_1} = \frac{N_1}{N_2} = \frac{1}{k}$$

$$I_1 = \frac{N_2}{N_1}I_2 = \frac{1}{k}$$

上式说明，变压器工作时，其初、次级的电流之比与初、次级的电压或匝数成反比，而且初级的电流随次级电流的变化而变化，次级电流增大，初级电流也增大。

例　已知电焊变压器的匝数比 $k = 5$，其次级电流 $I_2 = 60$ A，试计算初级电流为多少？

解

$$I_1 = \frac{N_2}{N_1}I_2 = \frac{I_2}{k} = \frac{60}{5} = 12\ \text{A}$$

3. 阻抗变换原理

变压器在电信、电子线路中有着变换阻抗的能力。如图 3－2－3，我们若把这个带负载的变压器看成是一个新的负载，并用 R'_{fz} 表示，则对于无损耗的变压器来说，其初、次级的功率相等，即

$$I_1^2R'_{fz} = I_2^2R_{fz}$$

将式 $I_1 = \frac{N_2}{N_1}I_2$ 代入上式可得

$$R'_{fz} = \left(\frac{N_1}{N_2}\right)^2 R_{fz} = n^2R_{fz}$$

上式表明，负载 R_{fz} 接在变压器的次级上，与接在电源上的 R'_{fz} 所获取的功率是完全相同的。也就是说，R'_{fz} 是 R_{fz} 在变压器初级的交流等效电阻。上式还表明，变压器初级交流电阻 R'_{fz} 的大小，不但与变压器的次级的负载 R_{fz} 成正比，而且与变压器的变比 k 平方成正比。

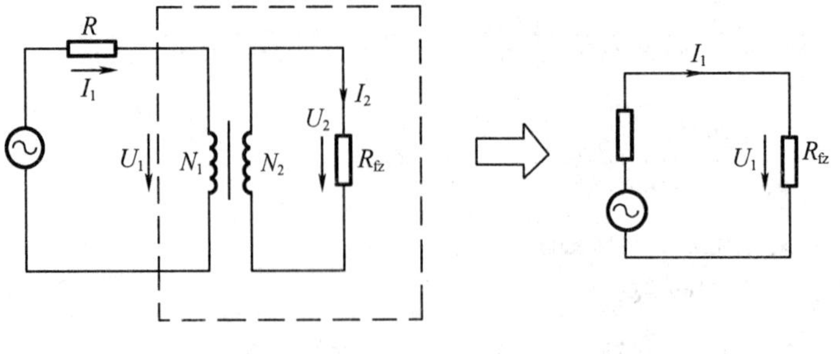

图 3－2－3　阻抗变换原理图

已知 R_{fz} 和 R'_{fz} 时，变压器的变比为

$$k=\sqrt{\frac{R'_{fz}}{R_{fz}}}$$

三、常见变压器及其应用

1. 三相变压器及铭牌

现代电力系统普遍采用三相供电制。要改变三相交流电压就需要采用三相变压器，目前应用最广的是三相芯式变压器。

三相变压器由铁芯和三相绕组组成，铁芯具有三个芯柱，在每个芯柱上各绕有一、二次绕组，相当于一个单相变压器，其结构示意图如图 3-2-4 所示。三相高压绕组的始端分别用 U_1、V_1 和 W_1 表示，末端分别用 U_2、V_2 和 W_2 表示；三相低压绕组的始端分别用 u_1、v_1 和 w_1 表示，末端用 u_2、v_2 和 w_2 表示。

三相变压器的高低压绕组连接方式有两种：星形（分别用 Y 和 y 表示）和三角形（分别用 D 和 d 表示）。

三相变压器绕组常用的连接方式有四种：

Yyn 表示高压绕组为星形连接，低压绕组也为星形连接且有中线；Yd 表示高压绕组为星形连接，低压绕组为三角形连接；YNd 表示高压绕组为星形连接且有中线，低压绕组为三角形连接；Dd 表示高压绕组为三角形连接，低压绕组也为三角形连接。通常，低压电力变压器接成 Yyn 方式，而高压电力变压器接成 Yd。

三相变压器的工作原理与单相变压器相同。图 3-2-5(a) 所示为一、二次绕组的 Yyn 连接方式，其电压关系为

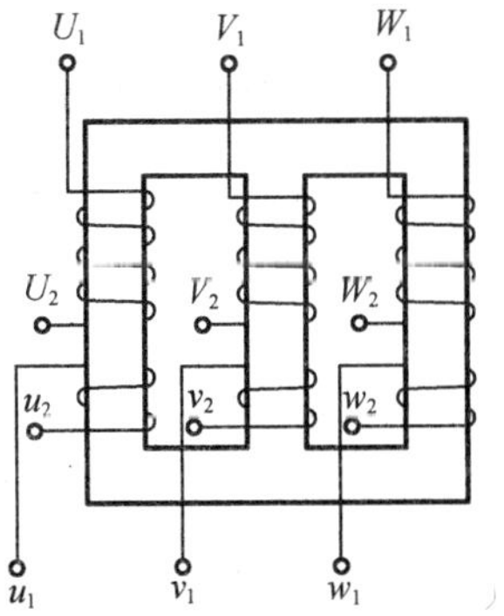

图 3-2-4　三相变压器的结构

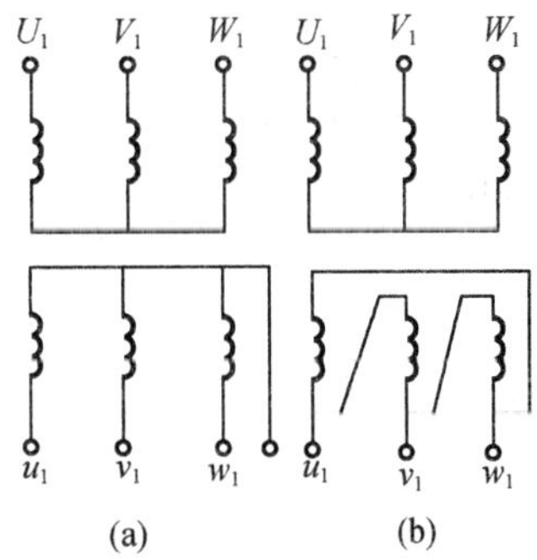

图 3-2-5　三相变压器的连接方式

(a) Yyn 连接；(b) Yd 连接

$$\frac{U_{L1}}{U_{L2}}=\frac{\sqrt{3}U_{P1}}{\sqrt{3}U_{P2}}=\frac{U_{P1}}{U_{P2}}=\frac{N_1}{N_2}=k_u$$

式中　U_{L1}——高压绕组线电压；

U_{L2}——低压绕组线电压；

U_{P1}——高压绕组相电压；

U_{P2}——低压绕组相电压。

图 3-2-5(b) 所示为一、二次绕组的 Yd 连接方式，其电压关系为

$$\frac{U_{L1}}{U_{L2}}=\frac{\sqrt{3}U_{P1}}{U_{P2}}=\sqrt{3}\frac{N_1}{N_2}=\sqrt{3}k_u$$

为了正确使用变压器,必须了解变压器铭牌上的技术数据。

(1)型号

如型号为 S9－500/10 的变压器,其名称代号意义为

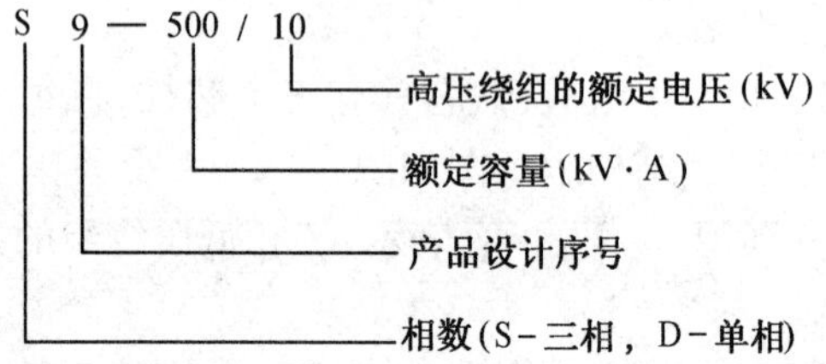

(2)额定值

①额定电压:是根据变压器的绝缘强度和允许发热条件而规定的。

额定电压 U_{1N}:变压器正常使用时一次绕组应加的电压有效值。

额定电压 U_{2N}:变压器空载,一次绕组加额定电压时二次绕组的电压有效值。

通常以 U_{1N}/U_{2N}的形式表示,如 380 V/36 V。

在三相变压器中,一、二次绕组的额定电压均指线电压。

②额定电流:是根据变压器允许发热条件而规定的。

额定电流 I_{1N}:变压器正常使用时一次绕组允许长期通过的最大电流有效值。

额定电流 I_{2N}:变压器正常使用时二次绕组允许长期通过的最大电流有效值。

在三相变压器中,一、二次绕组的额定电流均指线电流。

③额定容量 S_N:变压器的容量用视在功率表示,用来反映变压器输出电功率的能力,常以千伏安(kV·A)为单位。

单相变压器的容量

$$S_N=\frac{U_{2N}I_{2N}}{1\ 000}\ \text{kV}\cdot\text{A}$$

三相变压器的容量

$$S_N=\frac{\sqrt{3}U_{2N}I_{2N}}{1\ 000}\ \text{kV}\cdot\text{A}$$

④额定频率 f_N:是指变压器一次绕组所加电压的允许频率,国产电力变压器的额定频率为 50 Hz。

例　有一降压变压器 380 V/38 V,在接有电阻性负载时,测得 $I_2=4$ A。已知变压器的效率为 80%,试求该变压器的一次绕组电流 I_1 和功率损耗 ΔP。

解　变压器的输出功率

$$P_2=I_2U_2=4\times38=152\ \text{W}$$

变压器的输入功率为

$$P_1=\frac{P_2}{\eta}=\frac{152}{0.8}=190\ \text{W}$$

一次绕组电流为

$$I_1=\frac{P_1}{U_1}=\frac{190}{380}=0.5\ \text{A}$$

功率损耗为

$$\Delta P=P_1-P_2=(190-152)=38\ \text{W}$$

2. 单相自耦变压器

图 3－2－6 所示为单相自耦变压器的工作原理图,其结构特点是一次绕组的一部分作为二次绕组,一、二次绕组之间既有磁的耦合,也有电的联系。因此,一、二次绕组间的电压和电流关系为

$$\frac{u_1}{u_2}=\frac{i_2}{i_1}$$

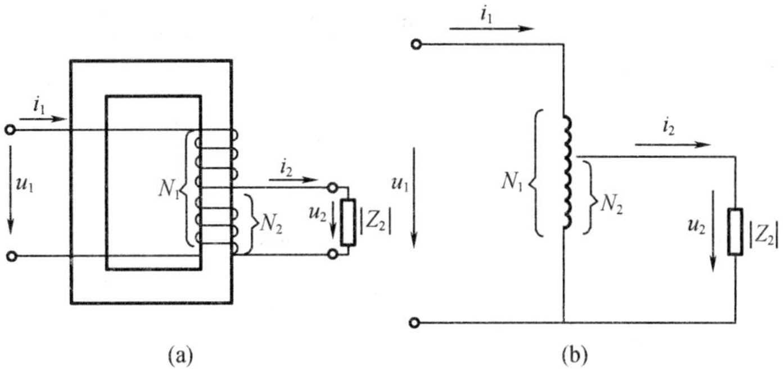

图 3－2－6　自耦变压器

(a)原理图;(b)电路

实验室中常用的单相调压器就是一种可改变二次绕组匝数的自耦变压器,电路如图 3－2－7所示。其二次绕组的引出端可沿线圈自由滑动,因而可以平滑地调节输出电压。

自耦变压器也有三相结构的,电路如图 3－2－8 所示。三相自耦变压器的三个绕组通常接成星形,它常用于三相异步电动机的启动。

由于自耦变压器的一、二次绕组间有电的联系,因此不能作为安全变压器使用,否则,万一接错,就会有触电危险。图 3－2－9 所示电路就是错误接法,当人触及二次绕组的任一端时均有危险。为此,安全变压器一定要采用一、二次绕组相互分开的双绕组变压器。

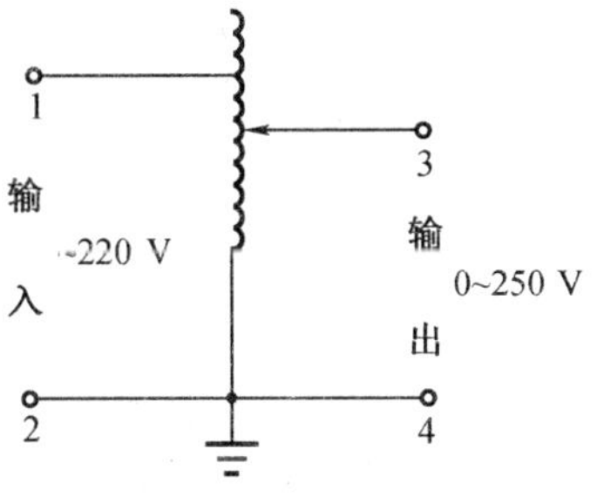

图 3－2－7　单相调压器

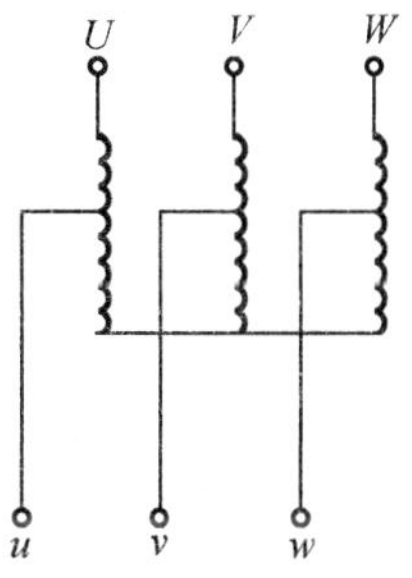

图 3－2－8　三相自耦变压器

3. 电焊变压器

交流电焊机的应用非常广泛,它主要由一台变压器和一个可变电抗器组成,其结构示意图如图 3 - 2 - 10 所示。

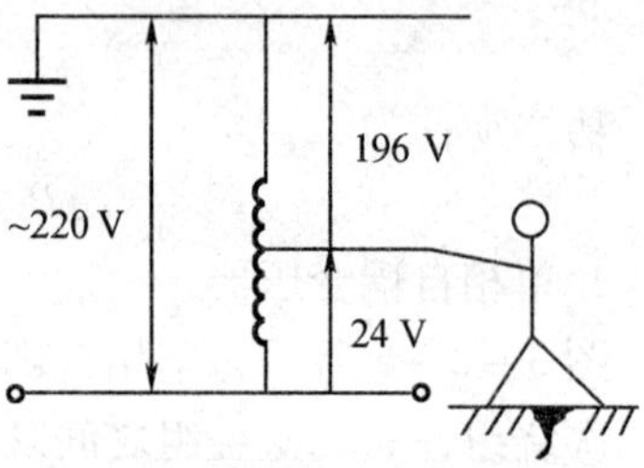

图 3 - 2 - 9　自耦变压器的错误接法图

交流电焊机中的电焊变压器具有以下特点:

(1)它是一台降压变压器,为保证容易点火形成电弧,电焊变压器空载(未焊接)时,输出电压为 60 ~ 70 V。

(2)当焊接点火时电焊变压器输出电压迅速下降,其外特性如图 3 - 2 - 11 所示。这可保证在焊条与焊件刚接触时电焊变压器二次绕组的短路电流不会太大,同时,当焊条与焊件接触提起产生电弧后,电焊变压器的输出电压约为 30 V。

(3)当焊接不同的焊件和使用不同规格的焊条时,需要调节焊接电流的大小,改变可变电抗器空气隙的长度,即可改变焊接电流的大小。

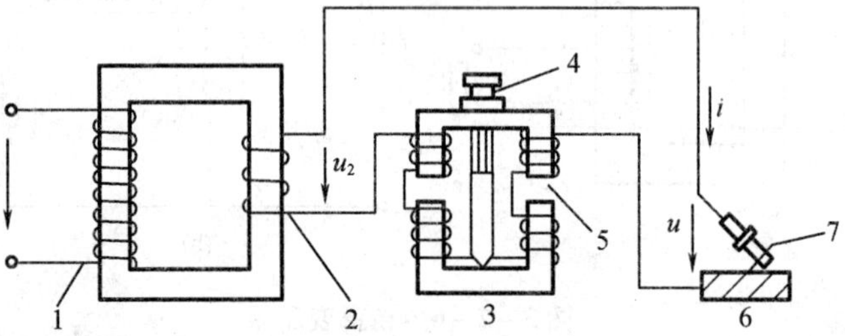

图 3 - 2 - 10　电焊变压器

1—一次绕组;2—二次绕组;3—电抗器;4—调节螺栓;5—气隙;6—工件;7—焊条

4. 仪用互感器

(1)电压互感器

电压互感器是一台降压变压器。使用时一次绕组并联接在待测线路上,二次绕组与电压表相连,电路如图 3 - 2 - 12 所示。

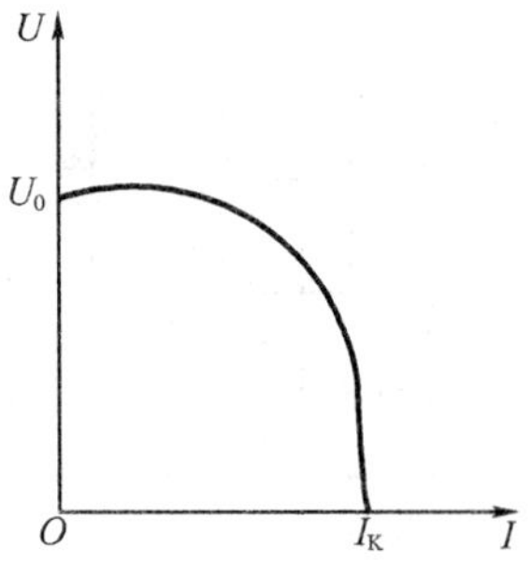

图 3 - 2 - 11　电焊变压器的外特性

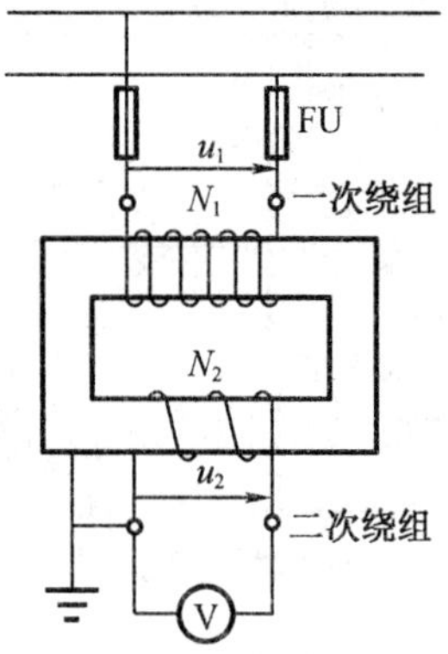

图 3 - 2 - 12　电压互感器电路原理图

电压互感器用于扩大交流电压表的量程，工作原理与普通变压器空载情况相同，即

$$\frac{u_1}{u_2}=\frac{N_1}{N_2}=k_u$$

由此可见，待测高压线路的电压等于电压表的读数与变压比的乘积。当电压表与电压互感器配套使用时，电压表的刻度已按高压侧的电压标出，即可直接读取。通常规定电压互感器二次绕组的额定电压为100 V。

为了安全工作，使用时电压互感器的二次绕组连同铁芯都必须接地，防止当绕组间绝缘损坏时，二次绕组上有高压出现。同时在运行时严禁二次绕组短路，以免产生很大的短路电流将变压器烧毁。

(2)电流互感器

电流互感器是一台升压变压器。使用时一次绕组与待测线路串联，二次绕组与电流表相连，电路如图3-2-13所示。

电流互感器用于扩大交流电流表的量程，其工作原理与普通变压器有负载情况相同，即

$$\frac{i_1}{i_2}=\frac{N_2}{N_1}=k_i$$

由此可见，被测线路的电流等于电流表的读数与变流比的乘积。当电流表与电流互感器配套使用时，电流表的刻度已按被测的电流值标出，即可直接读取被测电流值。通常规定电流互感器二次绕组的额定电流为5 A。

为了安全工作，使用时电流互感器二次绕组的一端连同铁芯都必须接地，防止当绕组间绝缘损坏时，一次绕组电源电路上的电压传递到二次绕组电路。同时电流互感器在运行中严禁二次绕组开路。因为一次绕组的电流仅取决于被测电路的电流，当二次绕组开路时，一次绕组的电流全部成为励磁电流，铁芯严重饱和并发热，同时二次绕组也产生较高的电动势，会造成事故。

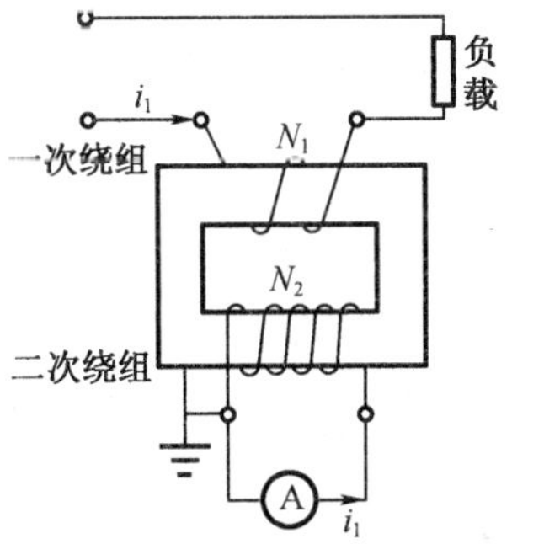

图3-2-13　电流互感器电路原理

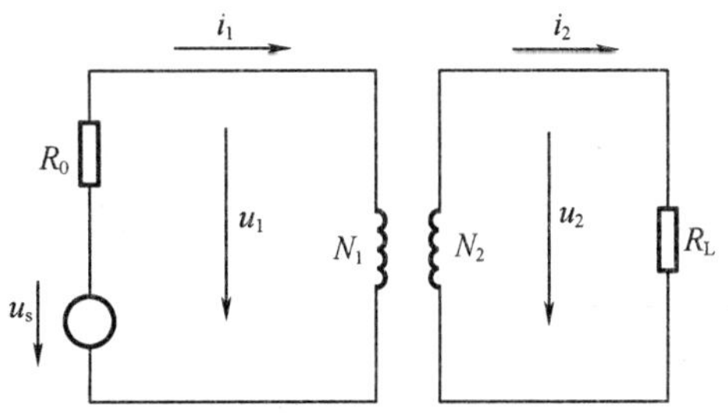

图3-2-14　电压互感器电路原理

思考与练习

1. 一个匝数 $N=500$ 匝的线圈绕在由铸钢制成的铁芯上，铁芯的截面积 $A=10\ \text{cm}^2$，铁芯的平均长度 $L=50$ cm。要在铁芯磁路中产生磁通 $\Phi=0.001$ Wb，试求通过线圈的直流电流。

2. 硬磁材料和软磁材料有何不同,各有何用处?

3. 为什么变压器的铁芯用硅钢片叠成,能否用整块铁芯?

4. 额定电压为 220 V/110 V 的变压器,如果在 110 V 的二次绕组上,接上 220 V 的交流电压,会产生什么后果?

5. 有一台单相变压器,额定容量为 50 kV · A,额定电压为 10 kV/220 V。要求变压器在额定状态下运行,试求变压器能接额定值为 220 V、40 W 的电灯多少个,并求出一、二绕组的电流。

6. 自耦变压器为什么能改变输出电压,有何优缺点,使用时应注意什么事项?

7. 焊接工艺对电焊变压器有何特殊的要求?

8. 电压互感器和电流互感器各有何作用,使用时应注意什么?

第三节 电 动 机

1. 掌握直流电动机结构、原理、励磁方式。

2. 掌握三相异步电动机工作结构、工作原理。

3. 掌握三相异步电动启动、制动、调速方法。

电动机是将电能转换成机械能的一种旋转机械。它主要作为各种机械的动力设备使用。

本章主要介绍常用的直流电动机和交流异步电动机及几种主要的控制电机。对它们的基本结构、工作原理、作用及使用特点和启动、调速、制动方法进行讨论,使读者能够认识和掌握,以便今后能进行正确地使用和维修。

一、直流电动机

直流电动机是用直流电做驱动电源的电动机,这类电动机结构复杂,维护也不方便,但其优点是具有较好的调速性能,可以在较宽范围内平滑而又经济地调节转速,而且启动转矩较大。因此,对调速要求较高的生产机械(如龙门刨床、镗床、轧钢机等)或者需要较大启动转矩的生产机械(如起重机械、电力牵引设备等),往往采用直流电动机来驱动。

1. 直流电动机的工作原理

图 3－3－1 为简单的直流电动机原理图。在静止的磁极 N 和 S 之间,有一个能转动的圆柱形铁芯,其上紧绕着一匝线圈。线圈的两端分别接在两个相互绝缘的半圆形铜片上(组成一换向器,其中每个铜片称为换向片)。铁芯、线圈及换向器所组成的旋转部分通常称为电枢,换向器上放置着固定不动的炭质电刷 A 和 B。

将直流电源通过电刷 A,B 接入直流电动机后,此时电流从正极 A 流进,经换向片、线圈由负极 B 流出。线圈成为载流导体,它们处在 N,S 极之间的磁场内,便受到电磁力的作用,使电枢产生一电磁转矩。根据左手定则,确定出电枢在电磁转矩的作用下旋转的方向(图 3－3－1是逆时针方向)。当载流导体 1 从 N 极范围转入 S 极范围时,依靠换向器的作用,使导体 1 的电流方向也同时改变,因而电动机的转矩方向不变,故能连续旋转不停。

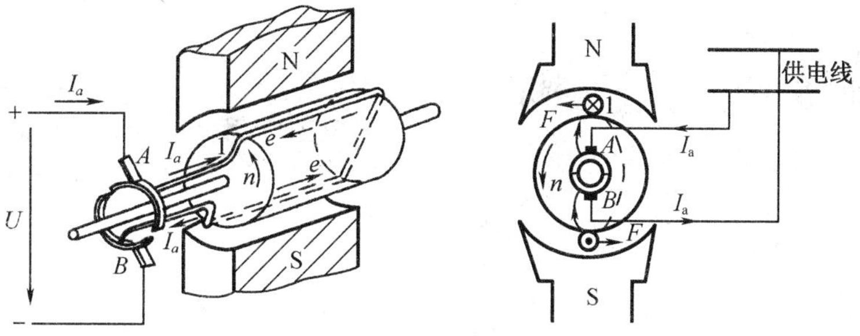

图 3－3－1　最简单的直流电动机

(a)示意图;(b)平视图

2. 直流电动机的基本结构

图 3－3－2 分别为实际应用的 Z_2及 Z_4系列直流电动机外形图。其中 Z_4系列直流电动机的上部分是给电动机冷却用的骑式鼓风机。就直流电动机而言,它主要由定子和转子(电枢)两部分组成。

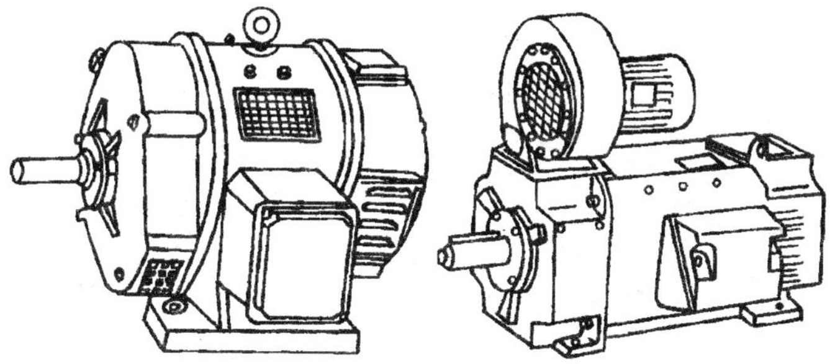

图 3－3－2　直流电动机的外形图

(a)Z_2系列;(b)Z_4系列

(1)定子

电动机中静止不动的部分称为定子,它由机座、前端盖、后端盖、主磁极、换向磁极和电刷装置等部分组成。

图 3－3－3 为 Z_3 系列电动机各主要部件图。

①机座一方面作为电动机的磁路,另一方面在其上安装主磁极、换向磁极并作为支承转子的部件。机座一般为铸钢件,小功率的直流电动机机座也可用无缝钢管加工而成。

②主磁极用来产生主磁场。由主磁极铁芯和主磁极绕组(也称励磁绕组)组成。主磁极绕组通入直流励磁电流产生磁场。主磁场以主磁极铁芯作为磁路。主磁极与换向磁极相互间隔并均匀分布在机座内侧,用螺钉固定在机座上。

③换向磁极用来产生换向磁场以改善电动机的换向。换向是一个相当复杂的过程。在换向时将在电刷与换向器接触的表面上产生火花。火花较为严重时将对直流电动机的运行带来不利。例如,降低使用寿命,甚至很快损坏。因此,在一般电动机上都加装换向磁

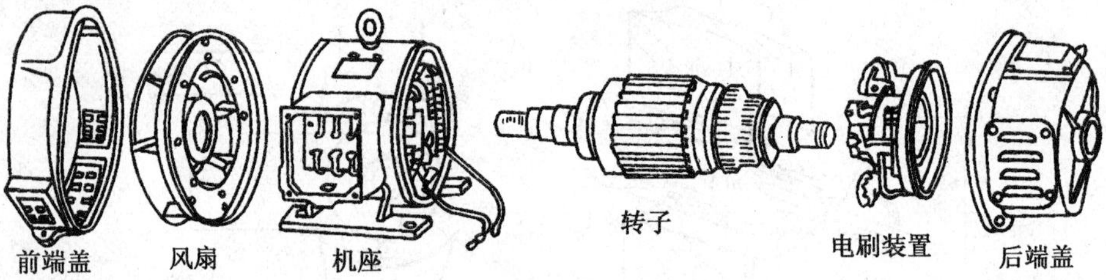

图 3－3－3　Z_3 系列直流电动机主要部件

极，以减少火花，改善直流电动机的换向。

换向磁极由换向极铁芯和换向极绕组组成，且换向极绕组必须与电枢绕组串联。

④前、后端盖用来安装轴承和支承电枢，一般用铸钢件。

⑤电刷装置通过电刷与换向器表面之间的滑动接触，把电流引入或引出电枢绕组。

(2)转子(电枢)

它是电动机的旋转部分。由电枢铁芯、电枢绕组、换向器和风扇等部件组成。

①电枢铁芯。作为磁通路径的一部分，并在铁芯槽内嵌放电枢绕组。为了减少磁滞损耗和涡流损耗，电枢铁芯一般用 0.5 mm 厚的硅钢片叠压而成。在硅钢片外缘均匀冲制有矩形槽或梨形槽，用以嵌放电枢绕组。

②电枢绕组。通入电流和产生反电动势，以实现机电能量的相互转换。电枢绕组一般是用绝缘铜线先压制成形后，再嵌放在电枢铁芯槽内，两端分别焊在对应的换向片上，构成一个完整的电枢整体。

③换向器。其作用是将在电刷间输入的直流电流转换成电枢绕组中的交变电流。换向器由铜片和云母片一片隔一片均匀地排列成圆形，再压装而成。

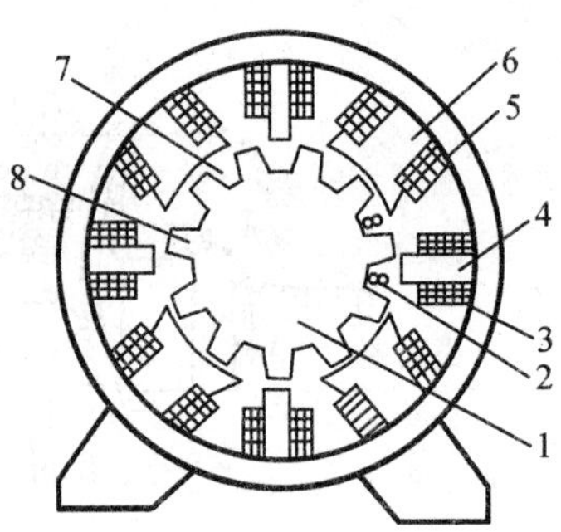

图 3－3－4　直流电动机剖面图

1—电枢铁芯；2—电枢绕组；3—换向极绕组；
4—换向极铁芯；5—主磁极绕组；6—主磁极铁芯；
7—电枢槽；8—电枢齿

(3)铭牌与额定值

在直流电动机机座上有一块铭牌，其上标有直流电动机的型号和额定值。

①型号。表示直流电动机的类别。

②额定功率。P_N表示电动机按规定方式额定工作时所能输出的机械功率值。对电动机而言，是指轴上输出的机械功率，W 或 kW。

③额定电压。U_N是指输入到直流电动机两端的允许电压，V。

④额定电流。I_N对应额定电压和额定功率输出时直流电动机从电源上输入的电流允许值，A。

⑤额定转速。n_N指在额定状态下工作时，电动机的转速值，r/min。

3. 直流电动机的励磁方式

直流电动机主磁场的获得有两种方法。一种是用永久磁铁产生。一般小功率电动机采用此方法。另一种广泛应用的则是利用主磁极绕组(励磁绕组)通入直流电流产生主磁场,通常称为励磁。励磁绕组通入直流电流的方式不同,其工作特性也有区别。根据励磁方式的不同进行分类,直流电动机有以下几种类型:

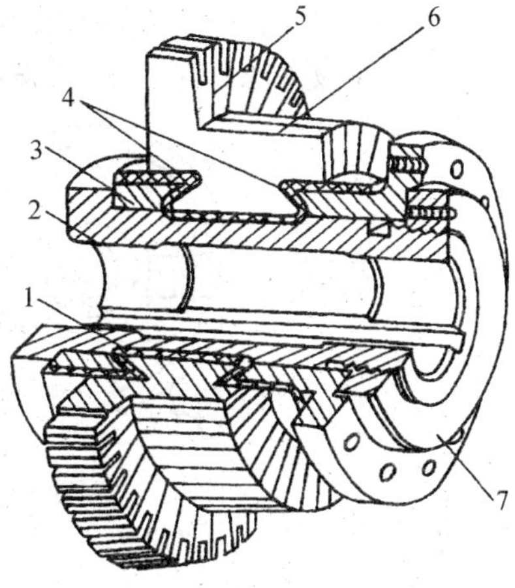

图 3-3-5 直流电动机的换向器

1—绝缘套筒;2—钢套;3—V 形钢环;
4—V 形云母环;5—云母片;
6—换向片;7—螺旋压圈

(1)他励直流电动机

他励电动机的励磁绕组和电枢绕组各自由单独的直流电源供电。此类电动机的励磁电路和电枢电路互不干扰,工作性能较好,但零部件较多,如图 3-3-6 所示。

(2)并励直流电动机

电动机的励磁绕组和电枢绕组并联后由一个电源供电,如图 3-3-7 所示。

此类电动机的励磁绕组一般匝数较多,导线较细。励磁电流 I 约为额定电流的 1% ~5%。采用与励磁绕组相串联的磁场变阻器来调节励磁电流。其额定电流 I_N,励磁电流 I_f,额定电枢电流 I_a的关系为

$$I_N = I_f + I_a$$

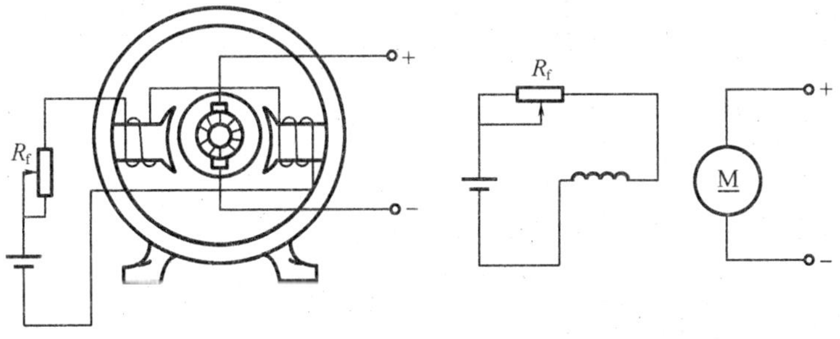

图 3-3-6 他励直流电动机

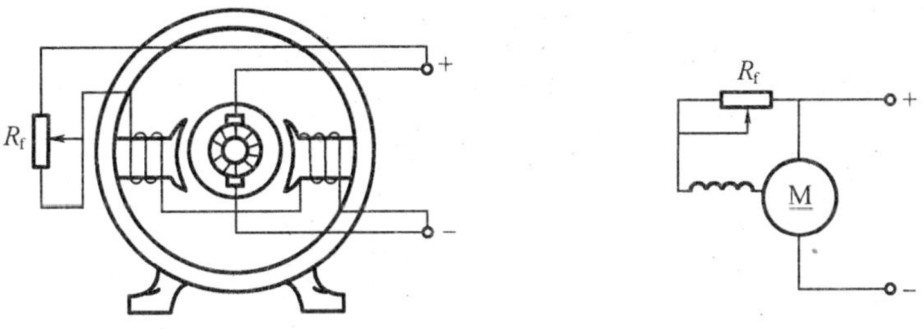

图 3-3-7 并励直流电动机

(3)串励直流电动机

此电动机的励磁绕组和电枢绕组相串联,如图3-3-8所示。

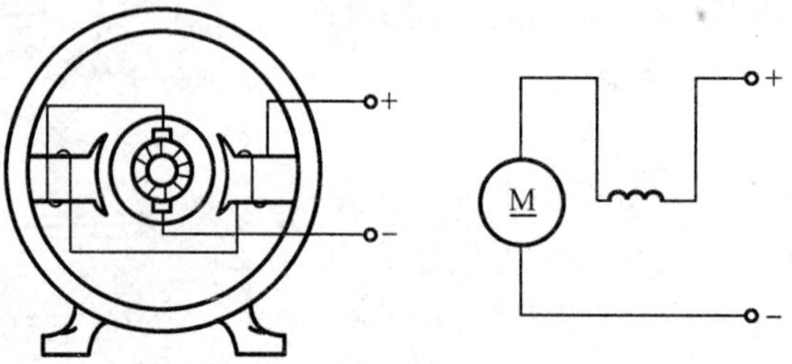

图3-3-8　串励直流电动机

因为通入励磁绕组的电流就是电枢电流,即 $I_f = I_a$ 所以励磁绕组匝数较少,导线较粗。

(4)复励直流电动机

这类电动机有两组励磁绕组,一组与电枢绕组相并联,另一组与电枢绕组相串联。两组绕组套装在同一个主磁极上,如图3-3-9所示。

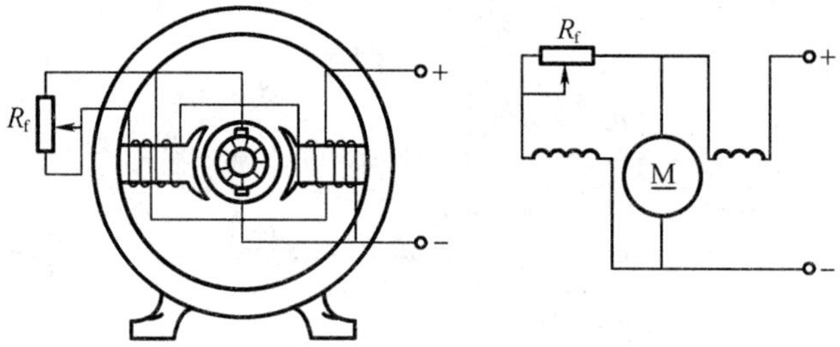

图3-3-9　复励直流电动机

二、直流电动机的使用

1. 他励和并励直流电动机的使用

根据直流电动机的工作原理和励磁方式,可得到他励和并励直流电动机的等效电路,如图3-3-10所示。

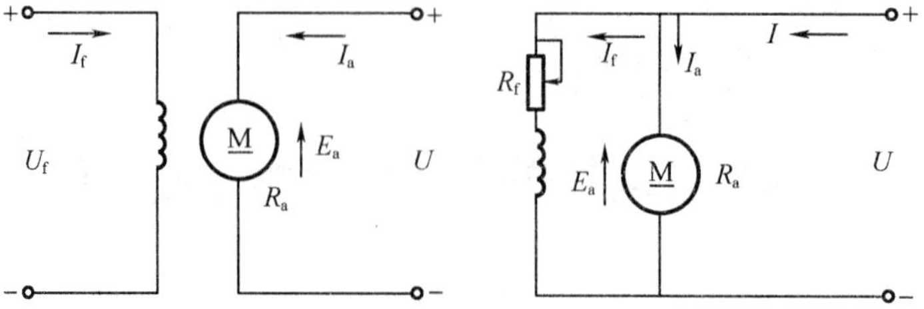

图3-3-10　他励、并励电动机等效电路图

(a)他励;(b)并励

从图中,根据回路电压定律,得

$$U = E_a + I_aR_a$$

$$U = C_e\Phi n + I_aR_a$$

得

$$n = \frac{U - I_aR_a}{C_e\Phi} \quad 或 \quad I_a = \frac{U - C_e\Phi n}{R_a}$$

(1)启动

直流电动机若在额定电压 $U = U_N$ 时直接启动,启动瞬时,$n = 0$,$E_a = 0$。此时的电枢电流为启动电流,记作 I_{st} 得

$$I_{st} = \frac{U_N}{R_a}$$

由于 R_a 一般很小,U_N 为额定值,所以启动电流 I_{st} 可高达额定电流的十几倍到几十倍,这会损坏换向器和电枢绕组。而且,此时的启动转矩 T_{st} 由于电流大也过大,对电动机会产生过大的冲击。因此,此类电动机不允许在额定电压下直接启动。

实际中,电动机启动时,在电枢回路中外串启动变阻器,以限制启动电流。随着电动机转速的升高,反电动势 E_a 逐渐增大,再逐步切除启动电阻至零。一般规定,启动电流不超过额定电流的 1.5 ~2.5 倍。由此,启动变阻器 R_{st} 的最大值为

$$R_{st} = \frac{U_N}{(1.5 \sim 2.5)I_N} - R_a$$

目前,直流电源已较多地采用晶闸管直流可调电源。他励直流电动机启动时,电枢电压从零逐步增至额定值,电动机即可启动完毕,避免了启动电流过大的问题。但是,值得注意的是,励磁在启动时必须处于额定状态。否则电动机的启动转矩小,不能启动。

(2)反转

直流电动机的旋转方向取决于电磁转矩的方向。可知,改变电枢电流的方向或主磁极的磁通方向,即可使电动机反转。并励直流电动机通常是改变电枢电流的方向使其反转,不采用改换励磁绕组的接线使主磁极磁通方向改变。否则,因励磁电路的电感很大,换接时将会产生很高的电动势,可能把绝缘击穿。

(3)调速

直流电动机具有可贵的调速性能,可在较宽的范围内进行平滑经济的转速调节。根据

$$n = \frac{U - I_aR_a}{C_e\Phi}$$

可得调速方法有三种:

①电枢回路串电阻调速

保持电源电压 U 和励磁电流 I_f 为额定值,而在电枢回路中串联电阻为 R_p 的调速变阻器,这样

$$n = \frac{U - I_a(R_p + R_a)}{C_e\Phi}$$

当负载一定时,R_p 的加入使电动机的转速 n 降低。改变 R_p,转速在额定转速 n_N 以下可以得到调节。调速线路原理图如图 3-3-11 所示。此种调速方法简单易行,但调速损耗大,效率低,故在直流电动机中应用越

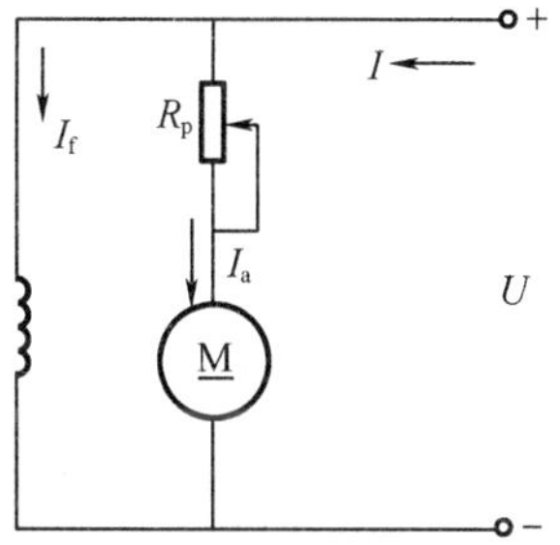

图 3-3-11　电枢回路串电阻调速接线原理图

来越少。

②改变电枢电压调速

对他励直流电动机,保持励磁电流为额定值,在额定电压 U_N 以下调节电枢电压,这样,随着 U 的变化,n 则均匀改变,在 n_N 以下得到调节。但是,因为加在电枢上的电压不允许超过额定电压,所以在 U_N 以上不许调速。这种方法调速范围广,平滑性好。目前,直流电动机的电源采用晶闸管整流装置,电压调节很方便,所以广泛应用于调压调速。

③弱磁调速

在他励或并励电动机的励磁电路中,串联阻值为 R_f 的调速变阻器来调节励磁电流 I_f 以改变磁通 Φ。在 U_N 保持不变时,R_f 的加入 Φ 下降,则按

$$n=\frac{U_N-I_aR_a}{C_e\Phi}$$

将使转速 n 上升。在 Φ_N 以内,磁通的变化可使转速得到经济、方便的调节。由于 $\Phi<\Phi_N$,故称弱磁调速。实际中,n 在 n_N 以上调节,不能上升过高,否则机械部件容易损坏。所以此方法只作为辅助调速用。一般常将两种调速方法结合起来,可获得较好的调速效果。

2. 串励和复励直流电动机的使用特点

串励直流电动机的等效电路如图 3-3-12 所示。可知

$$n=\frac{U-I_a(R_p+R_a)}{C_e\Phi}$$

串励电动机中,电源输入的电流即为电枢电流 I_a,也是励磁电流 I_f。当负载转矩增加时,其磁通也随之增加,这是串励电动机的一个主要特点。从公式可知,和他(并)励电动机比较,它的转速随负载转矩的增加下降得很快。由此可知,串励电动机有如下使用特点:

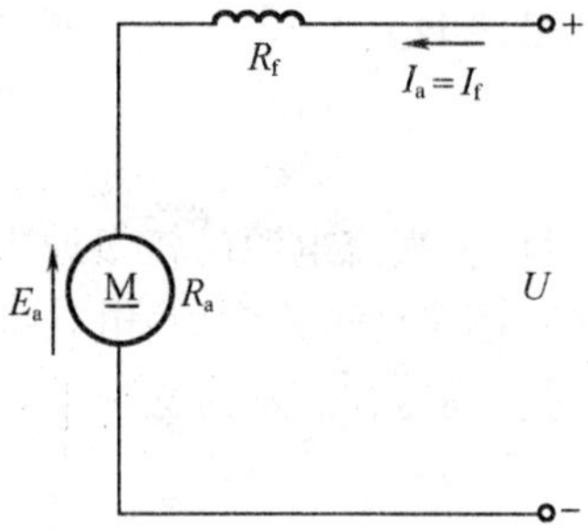

图 3-3-12 串励电动机等效电路

它的过载能力和启动能力较大;而其转速随负载变化改变得快。因此它特别适用于起重、提升和牵引(电瓶车、电传动机车)等设备的拖动上。例如当提升重物时,转矩大,则需要降低转速以保证安全。当提升轻物时,转矩小,其转速高,提高了劳动生产率。

串励电动机在空载或轻载(小于额定负载转矩的 20% ~30%)下运行,电流很小,磁通也很小。此时电动机的转速相当高,可能要超过机械强度所允许的极限值。因此,它绝不允许空载或轻载下启动和运行,以防出现"飞车"事故。实际生产中,串励电动机与生产机械之间,均采用硬性机械耦合,不能采用皮带和链条等传动方式。

由于复励直流电动机具有两套励磁绕组,所以它的特点介于并励和串励电动机之间。例如,它既有较强的过载能力及启动能力,也能在空裁或轻载情况下启动运行,因此它在船舶、起重、机床、城市电车和采矿机械上得到广泛应用。

例 有一并励直流电动机,其额定数据为:$P_N=22$ kW,$U_N=110$ V,$\eta_N=0.84$,$R_f=27.5\ \Omega$,$R_a=0.04\ \Omega$,$n_N=1\ 000$ r/min。

求:(1)额定电流 I_N。(2)额定电枢电流 I_{aN} 及额定励磁电流 I_{fN}。(3)反电势 E_a。(4)总消耗功率 $\sum p$。

解　$P_1=\frac{P_N}{\eta}=\frac{22}{0.84}=26.19\ \text{kW}$

$$I_N=\frac{P_1}{U_N}=\frac{26.19\times10^3}{110}=238\ \text{A}$$

$$I_{fN}=\frac{U_N}{R_f}=\frac{110}{27.5}=4\ \text{A}$$

$$I_{aN}=I_N-I_{fN}=238-4=234\ \text{A}$$

$$E_a=U_N-I_{aN}R_a=110-234\times0.04=100.6\ \text{V}$$

$$\sum p=P_1-P_N=26.19\times10^3-22\times10^3=4\ 190\ \text{W}$$

三、三相异步电动机的分类、用途及基本结构

三相异步电动机(本书中指感应式电动机)是用三相正弦交流电做驱动电源的电动机。因为此种电动机具有结构简单、坚固耐用、运行可靠、效率较高、使用和维护方便等一系列优点,所以它是工农业生产中使用最多的一种电动机。三相异步电动机的型式种类较多,本节先对它们的分类及基本结构予以介绍。

1. 三相异步电动机的分类及用途

三相异步电动机的外形按其防护形式不同可分为若干类。例如,常用的有:开启式、防护式、封闭式等,如图3－3－13所示。

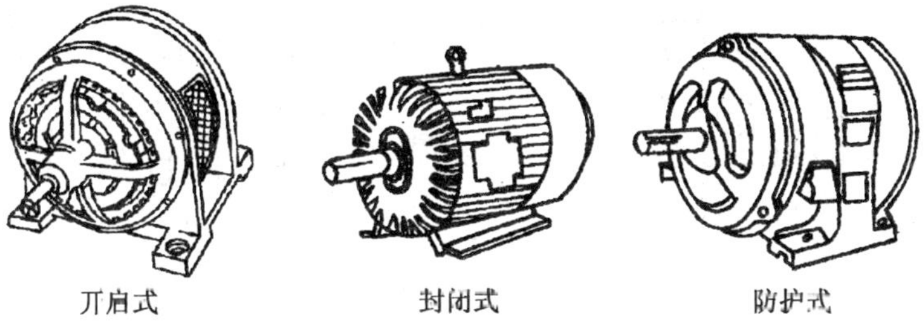

图3－3－13　三相笼形异步电动机外形

开启式电动机的带电部分没有遮盖、散热好、结构简单、用于干燥、无尘埃、无有害气体的场合。

防护式电动机的机壳或端盖下有通风罩,可防止铁屑等杂物掉入。用于灰尘不多,比较干燥的地方。但不能用于有腐蚀性和爆炸性气体的场合。

封闭式电动机的外壳完全封闭,电动机内外空气不能对流,靠本身风扇冷却。用于有灰尘,潮湿,水土飞溅的场合。这种电动机运行中安全性好,因而获得最广泛的使用。

此外,还有特殊防护式,例如防爆式、防化学腐蚀式、潜水式等。

2. 三相异步电动机的基本结构

三相异步电动机种类虽然较多,但基本结构雷同,主要由定子和转子两大部分组成。

(1)定子

定子是指电动机的静止部分。主要由机座、定子铁芯、三相绕组等三部分组成。

机座通常由铸铁或铸铝制成。机座内压装定子铁芯。定子铁芯是电动机磁路的一部

分。为了减少铁芯损耗，通常采用 0.5 mm 厚的硅钢片叠成圆筒形，压装在机座内，如图 3－3－14、图 3－3－15 所示。在铁芯的内圆周上有若干均匀分布的平行槽，用来嵌置三相绕组。中小型电动机的定子绕组，一般采用高强度漆包铜（铝）线制成。电动机的三相绕组共有六个出线端，每相绕组的始端和末端分别用 U_1，V_1，W_1 和 U_2，V_2，W_2 表示，均从机座上的接线盒中引出。三相定子绕组接成星形或接成三角形，须根据电源的线电压和绕组的额定电压而定。例如，电源的线电压为 380 V，电动机定子绕组的额定相电压为 220 V，则绕组必须接成星形；如绕组的额定相电压为 380 V，则绕组必须接成三角形。如图 3－3－16 所示。国产的三相异步电动机，容量为 4 kW 及其以上者，其定子绕组一般都为三角形接法。

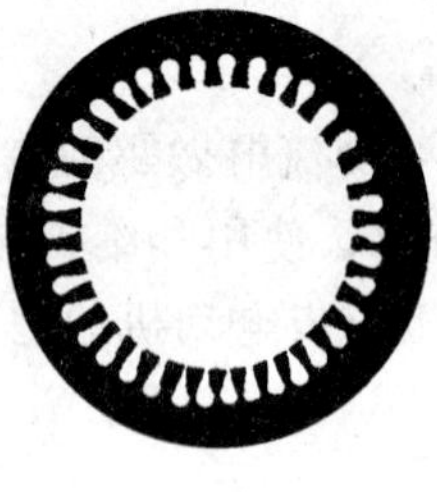

图 3－3－14　定子的硅钢片

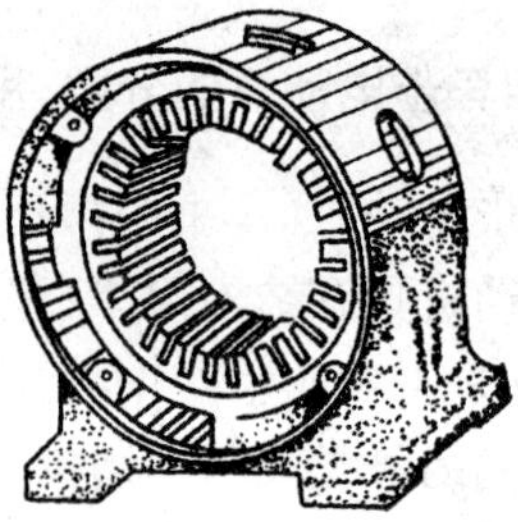

图 3－3－15　尚未装绕组的定子

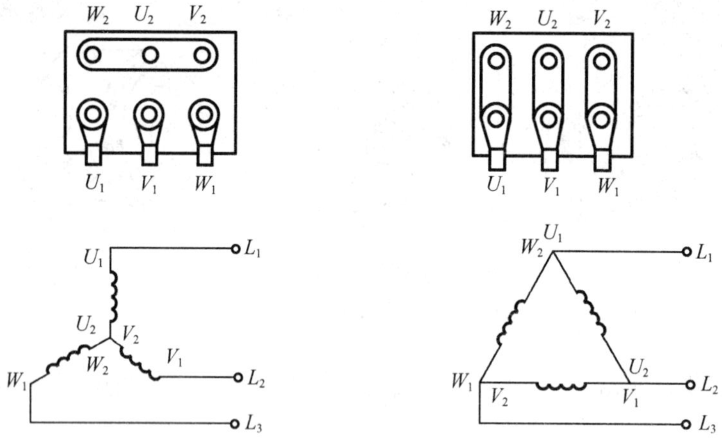

(a)　(b)

图 3－3－16　三相异步电动机定子绕组接法

(a) Y 接；(b) △接

（2）转子

转子是指电动机的旋转部分，由转轴、转子铁芯、转子绕组、风扇等组成，如图 3－3－17 所示。转子铁芯也是由 0.5 mm 厚的硅钢片叠装成圆柱体，并固定在转轴上，在转子的外圆周上有若干均匀分布的平行槽，槽内安放转子绕组。根据转子绕组的结构形式不同，异步电动机又分为笼型和绕线式转子两种。

①笼型转子　笼型转子是在转子铁芯槽内放置裸导体，这些导体的两端分别焊接在两个铜环（也称端环）上。由于绕组的形状与笼子相似，故称为笼型电动机，如图 3－3－17 所示。

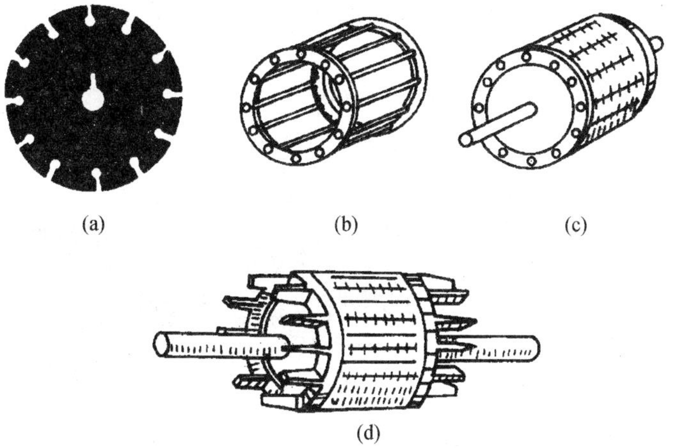

图 3-3-17　笼型转子

(a)转子的硅钢片;(b)笼型绕组;(c)笼型转子;(d)铸铝转子

目前,100 kW 以下的笼型电动机,其转子通常是用熔化的铝浇铸在槽内而成,并把两个端环和内风扇叶也一起铸成,故称铸铝转子(见图 3-3-17)。

②绕线转子　绕线转子结构如图 3-3-18 所示。

转子绕组仿照定子绕组的形式制成,通常把三相绕组的三个末端接在一起,便为星形连接,三个首端分别接到固定在转轴上的三个铜滑环上。滑环除相互绝缘外,还与转轴绝缘。在各个环上,分别放置着固定不动的电刷。通过电刷与滑环的接触,使转子绕组与外加变阻器接通,如图 3-3-19 所示,以满足转子串电阻启动或调速的需要。

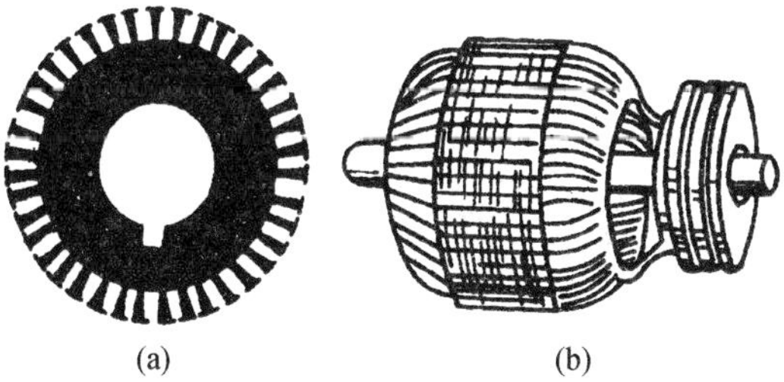

图 3-3-18　绕线转子

(a)转子的硅钢片;(b)转子及滑环

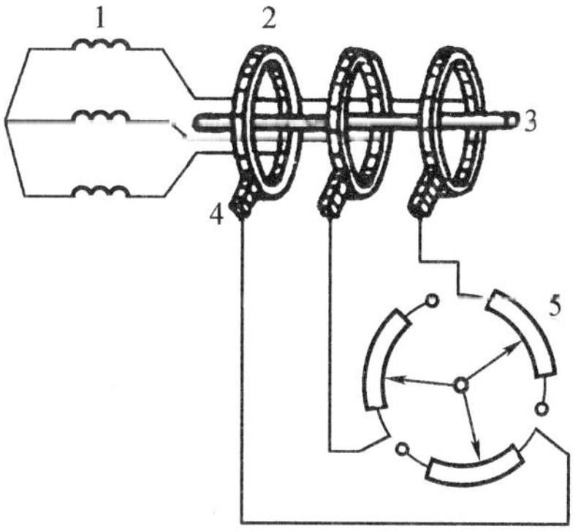

图 3-3-19　绕线式转子与外加变阻器的连接

1—绕组;2—滑环;3—轴;
4—电刷;5—变阻器

在正常运转时,变阻器应转至零位,转子绕组的三个首端接在一起,此时,它就与笼型转子的接法相同。具有绕线转子的电动机称为绕线转子电动机,它的外形及构造如图 3-3-20 所示。

绕线转子电动机的结构比较复杂,价格比笼型电动机高。但和笼型电动机相比,它有较好的启动性能和调速性能,一般用于起重、运输、提升等设备。

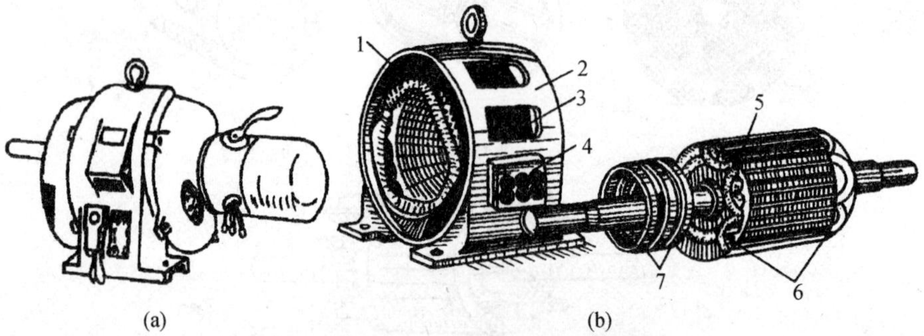

图3-3-20 绕线转子电动机的外形及构造

(a)JR型电动机的外形;(b)JR型电动机的构造

1—定子绕组;2—机座;3—定子铁芯;4—接线盒;5—转子铁芯;6—转子绕组;7—滑环

四、三相异步电动机的工作原理

在三相异步电动机中,定、转子之间是靠旋转磁场传递能量的。通过旋转磁场,将输入定子绕组的电能转换成转子轴上输出的机械能。所以,我们先讨论旋转磁场及其产生过程。

1. 旋转磁场

(1)旋转磁场的产生

图3-3-21为三相异步电动机最简单的定子绕组。每相绕组由一个线圈组成、三个线圈在空间彼此相隔120°,图中三相绕组做星形连接,将三个线圈的末端 U_2,V_2,W_2连成一点,三个线圈的始端 U_1,V_1,W_1分别接至三相电源 L_1,L_2, L_3,通入对称的三相交流电。三相电流为设电流的方向规定为由线圈的始端进、末端出,电流为正值。末端进、始端出,电流为负值。电流的变化如图3-3-22所示。

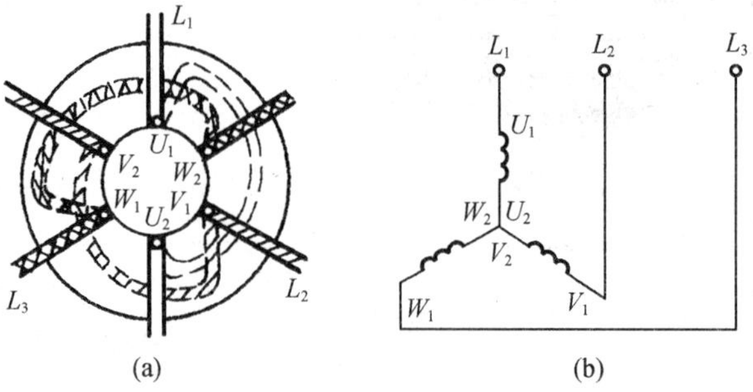

图3-3-21 三相异步电动机的最简单的定子绕组

(a)结构示意图;(b)接线图

三相绕组通入三相交流电后,将产生各自的交变磁场,现通过几个特定时刻来分析三相交变电流所产生的合成磁场情况。

当 $\omega t=0$ 时，i_u 为零，U_1U_2 绕组内没有电流；i_v 为负值，电流由末端 V_2 流入，始端 V_1 流出；i_w 为正值，电流由始端 W_1 流入，末端 W_2 流出，根据右螺旋定则，可以画出其合成磁场的方向，如图 3－3－22(a)所示。

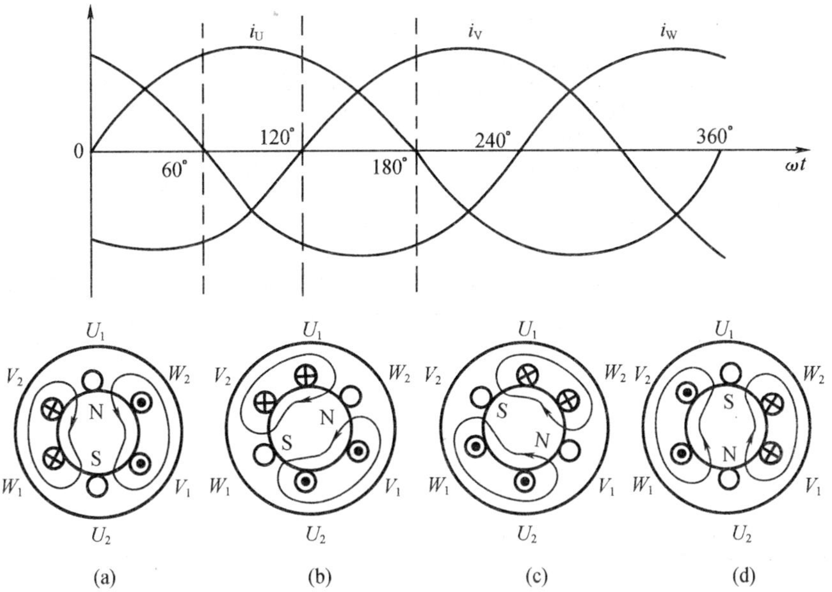

图 3－3－22　旋转磁场(两极)的形成

(a) $\omega t=0°$；(b) $\omega t=60°$；(c) $\omega t=120°$；(d) $\omega t=180°$

当 $\omega t=60°$ 时，i_w 为零，W_1W_2 绕组中没有电流通过；i_u 为正值，电流由始端 U_1 流入，末端 U_2 流出；i_v 仍为负值，电流由末端 V_2 流入，始端 V_1 流出。此瞬间合成磁场的方向如图 3－3－22(b)所示。可以看出，当电流变化了 60°时，合成磁场也按顺时针方向在空间旋转了 60°。

当 $\omega t=120°$ 时，i_u 是正值；$i_v=0$；i_w 是负值。此时合成磁场又顺时针转了 60°。如图 3－3－22(c)所示。

当 $\omega t=180°$ 时，其合成磁场与 $\omega t=0$ 时相比共转了 180°。如图 3－3－22(d)所示。通过上述分析可知，对于图 3－3－21 所示的定子绕组，在通入三相交流电以后，将产生磁极对数 $p=1$ 的旋转磁场。当电流变化一周时，合成磁场在空间将旋转 360°。

定子绕组在铁芯中的布置不同，决定了旋转磁场的磁极对数 p。若每相绕组只有一个线圈，彼此在空间相隔 120°，便会产生 $p=1$ 的旋转磁场，如果每相绕组由两个线圈串联组成，即 U 相为 U_1，U_2 和 U_1' 和 U_2' 两个线圈相串联，V 相为 V_1，V_2 和 V_1' 和 V_2'，W 相为 W_1，W_2 和 W_1' 和 W_2'；且其中每相绕组的两个线圈的始端(或末端)在空间相隔 180°，当三相绕组对称地安排在定子槽内时，则各相绕组的始端(或末端)之间，如 U_1 与 V_1 之间在空间就只相隔 60°，如图 3－3－23 所示。

同样运用上述分析方法，便能产生四极 $p=2$ 的旋转磁场，现说明如下：

当 $\omega t=0$ 时，i_u 为零，U_1，U_2 绕组中无电流，i_v 为负值。i_w 为正值，合成磁场如图 3－3－24(a)所示。

当 $\omega t=120°$ 时，i_u 为正值；$i_v=0$；V_1V_2 绕组中无电流，i_w 为负值，合成磁场如图 3－3－24

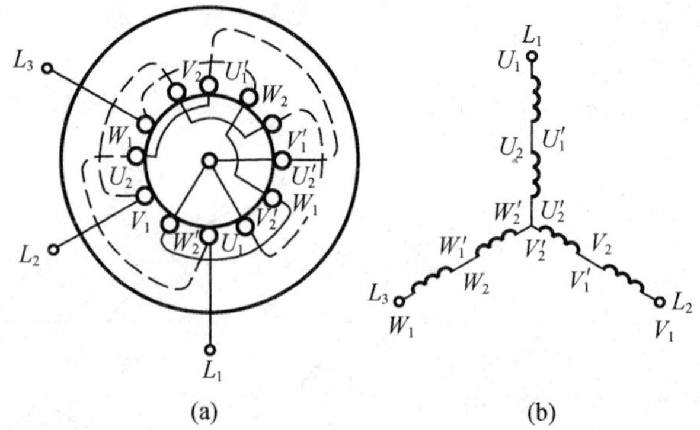

图 3-3-23　四极的定子绕组

(a)结构示意图;(b)接线图

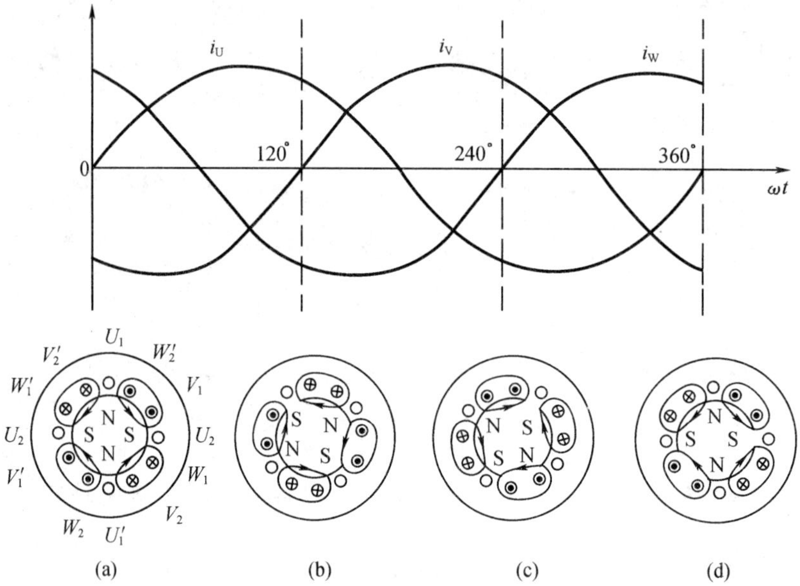

图 3-3-24　四极旋转磁场

(b)所示。

$\omega t = 240°$和$\omega t = 360°$瞬间的合成磁场,如图 3-3-24(c)和(d)所示。

由此可见,当电流变化一周时,合成磁场在空间只旋转了 180°。

运用同样的方法,还可以得出 $p=3$ 的旋转磁场,即当电流变化一周时,磁场在空间只旋转了 120°。可见旋转磁场的极数越多,其转速越低。

(2)旋转磁场的转速

由上述分析可知,每当交变电流变化一周,两极($p=1$)合成磁场在空间转过 360°(即一转),而四极($p=2$)旋转磁场只转过 180°(即 1/2 转)。由此类推,当旋转磁场具有 P 对磁极时,交变电流每变化一周,其旋转磁场就在空间转过 $1/p$ 转。因此,旋转磁场每分钟的转速 n_1,同定子绕组的电流频率 f_1 及磁极对数 P 之间的关系为

$$n_1=\frac{60f_1}{p}$$

旋转磁场的转速 n_1 又称为同步转速。

我国的工业用电频率为 50 Hz，因此，不同磁极对数的异步电动机，所对应的旋转磁场的转速也不同，如表 3－3－1 所示。

表 3－3－1　旋转磁场的转速

磁极对数 p	1	2	3	4	5
n_1/(r/min)	3 000	1 500	1 000	750	600

（3）旋转磁场的旋转方向

在分析两极（$p=1$）旋转磁场时，由图 3－3－22 可以看出，磁场是按顺时针方向旋转的。这是因为按顺时针顺序排列的三相绕组 U_1、U_2，V_1，V_2，W_1，W_2，接入电源的相序为 U_1U_2 接 L_1 相电源，V_1V_2 接 L_2 相电源，W_1W_2 接 L_3 相电源，流入 U_1U_2 绕组的交流电是最先达到正的最大值，其次是 V_1V_2，然后是 W_1W_2。因此，电流产生的磁场其旋转方向必然和电源的相序是一致的。如果将三根电源线中任意两根互相对调，例如，把 L_1 相电源接入 V_1V_2 绕组，L_2 相电源接入 U_1U_2 绕组，便可获得按逆时针方向旋转的磁场。读者可自行分析。

2. 异步电动机的工作原理

如图 3－3－25 所示，当定子绕组接通三相电源后，绕组中便有三相电流通过，并在空间产生旋转磁场。设旋转磁场按顺时针方向旋转，则静止的转子同旋转磁场间就有了相对运动，转子导体因切割磁力线而产生感应电动势，由于旋转磁场按顺时针方向旋转，即相当于转子导体以逆时针方向切割磁力线，根据右手定则，确定出转子上半部导线的感应电动势方向是出来的⊙，下半部的是进去的⊕。由于所有转子导线的两端分别被两个端环连在一起，因而相互构成了闭合回路。故在此电动势的作用下，转子导体内就有电流通过。此电流又与旋转磁场相互作用而产生电磁力。力的方向可按左手定则求出。这些电磁力对轴形成电磁转矩，其作用方向与旋转磁场的旋转方向一致，因此，转子就顺着旋转磁场的旋转方向而转动起来。

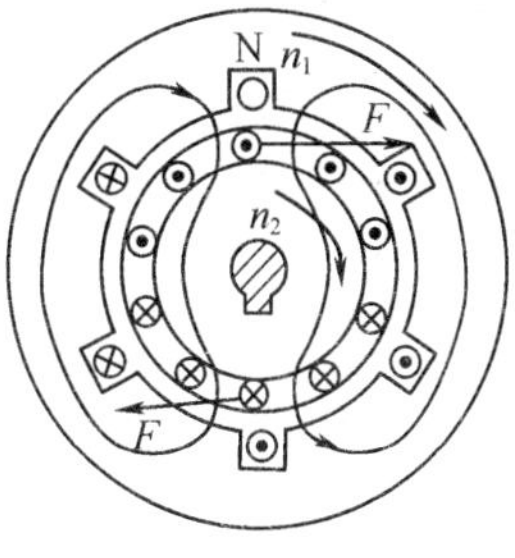

图 3－3－25　异步电动机的工作原理

如将旋转磁场反转，则转子的旋转方向也随之而改变。

不难看出，转子的转速 n 将永远小于旋转磁场的转速 n_1，这是因为，如果转子的转速达到同步转速 n_1 时，则它与旋转磁场之间就没有相对运动，转子导体将不再切割磁力线，其感应电动势为零。因而电流和电磁转矩也将为零，此时转子的转速必将下降。于是转子和旋转磁场之间又有了相对运动，又可产生电磁转矩，使转子继续旋转。由此可见，转子总是以 $n<n_1$ 的转速与旋转磁场沿同一方向旋转。正因为 n_1 与 n 的转速不同，所以称它为异步电动机；又因这种电动机的转子电流是由电磁感应而产生的，故通常又称为感应电动机。

（1）工作过程

当转子产生的电磁转矩 T 与其轴上的负载转矩 T_L 大小相等、方向相反时，转子就以等速旋转；若 $T>T_L$ 时，转子将加速旋转；当 $T<T_L$ 时，转子则减速旋转。

电动机在空载时,轴上的负载转矩是由轴与轴承之间的摩擦及旋转部分受到的风阻力等所产生。其值很小,因而此时转子产生的电磁辖矩很小,其转速较高,接近于同步转速。

如把电动机的负载加大(即加大转子轴上的负载转矩),则在开始增大的一瞬间,转子所产生的电磁转矩小于轴上的负载转矩,即 $T < T_L$,于是转子减速旋转。由于旋转磁场的同步转速是恒定的,随着转子转速行的下降,则转子与旋转磁场间的转速差便增大,单位时间内转子切割磁力线增多,因此,转子导体中的感应电动势和电流也将增大。于是电动机所产生的电磁转矩也随之增大。直至 $T = T_L$时,转子就不再减速,而是在较低的转速下又作等速旋转。

如把电动机的负载减小,则转子的转速便上升。其过程与上述情况正好相反,请读者自行分析。

(2)转差率 s

根据以上分析,异步电动机工作时的转子电动势,转子电流和电磁转矩,均随同步转速 n_1与转子转速 n 间的转速差(相对转速)而改变。由于异步电动机在磁极对数不同时的转速相差甚大,故一般采用转差率 s 来分析问题。转差率 s 是指相对转速与同步转速之比,用公式表示为

$$s = \frac{n_1 - n}{n_1}$$

转差率是一个很重要的物理量,它贯穿于分析异步电动机各种特性的始终。当定子通电而转子尚未转动时,即电动机在启动瞬间,旋转磁场以 n_1的转速旋转,而此瞬间 $n = 0$,故 $s = 1$。若转子的转速趁近于同步转速 n_1时,则 s 趋近于零。由此可见,异步电动机作为电动机工作时,转差率的变化范围在 0 ~ 1 之间。转子转速越高,转差率就越小。

三相异步电动机工作在额定状态下的转差率 s_N,一般在 0. 01 ~ 0. 07 之间。

例 有一台三相异步电动机,其额定转速 $n_N = 975$ r/min,试判断电动机的极数,并求额定转差率 s_N(电源频率 $f_N = 50$ Hz)。

解 通常,异步电动机的额定转速 n_N很接近但略小于旋转磁场的转速 n_1,本电动机与六极电动机的旋转磁场转速很相近且略小,故可确认,此电动机的极数是 6 极。

$$s_N = \frac{n_1 - n_N}{n_1} = \frac{1\ 000 - 975}{1\ 000} = 0.025 = 2.5\%$$

(3)异步电动机与变压器的对比

异步电动机的工作原理有许多地方与变压器相似。在变压器中,一、二次绕组与同一主磁通相交链,这个主磁通是由一、二次绕组中的电流共同作用在同一磁路上而产生的。而在异步电动机中,定子绕组和转子绕组与同一旋转磁场的磁通相交链,在定子和转子绕组内都要产生感应电动势和电流。因此旋转磁场中的磁通,同样是定子绕组和转子绕组中的电流共同作用在同一磁路上的结果。故异步电动机的定子绕组和转子绕组,就相当于变压器中的一次绕组和二次绕组。异步电动机中的旋转磁场磁通,则相当于变压器中的主磁通。所以在工作时它们同样应遵循电压平衡和磁通势平衡的两个重要原则。在变压器中,一次绕组电流取决于二次绕组电流,亦即取决于负载。而在异步电动机中,定子电流的大小取决于转子电流,取决于轴上的负载。在端电压恒定的情况下,异步电动机旋转磁场的每极磁通量和变压器中的主磁通量同样是基本不变的。

异步电动机与变压器之间的不同之处是:变压器是静止的,而电动机是旋转的;变压器

输出的是电能,而电动机输出的是机械能;在异步电动机的磁路中,定、转子之间有较大的气隙,中小型异步电动机一般为0.2～1.5 mm;在变压器的磁路中,硅钢片接缝处的间隙极小。所以变压器的空载电流很小。而异步电动机除了气隙较大,需要较大的励磁电流来产生旋转磁场磁通外,还因转子空载时尚有机械损耗,需要消耗一定的电能,所以异步电动机的空载电流较大。其值约为定子绕组额定电流 I_{1N}(电动机满载时的定子电流)的20%～40%;因此,异步电动机空载时的 $\cos\varphi$ 很低,约为0.2～0.3之间。由于异步电动机的空载电流比变压器大,并有机械损耗,所以它的效率没有变压器高。此外,在变压器中,一、二次绕组的电流频率是相同的,而异步电动机中定子绕组的电流频率和转子绕组的电流频率一般是不同的。且转子电流频率随转子转速的改变而改变。

在异步电动机中,能量转换是以旋转磁场为媒介,通过电磁感应的形式,将定子电路的电能传递到转子电路。转子从旋转磁场中获得的能量除很小一部分转换为热损耗外,其余均转换为转子输出的机械能。

五、三相异步电动机的电磁转矩和机械特性

从工作原理中可知,异步电动机的转子电流和旋转磁场相互作用,产生了电磁转矩,从而使电动机旋转。电磁转矩的大小是电动机能否拖动机械负载正常运行的关键。此外,异步电动机的电磁转矩与其转速的关系,称为电动机的机械特性,它是电动机非常重要的特性之一。掌握了这个特性,对正确选择和使用异步电动机可提供很多方便。

1. 电磁转矩的大小及其影响因素

根据电磁力定律,对结构一定的异步电动机,转子所产生的电磁转矩大小与旋转磁场的强弱及转子电流的大小成正比。此外,考虑到电动机转子绕组中还有电抗的存在,其电磁转矩还与转子绕组中的功率因数 $\cos\varphi_2$ 大小有关。即

$$T = C_T \Phi I_2 \cos\varphi_2$$

式中　C_T——与电动机结构有关的转矩常数;

Φ——旋转磁场的每极下的总磁通量;

I_2——转子相电流的有效值;

$\cos\varphi_2$——转子电路中的功率因数。

将上式适当变换后可得

$$T = \frac{C}{f_1} \frac{sR_2U_1^2}{R_2^2 + (sX_{20})^2}$$

式中　C——电动机的结构常数;

s——电动机的转差率;

R_2——电动机转子绕组每相电阻值;

X_{20}——电动机静止时转子每相绕组的感抗值;

U_1——电动机定子绕组的相电压;

f_1——电动机定子绕组中电源的频率。

从式中可知,当一台异步电动机的结构一定时,产生的电磁转矩大小主要取决于电源电压 U_1 及电源频率 f_1。其中,$T \propto U_{12}$ 在实际中的意义更大,是重要关系式。此外,电动机在不同转速时,s 不同,它产生的电磁转矩也不同。

2. 异步电动机的机械特性

由于 $n=(1-s)n_1$，在 n_1 一定时，s 的大小即可反映出 n 的大小。所以，异步电动机的机械特性 $n=f(T)$ 的关系在实际中也用 T 与 s 的关系曲线来描述。T 与 s 关系曲线又称异步电动机的转矩特性曲线。

根据 $T=f(s)$ 及 $n=f(T)$ 曲线，如图 3－3－26 所示。

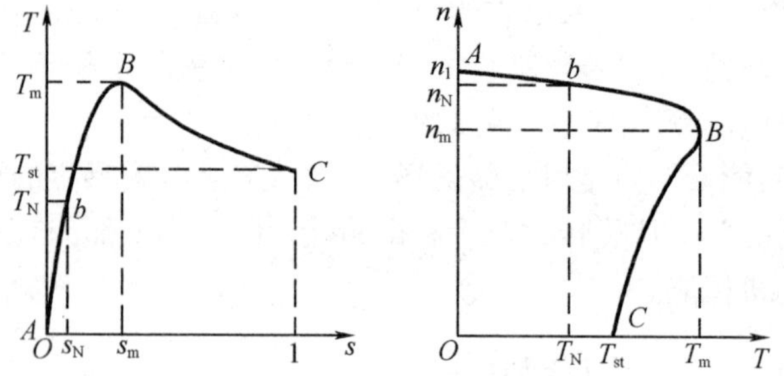

(a)　　(b)

图 3－3－26　异步电动机的机械特性曲线

(a) $T=f(s)$；(b) $n=f(T)$

可将图 3－3－26 所示曲线分为两段：AB 段和 BC 段。

在 AB 段，n 从 n_1 至 n_m（s 从 0 至 s_m），这个区域中，转矩 T 随 n 的减小（s 的增大）而增加。电动机在此段转速工作时，若所带的负载转矩一旦变化，电动机可在新的转速下重新稳定运行。如果负载转矩再恢复到原来值，电动机的转速也随之恢复到原来值运行。所以，该区称为异步电动机的稳定工作区。

在 BC 段，n 从 n_m 至 0（s 从 s_m 至 1），在此区域中，转矩 T 随以的减小（s 的增大）而减小。电动机在该段运行是不稳定的。当所带的负载转矩稍有变化时，电动机或者因此而停止不转，或者过渡到稳定区才能稳定运行。故称此区域为不稳定区。

通常，异步电动机在 n_m 以上（s_m 以下）稳定区工作。在 n_m 以下（s_m 以上），是不能工作的。异步电动机的稳定运行区，其转速随转矩的变化很小，故又称其特性为硬特性，在此段工作，电动机的转速可认为基本不变。

此外，异步电动机的机械特性中有三个特定转矩，是衡量电动机性能好坏的重要指标。这三个特定转矩是：

（1）额定转矩 T_N

T_N 是异步电动机运行在额定转速 n_N 时所产生的电磁转矩。它在机械特性曲线的稳定工作区内，如图 3－3－26 中 b 点所示。与它对应的转差率叫额定转差率 S_N。

额定转矩 T_N 的大小，一般可通过电动机铭牌上的额定数据近似求得。

$$T_N=9\ 550\frac{P_N}{n_N}$$

式中，P_N 的单位为 kW；n_N 单位为 r/min；T_N 的单位为 N · m。

（2）最大转矩 T_m 和过载能力

T_m 是机械特性曲线中电磁转矩的最大值，如图 3－3－26 中 B 点所示。异步电动机运行时，有时所带的负载要超过额定值。只要负载转矩不超过 T_m，电动机仍可以短时稳定运行。但是,电动机所带的负载转矩一旦超过 T_m,它则会被迫停转。因此,最大转矩 T_m反映了电动机的过载能力。

与 T_m相对应的转差率 s_m是电动机两个运行区域的转差率临界值,所以称 s_m为临界转差率。

工程上常用最大转矩与额定转矩之比 K_m反映异步电动机的过载能力,定义为过载系数

$$K_m = \frac{T_m}{T_N}$$

K_m已成为衡量异步电动机的重要技术指标之一。一般电动机的 $K_m = 1.6 \sim 2.5$。Y 系列小型异步电动机的 $K_m = 2.2 \sim 2.4$,专用起重与冶金异步电动机的 $K_m = 3.3 \sim 3.4$ 等。

(3)启动转矩 T_{st}和启动能力

T_{st}是异步电动机刚启动瞬时($n = 0$)所产生的电磁转矩(又称堵转转矩),如图3-3-26中 C 点所示。

异步电动机的启动转矩大小,反映了它带着负载启动的能力。启动转矩过小,电动机带着负载启动会过慢或启动不了,满足不了生产机械的需要。所以,启动转矩 T_{st}也是异步电动机的一个重要技术指标。

工程上,常用启动转矩与额定转矩之比 K_{st}作为异步电动机的启动能力指标,定义为启动能力

$$K_{st} = \frac{T_{st}}{T_N}$$

通常,异步电动机的启动能力 $K_{st} > 0.8$,以保证电动机带一般负载能正常启动。Y 系列小型异步电动机的 $K_{st} = 1.7 \sim 2.2$;高启动转矩异步电动机的 $K_{st} = 2.2 \sim 2.8$。

例 有一 Y225M-4 型三相异步电动机,其额定数据如下:$P_N = 45\ \text{kW}$,$n_N = 1\ 480\ \text{r/min}$,$U_N = 380\ \text{V}$,效率 $\eta = 92.3\%$,$\cos\varphi_N = 0.88$,$I_{st}/I_N = 7.0$,$T_{st}/T_N = 1.9$,$T_m/T_N = 2.2$。

求:额定电流 I_N;额定转差率 s_N;额定转矩 T_N;启动转矩 T_{st};最大转矩 T_m和启动电流 I_{st}。

$$I_N = \frac{P_N}{\sqrt{3}U_N\cos\varphi_N\eta} = \frac{45 \times 10^3}{\sqrt{3} \times 380 \times 0.88 \times 0.923} = 84.2\ \text{A}$$

$$n_1 = \frac{60f}{p} = \frac{60 \times 50}{2} = 1\ 500\ \text{r/min}$$

$$s_N = \frac{n_1 - n_N}{n_1} = \frac{1\ 500 - 1\ 480}{1\ 500} = 0.013$$

$$T_N = 9\ 550\frac{P_N}{n_N} = 9\ 550 \times \frac{45k}{1\ 480} = 290.4\ \text{N}\cdot\text{m}$$

$$T_{st} = \frac{T_{st}}{T_N}T_N = 1.9 \times 290.4 = 551.8\ \text{N}\cdot\text{m}$$

$$T_m = \frac{T_m}{T_N}T_N = 2.2 \times 290.4 = 638.9\ \text{N}\cdot\text{m}$$

$$I_{st} = \frac{I_{st}}{I_N}I_N = 7 \times 84.2 = 589.4\ \text{A}$$

3. 人为机械特性

前面所论述的机械特性,是异步电动机保持本身的固有结构参数,并在额定电压下工作时得到的,通常称其为固有机械特性。若人为改变电动机的工作条件或某些结构参数,

它的机械特性要发生改变。这样得到的机械特性称为人为机械特性。具有生产实际意义的有下面两种人为机械特性。

一种是人为改变电源电压而得到的机械特性。固有机械特性是在额定电压 U_N 时得到的。若电源电压 U_1 下降，根据 $T \propto U_{12}$ 可知，电磁转矩要按平方关系下降。而 s_m 并不因为电压变化而改变。所以得到降压后的人为机械特性如图 3－3－27(a)所示。实践中，利用降压人为机械特性原理，实现对异步电动机的速度调节等目的。

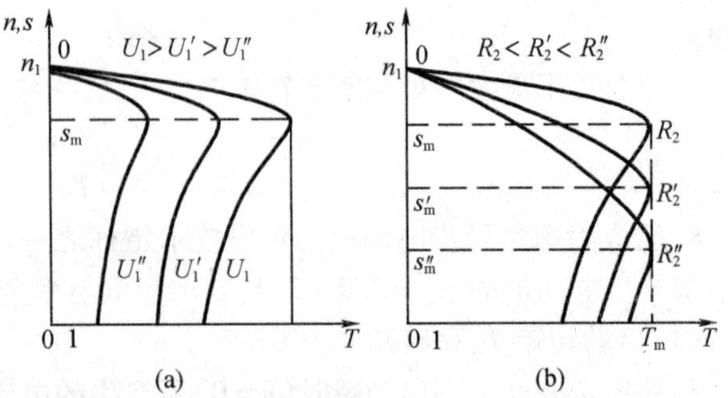

图 3－3－27 异步电动机人为机械特性

(a)人为改变电源电压；(b)改变转子电阻值

另一种是改变转子电阻值所得到的人为机械特性。增大转子电阻值，其临界转差率 s_m 随之成正比增加，但是对最大转矩 T_m。没有影响。转子电阻值的改变，对电动机的启动转 T_{st} 的大小有一定的影响。图 3－3－27(b)所示是增加转子电阻后的人为机械特性曲线。从图中可见，转子电阻在适当范围内增加，电动机的启动转矩 T_m 可增加，甚至可使 $T_m = T_{st}$。另外，增大转子电阻后的人为机械特性曲线变软。实践中，利用上述原理，在转子回路中串接适当的电阻，可改善异步电动机的启动性能或实现对电动机的速度调节。需要指出的是，转子绕组串接电阻，只有绕线式电动机才有可能实现。

六、三相异步电动机的启动

三相异步电动机接通电源后，从静止状态到稳定运行状态，此过程称为电动机的启动过程。

电动机在启动瞬时 $s=1$，旋转磁场以最大的相对转速切割转子导体，此时转子感应电动势最大，转子电流及定子电流也为最大。一般约为额定电流 I_N 的 4～7 倍。因此，如果启动时 $T_{st} < T_L$，电动机不能启动，那么，这样大的启动电流长时间通过定子绕组，就会烧坏电机。

电动机在启动时电流虽很大，但启动过程为时甚短，在空载状态下启动，小容量的电动机常在 1 s 以内结束启动。容量较大一些的电动机，也仅为几秒到几十秒，且随着转速的迅速上升，启动电流迅速下降。因此，对于不频繁启动的电动机，一般不会因启动电流大而过热甚至受到损坏。

但很大的启动电流会引起供电线路电压的显著下降，就会影响到接在同一供电线路中其他设备的正常运行。例如，使附近的照明灯的亮度减弱，电动机的转矩减小等。所以，电动机在启动时必须将其启动电流限制在一定范围以内，并希望其启动时间尽可能地缩短。

下面介绍异步电动机的一些常用启动方法。

1. 笼型异步电动机的启动

(1)直接启动

将电动机直接接在额定电压的电网上启动，称为直接启动。直接启动适用于小型普通笼型电动机的轻载启动。这是因为电动机所带负载转矩小，异步电动机的启动转矩一般能满足要求。此外，由于电动机的容量小，它的启动电流对电网影响并不严重。

生产实践中，一般异步电动机的功率低于 7.5 kW 时允许直接启动。如果功率大于 7.5 kW，而供电变压器容量较大，能符合下面经验公式要求的异步电动机，也可采用直接启动法。

$$\frac{I_{st}}{I_N} \leqslant \frac{1}{4}\left[3+\frac{\text{供电变压器变量(kV·A)}}{\text{启动电动机功率(kW)}}\right]$$

式中，I_{st}/I_N表示启动电流是额定电流的多少倍。例如，设供电变压器容量为 250 kV·A，电动机的启动电流倍数 $I_{st}/I_N=7$，则容量不超过 10 kW 的异步电动机都可采用直接启动法。

直接启动的优点是启动设备简单，操作方便，启动时间短，因此，只要情况允许，应尽可能地采用直接启动。

(2)减压启动

对于容量较大、启动频繁的电动机，为了减少它的启动电流，可采用减压启动法。减压启动是在电动机启动时利用附加设备降低加在定子三相绕组上的电压，当启动结束后，再加全压运行。由于电动机的电磁转矩与电源电压的平方成正比，所以减压启动在电动机启动电流减小的同时，它的启动转矩降低更多。因此，减压启动只适用于电动机在空载或轻载情况下启动。

常用的减压启动方法有：

①Y～△启动　启动时，先把定子绕组接成 Y 形，待转速接近稳定后再换接成三角形。这种启动方法称为 Y～△启动。

采用此方法启动，电动机的启动电压只有额定电压的$\sqrt{3}/3$。由于电磁转矩与外加电压的平方成正比，因此，启动转矩也只有直接启动时的 1/3。图 3－3－28 为常用的 Y～△启动电路。

Y～△启动所需设备较简单，维护方便，因此应用较广。因为此法只能用于正常运行时为三角形连接的电动机，所以，目前国产的三相笼型异步电动机凡功率 4 kW(包括 4 kW)以上者，其定子绕组正常运行时均采用三角形连接，以便于使用 Y～△启动。专供配套使用的有 QX3 系列和 QX0 系列 Y～△启动器。也可用继电器、接触器控制电路，实现 Y～△启动的自动转换。

②自耦变压器启动　接线图如图 3－3－29 所示，把开关 Q 放在启动位置，使电动机的定子绕组接到自耦变压器的二次侧，此时加在定子绕组上的电压小于电网电压，从而减小了启动电流。等到电动机的转速升高后，再把开关 Q 从启动位置迅速扳到运行位置。此时电动机便直接和电网相接，切除自耦变压器。使电动机全压运行。此法应用很广，有手动和自动控制线路。专用的自耦变压器一般有三个接头可供选择。其输出电压一般分别为电源电压的 40%、60% 和 80%(或 55%、64% 和 73%)。用户可以根据负载所需启动转矩的大小选用。这种启动方法所需设备较贵，但限制启动电流的效果较明显。例如，选用 U_1 的 60% 抽头启动时，电动机的启动电流即为变压器二次绕组的电流 I_2，而向电源取用的电流则为变压器一次绕组的电流 I_1，因为 $I_1=\frac{U_2}{U_1}I_2=\frac{60}{100}I_2=60\%I_2$，由于电压降低至 U_1 的 60%，故此线路中的启动电流只有直接启动时的 36%。这种启动方法常用于要求启动转矩较大的场合。上述各种启动方法的比较请见表 3－3－2。

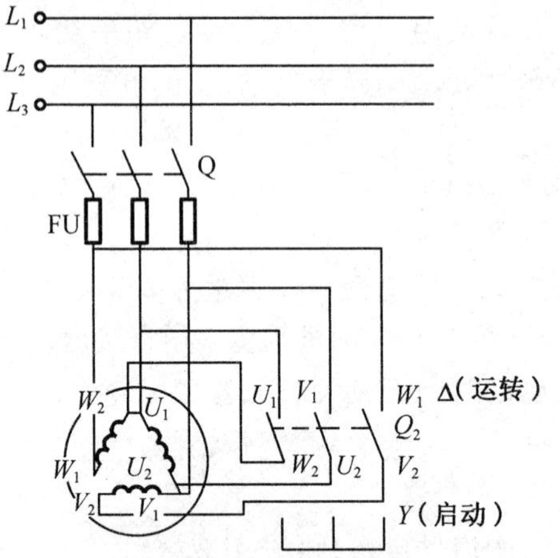

图 3－3－28　用三刀双投开关实 Y～△换接启动

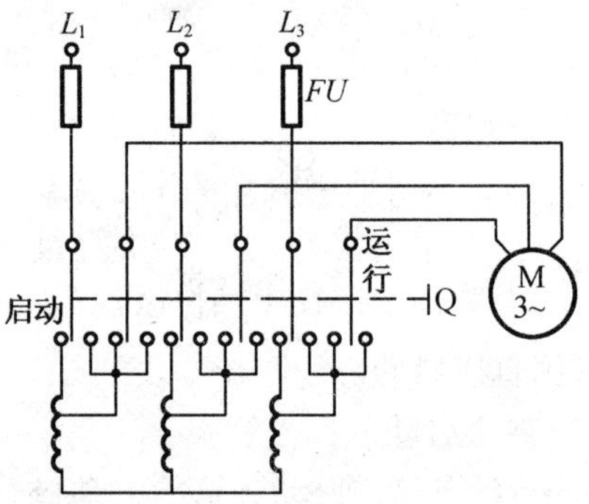

图 3－3－29　笼形电动机用自耦变压器启动的线路图

表 3－3－2　启动方法比较

启动方法	启动时电动机相电压	启动时变压器供给线电流	启动转矩	启动设备比较
直接启动	1	1	1	最简单
Y－Δ启动	$1/\sqrt{3}$	1/3	1/3	简单,只适用于三角形连结运行的电动机
自耦变压器启动	$1/K$	$1/K^2$	$1/K^2$	较复杂,有三种抽头供选用

2. 绕线转子异步电动机的启动

(1)转子电路串接电阻启动

绕线电动机是在转子电路中串接电阻启动,如图 3－3－30 所示。

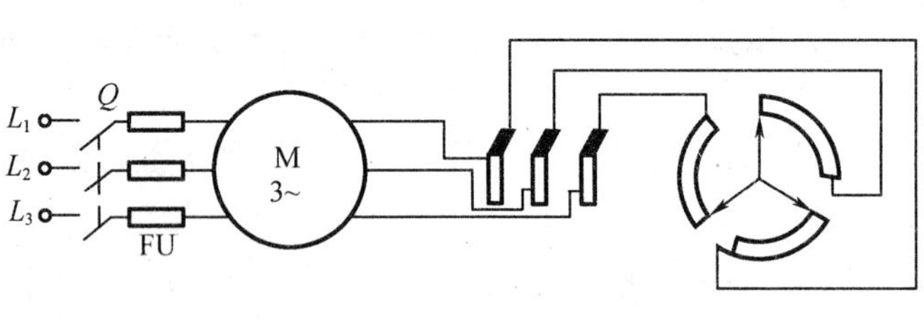

图 3－3－30　绕线电动机转子电路串接电阻启动的线路图

启动步骤如下:首先把启动变阻器的阻值调节到最大位置,然后闭合定子电源开关 Q,电动机启动运转。随着电动机转速的上升,将启动变阻器的电阻逐步减小至零,启动过程结束。启动完毕时,利用提刷装置将三个滑环直接短接,并把电刷架抬起,以减少接触电阻和电刷的磨损,转子绕组的短接和提刷装置如图 3－3－31 所示。

在绕线电动机转子电路中接入变阻器启动有两个作用:

①增加转子电路电阻,从而减小了启动电流;

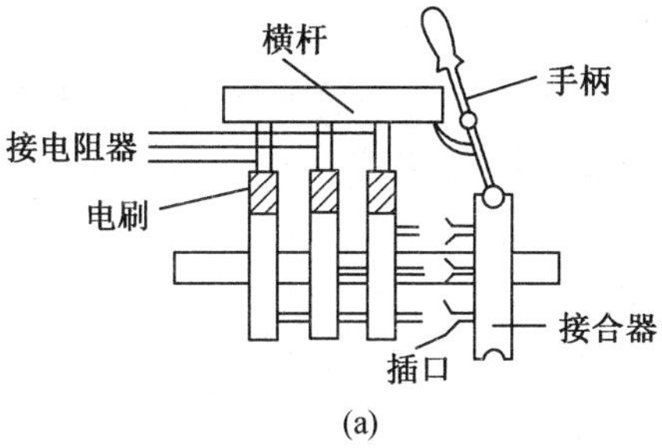

图 3－3－31　转子绕组的短接和提刷装置

②选择适当的启动电阻值,可使启动转矩增大。

图 3－3－32 为绕线转子电动机的机械特性曲线。由图可知,当转子电路中串入不同阻值的电阻后,启动转矩以及电动机在额定负载下的转速均随阻值的不同而有所不同。若使启动变阻器的阻值与转子电路电阻之和,等于转子静止时的漏感抗,则在启动瞬间($s=1$ 时)电动机的启动转矩 T_{st} 将等于最大转矩 T_m,可使电动机在最大转矩 T_m 下启动。

(2)转子电路串频敏变阻器启动

近年来常采用频敏变阻器启动绕线式电动机。频敏变阻器是一个具有铁芯的三相电抗器,它的铁芯是由几块 30～50 mm 厚的钢板或铁板叠成如图 3－3－33(a)所示。

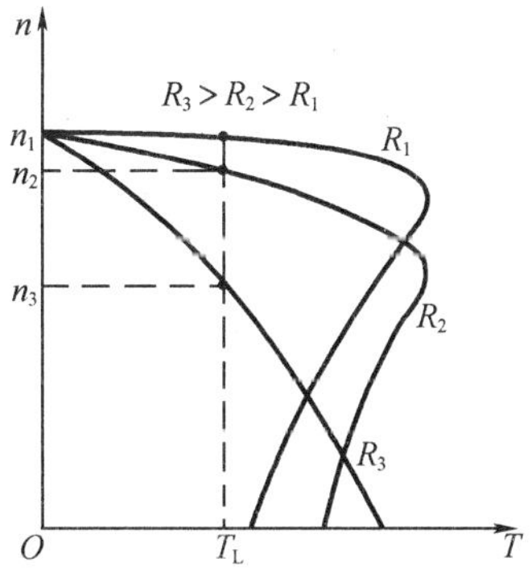

图 3－3－32　外接不同电阻时线绕转子机械特性曲线

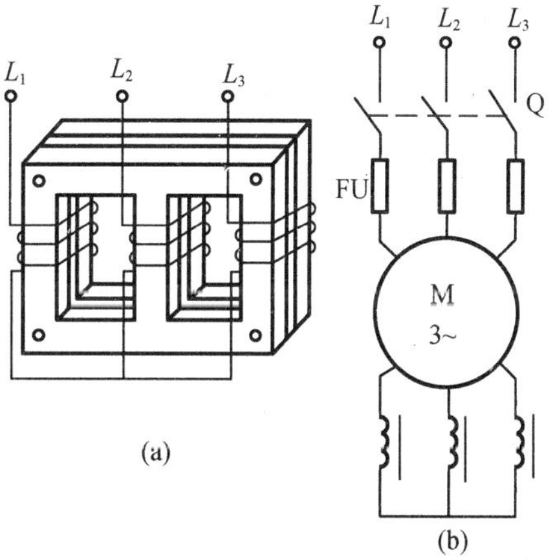

图 3－3－33　频敏变阻器及其启动电路

(a)结构;(b)启动电路

频敏变阻器的等效电阻,是随它的线圈中所通过的电流的频率而变的。当线圈中通过频率较高的电流时,在铁芯中就有频率较高的交变磁通产生,交变的磁通将在铁芯中产生较大的涡流,使铁芯发热,消耗能量。这就相当于频敏变阻器的等效电阻增大,但由于涡流损耗与频率的平方成正比,故频敏变阻器的等效电阻随频率的变化而显著地改变。

用频敏变阻器启动绕线式电动机的原理如下:

电路图如图 3－3－33(b)所示。在合上电源开关 Q 的瞬间,转差率 $s=1$,转子电流(频敏变阻器中的电流)频率最高($f_2=f_1$),此时频敏变阻器的电阻和电抗最大。这就相当于启动时在转子电路中串入了一个较大的阻抗，从而降低了启动电流。

随着电动机转速的升高，转差率 s 逐渐减小，转子电流频率（$f_2 = sf_1$）也逐渐降低，频敏变阻器的阻抗逐渐变小，其电阻值显著下降，这就相当于启动变阻器的电阻在逐步减小。因此，它是一个无触点的电磁元件。启动完毕，一般将转子绕组予以短接，将频敏变阻器从转子电路中切除。

用频敏变阻器启动绕线式电动机，具有启动转矩变化平滑、操作简便，运行可靠、成本低廉等优点。因此，它在绕线式电动机的启动中应用较广。其缺点是启动时因受到频敏变阻器的感抗影响，使线路功率因数降低，电动机的启动转矩不太高，一般只达到最大转矩的50%左右。

由于绕线式电动机的启动性能好，且能在重载下启动，故在启动次数频繁、需要启动转矩大的机械设备上，如在起重机上，常采用绕线式电动机拖动。

七、三相异步电动机的调速、反转和制动

1. 异步电动机的调速

用人为的方法，在同一负载下改变电动机的转速以满足工作的需要，这种情况称为调速。而电动机在不同的负载时具有不同的转速，这种情况称为转速的变化，二者是完全不同的概念，不要混淆。

根据转速公式

$$n = (1-s)n_1 = (1-s)\frac{60f_1}{p}$$

可知，欲调节异步电动机的转速，可通过改变电源频率 f_1、电动机的磁极对数 p 和转差率 s 三者中的任一量，都能实现调速。现分别介绍如下：

（1）变频调速

改变电源的频率 f_1，电动机的同步转速 $n_1 = 60f_1/p$ 便随频率成正比地变化，转子的转速 n 也随之变化。因此，若均匀调节频率，即可平滑地改变电动机的转速，这种方法称为变频调速。

但是，电源频率的改变（f_N以下），在电源电压一定的情况下，将使电动机的主磁通 Φ 变化，使电动机的空载电流 I_0、功率因数 $\cos\varphi$ 及效率 η 等均受到影响。所以，变频调速时，一定要使电动机的主磁通 Φ 保持不变。

和变压器相似，异步电动机定子侧也遵循电压平衡规律，即：$U_1 \approx E_1 = 4.44K_W N_1 \Phi f_1$，其中 K_W为与定子绕组结构形式有关的常数。从异步电动机的定子电压平衡方程式可知，如果保持主磁通 Φ 不变，在变频的同时，应使电源电压 U_1也成正比地变化，即

$$\frac{U_1}{f_1} = 4.44K_W N_1 \Phi = \text{常数}$$

根据理论分析可知，电动机在带恒转矩负载调速时（如起重机），应按 $U_1'/U_1 = f_1'/f_1$ 的比例关系，在变频的同时改变电压，这样才能使电动机所产生的电磁转矩基本保持不变。

电动机在带恒功率负载，如车床、钻床等金属切削机床调速时. 最好采用 $U_1'/U_1 = \sqrt{f_1'}/\sqrt{f_1}$的比例关系调速。对于风机、泵类负载，则最好采用 $U_1'/U_1 = (f_1'/f_1)^2$ 的比例关系进行调速。式中 U_1'，f_1'为变频后的值。

变频调速具有调速范围大、平滑性好等特点，能适应各种不同负载的要求。但必须有

一套专用的变频电源，设备投资较高，使这种调速的应用受到很大的限制，目前一般用于较大型的设备。近年来，随着电子技术的迅速发展，采用晶闸管作为变频电源，为变频调速提供了新的途径，促进了变频调速的应用。

(2)变极调速

由于电动机定子绕组的极数只能成对地改变，所以，这种调速称为有级调速。采用这种方法调速时，定子的每相绕组必须是由两个相同的部分所组成，这两部分可以串联也可以并联。在串联时绕组产生的磁极对数是并联时的两倍，而转子的转速则为并联时的一半。图 3－3－34 画出了其中一相绕组换接前后所产生的磁场部分情况。当两个绕组串联时，如图 3－3－34(a)所示，定子绕组产生四极($p=2$)的旋转磁场，其同步转速 $n_1 = 60 f_1/p = 1\ 500$ r/min。当两个绕组并联时，如图 3－3－34(b)所示，定子绕组产生二极($p=1$)的旋转磁场，此时电动机的同步转速为 3 000 r/min。

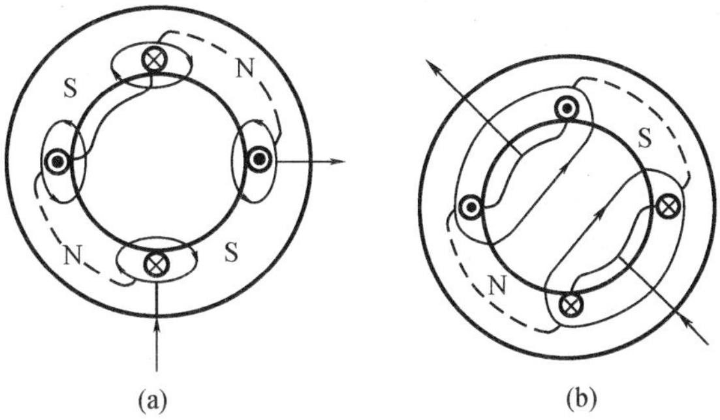

图 3－3－34　定子绕组改接成不同极对数的线路图(只绘出其中一相)

(a)串联时；(b)并联时

笼型电动机大多采用这种方法来调速。由于定子绕组的磁极对数只能成对的改变，所以转速也只能按级来调节。

磁极对数可以改变的电动机称为多速电动机。最常见的为双速电动机。另外还有一种非倍数比(如 4/6 极，6/8 极)以及三速(4/6/8 极)变极电动机。目前已形成系列产品(YD 系列)被广泛应用。

由于上述调速方法比较经济、简便，故常用在金属切削机床或其他生产机械上来代替笨重的变速箱。

(3)改变转差率调速

对于绕线转子电动机，在转子电路中外接不同的电阻值时，即可调节电动机的转速。转子串入的电阻值越大，机械特性曲线越软，在负载转矩一定的情况下，电动机的转速越低。

调速的物理过程如下：当转子电路中的外接电阻增大时，由于机械惯性作用，电动机的转速不能突变。但转子电流随其电阻的增大而减小，因而电动机的电磁转矩及电磁功率下降，因为负载转矩一定，原来转矩平衡受到了破坏，即 $T < T_L$，电动机开始减速，转速的降低又使转差率 s 上升，转子电流又重新上升，电磁转矩又逐渐恢复到原来值，直至 $T = T_L$ 时，电动机又达到新的平衡，这时，电动机在新的转速下稳定运行，实现了调速的目的。

接在转子电路中用来调速的变阻器与启动变阻器相似，不过，它是按长期使用的发热条件而设计的。这种调速方法,电动机负载带的负裁转矩越大,调速范围就越大。

转子串电阻调速有一突出的缺点,即外接电阻使电动机的铜损耗增加,致使电动机的效率下降。但此方法调速简单、方便,故在小型绕线转子异步电动机中(如起重机)仍广泛应用。

2. 反转

在生产上常需要使电动机反转。异步电动机的旋转方向取决于旋转磁场的旋转方向。而磁场的旋转方向取决于通入定子绕组的三相电流的相序。因此,只要将电动机的三根电源线中的任意两根对调,电动机就能反转。这种换接方法可通过图3-3-35中的换接开关来实现。

3. 制动

当切断电动机电源后,由于电动机转动部分具有惯性,所以停电后仍继续旋转,要经过较长时间才能停转。但在许多生产机械上要求电动机断电后能迅速停转,以提高生产率,为此,需要对电动机进行制动。制动的方法很多,这里仅简单介绍常用的反接制动和能耗制动两种方法。

(1)反接制动

欲使运转中的电动机迅速停转可将电动机三根电源线中的任意两根对调,旋转磁场立即反向旋转,转子中的感应电动势和电流也都随之反向,如图3-3-36所示。此时转子所产生的电磁转矩方向和转子旋转方向相反,对转子来说是一个制动转矩 T_B。在 T_B 的作用下,电动机的转速很快地下降到零。当电动机的转速接近于零时,应立即切断电源,以免电动机反向旋转。

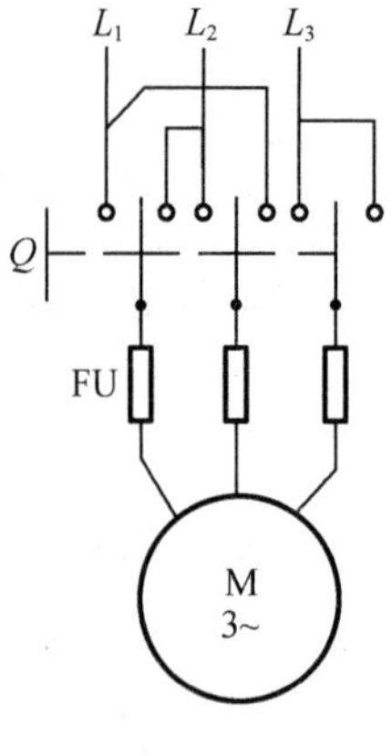

图3-3-35 异步电动机的反转线路

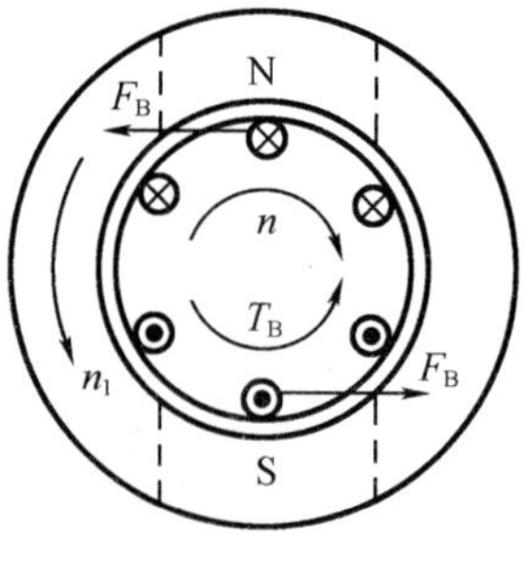

图3-3-36 反接制动原理图

在反接制动时,旋转磁场和转子之间的相对转速比启动时还大,为 n_1+n,因而转子电流和定子电流比直接启动时还大。为了限制电流,对功率较大的笼型电动机,在进行反接制动时必须在定子电路中串入电阻。对绕线转子电动机,可在转子电路中串入电阻,以限制电流。

(2)能耗制动

如图3-3-37所示。这种制动方法是在切断三相交流电源的同时,在定子绕组中通入恒定直流电,于是在电动机内便产生一个恒定的不旋转的磁场,此时转子由于惯性仍继续旋转,因而转子导体切割磁力线而产生感应电动势和电流。

载流导体在恒定磁场作用下所产生的电磁转矩与电动机的旋转方向相反,为制动转矩 T_B。在 T_B 作用下电动机便很快停转。制动转矩 T_B 的大小与通入的直流电流有关,通过调节电阻 R 的大小来改变直流电流的大小,从而改变 T_B 的大小。一般通入的直流为电动机额定电流的(0.1 ~ 1)倍。由于这种制动方法是消耗转子的动能来实现的,所以称为能耗制动。

上述两种制动方法各有优缺点。反接制动的优点是制动力大,无需直流电源。缺点是制动过程中冲击强烈,容易损坏传动零件,而且频繁的反接制动容易使电动机过热而损坏。能耗制动的优点是制动较强且平稳,无冲击。缺点是需要专用的直流电源,低速旋转时制动力矩较小。

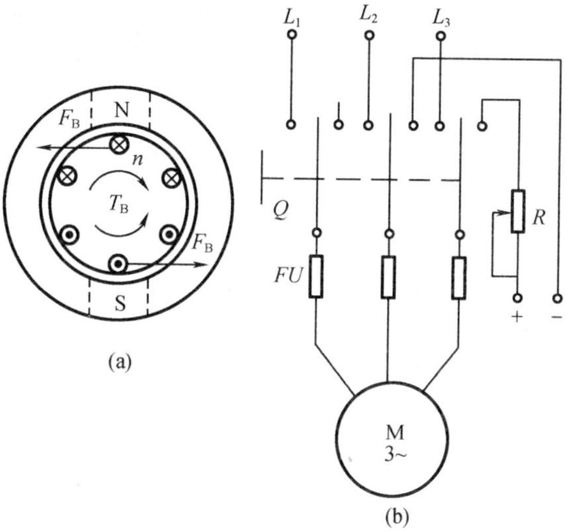

图 3-3-37　能耗制动

(a)原理图;(b)线路图

八、三相异步电动机的铭牌与选择

为了正确使用和选择各种异步电动机,首先,必须要熟悉三相异步电动机的型号及主要技术数据,根据生产机械的需要,掌握如何选择合适的电机与机械配套,这在生产实践中是十分重要的。

1. 三相异步电动机的铭牌及主要技术数据

和直流电动机一样,异步电动机的机座上也装有一块铭牌,标出了该台电动机的型号及主要技术数据,如图 3-3-38 所示。对此,我们必须要知道它们的含义。

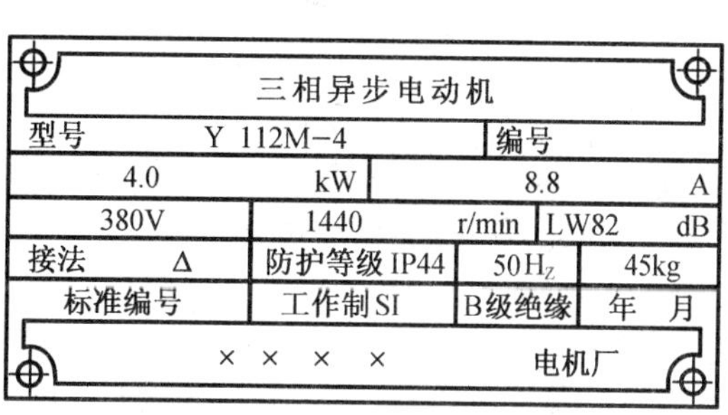

图 3-3-38　三相异步电动机的铭牌

（1）型号它表示三相异步电动机的类别。

例如

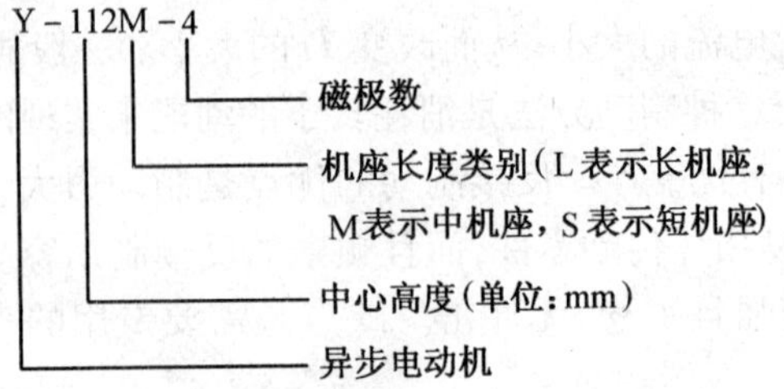

其他型号可查有关电工手册。

（2）额定功率 P_N　表示电机在额定工作状态下运行时，轴上允许输出的机械功率。

（3）额定电压 U_N　表示为了保证电动机正常运行，定子所必须施加的三相交流线电压的有效值。

（4）额定电流 I_N　表示电动机在额定状态下运行时，定子从电网上允许输入的三相线电流的有效值。

（5）额定转速 n_N指在额定状态下工作时，电动机的转速值。

（6）接法　电动机的定子绕组在与电源连接时，三相绕组的正确连结方法。如采用星形连接（Y）或三角形连接（△）。

（7）防护等级　根据使用的环境条件，电动机的外壳等结构采用不同的防护方式，以此分为不同的防护等级，标准上可查取。例如：

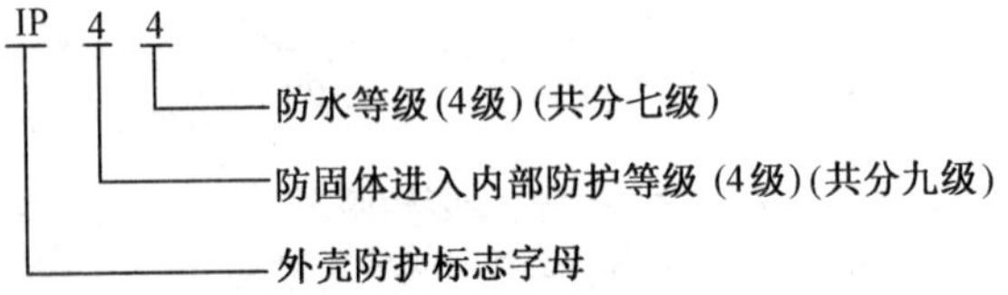

（8）额定频率 f_N　表示电动机所用三相交流电源的频率规定值。例如，国产电动机的额定频率 $f_N=50$ Hz；某些进口电动机的 $f_N=60$ Hz。

（9）绝缘等级　表示电动机所用绝缘材料允许极限温度的等级。等级分类如表3－3－3所示。例如：Y系列电机采用的B级绝缘，它的允许极限温度为130 ℃。可查有关手册。

（10）工作制　电机按规定的全部电量和机械量数值所运行的持续时间和顺序。按照运行的持续时间和顺序，电动机分三种工作制：连续、短时和断续工作制。

表3－3－3　电动机绝缘材料等级表

绝缘等级	Y	A	E	B	F	H	C
最高允许温度/℃	90	105	120	130	155	180	高于180

连续工作制（S1）　按铭牌额定值的要求，电动机不受时间限制连续的运行。

短时工作制（S2）　按铭牌额定值的要求，在规定时间限制内运行（由实际冷却状态开始)。标准的持续时间限值分10,30,60和90 min四种。

断续工作制(S3)　按额定值要求,长期运行于一系列完全相同的周期。每周期标准时间为10 min,其中包括一个额定负载运行时间和一个停止时间。额定负载时间与整个周期之比称为电机的负载持续率,用百分数表示。标准的负载持续率有15%,25%,40%,60%四种,其中25%为基准负载持续率,其意义是:在10 min内,运行2.5 min,休息7.5min。

此外,三相异步电动机还有一些说明其性能的技术数据,不标注在铭牌上,可在产品目录或电工手册上查取。例如,电机的额定效率η_N,额定功率因数$\cos\varphi$,启动能力K_{st},启动电流倍数K_i,过载系数K_m等。

2. 异步电动机的选择

不同特性的生产机械应选择合适的电动机来拖动,以满足了生产机械的要求,充分发挥电动机的作用,生产中称为合理的匹配。匹配得合理,既满足了生产机械的要求,又能充分发挥电动机的作用,整个设备既经济又安全可靠。那么,一台生产机械如何选择与之配套的电动机呢?必须考虑以下几个原则:第一,电动机要能够完全满足生产机械的需要。例如,满足机械速度的稳定性和调节性,或满足机械的启动及制动的要求,等等。第二,所选的电动机要在工作过程中充分被利用,尽量达到电动机铭牌所规定的输出功率和其他指标。第三,所选电动机的结构必须适合周围环境的条件,对其工作环境的温度、湿度、灰尘度、对有害气体、对易燃易爆危险等因素等是否有防御能力。

根据上述原则,对异步电动机的选择主要从以下几个方面来综合确定。

(1)电动机的容量选择

这是选择电动机时最主要的考虑因素。生产中,确定电动机容量(即额定功率)的大小常用两种方法:

分析法:以连续性运行的机械负载为例,简要说明电动机容量确定过程。若机械负载的大小为恒定值,那么,所选电动机容量等于或稍大于负载功率即可。即

$$P_N \geqslant \frac{T_L n}{9550}$$

式中　P_N——所选电动机的额定功率,kW;

T_L——电动机轴上所带的负载转矩,N·m;

n——电动机轴上的额定转速,r/min。

从产品目录中可查出所选电动机的过载系数K_m和启动能力K_{st},再进一步核实是否满足机械负载的需要,若此项不能满足,还要选更大一些容量的电动机才行。

生产实际中,多数机械负载是按一定规律周期性变化的,如图3-3-39所示。

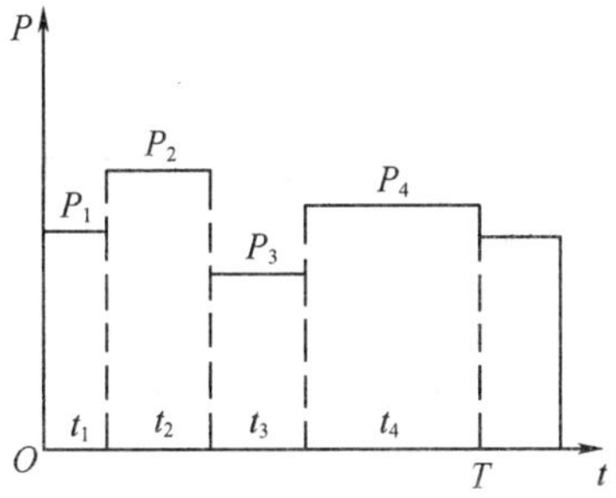

图3-3-39　负载图

根据负载图,先求出其等值功率

$$P_L = \sqrt{\frac{P_1^2 t_1 + P_2^2 t_2 + \cdots}{T}}$$

式中,T为周期;选电动机$P_N \geqslant P_L$。所选电动机再进行过载能力和启动能力校核。

类比法:它是通过调查研究了经过长期运行的与同类生产机械配套的电动机容量,然

后对机械的主要参量、工作条件进行类比,得出统计分析公式,来确定电动机的容量。例如,我国机床制造厂对不同的机床采用的主电动机容量统计分析结果为

车床: $P_N \geqslant 36.5D^{1.54}$ (kW)

式中,D 为车床加工工件的最大直径,m。

摇臂钻床: $P_N \geqslant 0.0646D^{1.19}$ (kW)

式中,D 为最大钻孔直径,mm。

卧式镗床: $P_N \geqslant 0.004D^{1.7}$ (kW)

式中,D 为镗杆直径,mm。

龙门铣床: $P_N \geqslant B^{1.16}/166$ (kW)

式中,B 为工作台宽度,mm,等。

有关统计分析可查阅《机床手册》或其他有关资料即可得到。类比法比较简单,适合于有同类机械的电动机选择。

(2)异步电动机转速的选择

异步电动机的转速,应从技术及经济指标全面考虑、合理选择。

①对于不需要调速的高转速或中转速的机械,如:水泵,鼓风机等,一般要选相应转速的异步电动机,直接与生产机械连接。

②对于不需要调速的低速机械,一般选用适当转速的异步电动机,通过减速机构与生产机械相连接,或选择专用减速电动机。对大功率的机械,所选电动机的转速不宜过高,以免增加减速机构的制造和维修费用。但是通常转速不低于 500 r/min,因为功率一定时电动机的转速越低,则其尺寸愈大,价格愈贵,而且效率也较低。

③对于调速的机械,调速方法确定之后,异步电动机的最高转速与生产机械的最高转速要相适应。

(3)异步电动机电压的选择

所选择的异步电动机,定子的额定电压一定要和使用电源的线电压相等。一般,我国的三相交流电源的线电压标准值为 380 V、6 000 V。国产异步电动机也是按此标准设计的,所以通常问题不大。但是,在一些特殊电源的条件下,或使用特种电动机时,一定要注意工作电压。

(4)异步电动机类型的选择

①不需要调速,且无特殊要求的机械,应首先考虑选择普通笼型电动机。需要重载启动时,小容量的可考虑选择高启动转矩的笼型电动机,大容量的则选择绕线转子异步电动机为宜。

②只需要几种转速且不需要连续调节转速的机械,可选择多速电动机;若机械需要连续调速,则要结合调速方法选择不同类型的调速电动机;要求调速范围很宽的机械,最好采用机械调速和电气调速相结合的方法选择电动机,这样容易达到较高的技术经济指标。

③对特殊要求的机械,如启动和制动要求较高的起重机械,卷扬机等,可选专用电动机来拖动。

(5)异步电动机结构型式的选择

对异步电动机,各种结构型式主要为了适应不同工作场合的环境。所以其选择方法是:

①在正常环境条件下,一般采用防护式电动机,在人员和设备安全得到保证的清洁场

合，也可采用开启式电动机。

②在空气中存有较多灰尘的场合，宜采用封闭式电动机。

③在湿热带地区或比较潮湿的地方，应选择湿热带电动机。若采用普通电动机，必须有防潮措施。

④在有腐蚀性气体或游离物的场所，或有爆炸危险的场所，或必须在水中(油中)工作时，要选择专用防护型式的电动机。

⑤除了上述为适应环境而选择不同结构型式的电动机之外，还有特殊工作的机械也要求特殊结构的电动机配套。比如，立式放置或斜式放置的电动机，平移动作的机械选择直线型异步电动机等，既简化了机械结构，操作控制也方便。

综合考虑上述几方面，才能选择出一台较合适的电动机。

九、单相异步电动机

单相异步电动机是用单相交流电源的异步电动机。这种电动机结构简单，使用方便.只需单相电源。它不仅在工、农业生产各行业上作微型机械的动力，而且家用电器也都用它来拖动。单相异步电动机是一种重要的微型驱动电动机。在我国已形成了系列产品。它的容量从几瓦到几百瓦。在我国已形成了系列产品。

表3-3-4　各类单相异步电动机比较

电机类型	电阻启动	电容启动	电容运转	电容启动与运转	罩极式
基本系列代号	BO	CO	DO	EO	FO
接线原理图					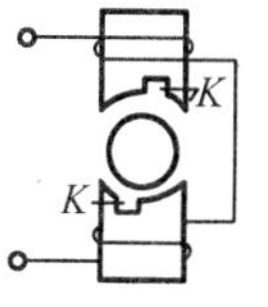
机械特性	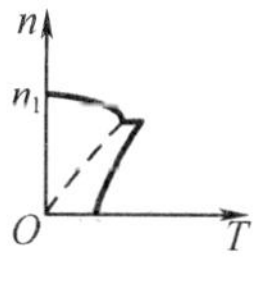	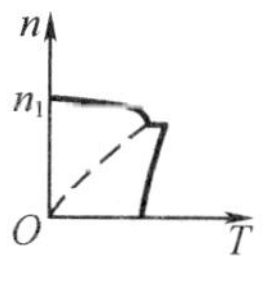	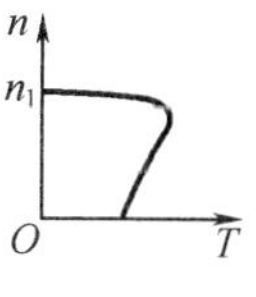	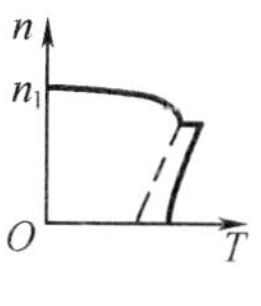	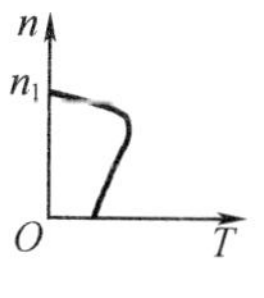
额定电压/V	220	220	220	220	220
功率范围/W	40~370	120~750	8~180	8~750	15~19
同步转速/(r/min)	1 500;3 000	1 500;3 000	1 500;3 000	1 500;3 000	1 500;3 000
最大转矩倍数	>1.8	>1.8	>1.6	>2	
启动转矩倍数	1.1~1.6	2.5~2.8	0.35~0.5	>1.8	<0.5
启动电流倍数	6~9	4.5~6.5	5~7		
主要特点	具有中等启动能力及过载能力	具有较高的启动转矩	启动转矩低，但功率因数和功率较高，体积小，重量轻	启动转矩大，具有较高的裹在能力及功率因数和功率	启动转矩低，功率因数和效率较低，但结构简单

1. 单相异步电动机的原理及结构特点

和三相异步电动机比较,单相异步电动机的大部分结构及原理与前者基本相同。主要不同的结构是定子绕组。这是由于它使用单相交流电源所决定的。

如果单相电动机的定子铁芯上只嵌放一相绕组,当其接通单相交流电源后,在电机内只会产生一个脉振磁场。这个磁场的方向和大小随绕组电流的变化而改变,但在空间的位置却固定不动。根据双旋转磁场原理,这个脉振磁场可以看作由大小相等、转速相同、而转向相反的两个旋转磁场叠加而成。这两个旋转磁场同时对转子作用。由三相异步电动机的原理和机械特性可知,单相电动机的转子将同时受到两个方向相反的电磁转矩的作用,用两个相反的机械特性曲线来描述,如图3-3-40所示。其合成曲线(图中曲线3)即为单相电动机的机械特性曲线。

从图3-3-40曲线3可看出,当转子静止时,即 $n=0$,电磁转矩为零。说明电动机从静止状态中不能启动。但是转子无论向哪个方向转动,只要转速不为零,电磁转矩均与其转动方向一致。在电磁转矩的作用下,转子可以稳定在某一转速下运行。

根据上述分析,单相电动机定子只有单相绕组,电动机不能自行启动,而且转向不定。这在实际中是不适用的。

实际的单相异步电动机,定子上除了嵌放一个单相主绕组外,还要放置一个副绕组。副绕组在铁芯圆周位置上与主绕组互差90°空间电角度,主副绕组并联后接到单相交流电源上,如图3-3-41所示。要求这两相绕组的电流有一定的相位差,最好两电流互差90°。

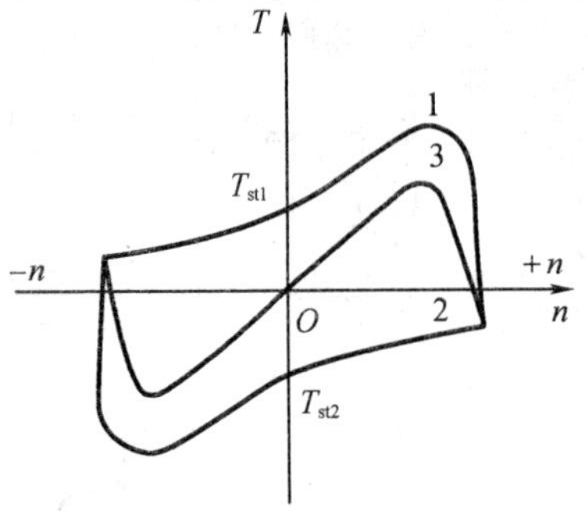

图3-3-40　单绕组异步电动机的机械特性曲线

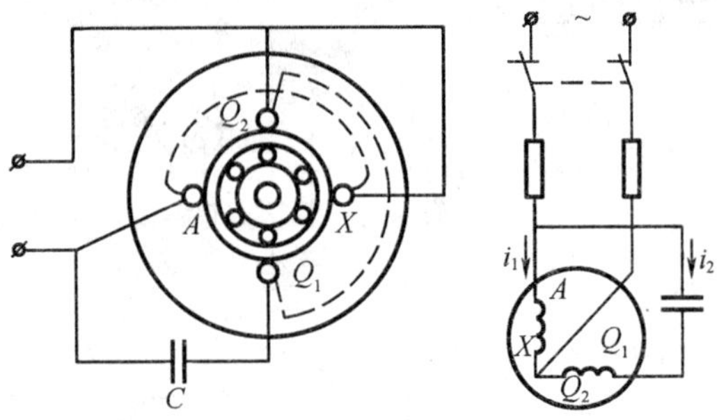

图3-3-41　带有电容式启动绕组的单相异步电动机

在上述情况下,电动机内就会产生一个旋转磁场。于是,它就和三相异步电动机一样,即能自行启动,且能沿某一固定方向稳定旋转运行。

单相异步电动机的定子两相绕组在铁芯上的位置,在设计制造时即已确定,保证既要使两相绕组并联在同一单相交流电源上,又使两相绕组电流有一定的相位差,目前主要采用改变两相绕组回路阻抗的方法来实现,工程上称之为分相。

一种是电阻分相法:设计时,使副绕组的匝数比主绕组少,而且导线截面比主绕组的细。这样,副绕组的电阻值大,电抗值小;主绕组的电阻值小,电抗值大。这会使主、副绕组并联后两相电流就会出现相位差。采用这种分相方式的电动机制造简单,但启动转矩小,性能差些。

另一种是电容分相法：在副绕组中外串一个适当的电容器如图 3－3－41 所示，使副绕组回路呈电容性阻抗；主绕组回路为线圈，即呈电感性阻抗。这样，并联后两相电流的相位差较大，一般可到 90°。这种分相方式的电动机性能好，在实际中应用较为广泛。

实际中，单相异步电动机的副绕组有的只在启动时工作，等稳定运行后即被切除。此类电动机，副绕组被称为启动绕组，主绕组称为工作绕组。另一种电动机，副绕组和主绕组均通电启动并同时参加运行。

单相异步电动机根据以上分相方式和工作方式的不同，分为若干系列品种。表 3－3－4 中列出常见的各种单相异步电动机及其特性。

罩极式单相异步电动机是另一种结构形式的单相电动机，它分为凸极式和隐极式两种，原理相同。

凸极式单相罩极电动机的原理结构如图 3－3－42(a)所示。

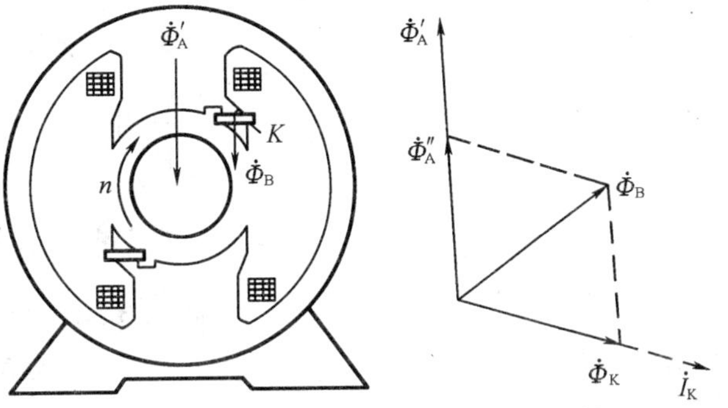

(a)　　(b)

图 3－3－42　凸极式罩极电动机

它的转子仍然是笼型的。只是定子铁芯有凸起的磁极。每极上都套着集中式的定子主绕组。磁极弧面在圆周方向的一侧约 1/3 处开有一槽。槽内套有一个闭合的铜质短路环 *K*。*K* 将磁极的小部分罩起来，故称罩极式电动机。

当电动机主绕组通入单相交流电流后，在电动机中就产生一个脉振磁通。并且该磁通分为两部分：一大部分磁通 $\dot{\Phi}'_A$通过短路环外部；另外少部分 $\dot{\Phi}''_A$从短路环内通过。这两部分磁通在空间的分布有角度差，在时间上却是同相位。$\dot{\Phi}''_A$在短路环内的变化使短路环产生感应电流 $\dot{I}_K$。$\dot{I}_K$滞后 $\dot{\Phi}''_A$约 90°。$\dot{I}_K$ 又产生磁通 $\dot{\Phi}_A\Phi_A$，并与 $\dot{I}_K$ 相位相同。这样，短路环内的合成磁通为 $\dot{\Phi}_B=\dot{\Phi}''_A+\dot{\Phi}_K$，如图 3－3－42(b)所示。$\dot{\Phi}'_A$在时间上有了一定的相位差。和分相式单相异步电动机相似，两个在空间互差一定角度，时间上不同相位的磁场就会形成一个旋转磁场，从而使转子产生转矩，启动并运转。转动的方向总是从磁极未罩部分转向被罩部分。当电动机的结构一定后，它的转向是单一的不能改变。

2. 单相异步电动机的启动和反转

对于电容运转式和罩极式单相异步电动机，因为它们的启动转矩不为零，所以只要接通电源，即可直接启动。

对于有启动绕组的单相异步电动机，启动时必须使启动绕组和电源接通，启动后又必须和电源断开,如表 3 - 3 - 4 中,BO,CO,EO 系列电机。常用的有两种开关,完成其启动。

(1)离心开关启动

图 3 - 3 - 43 为电容启动单相电动机原理接线图,图 3 - 3 - 44 力离心开关的动作示意图。当电动机静止或转速较低时,离心开关的两组触点在弹簧力的作用下处于接通位置,即相当于图 3 - 3 - 43 中的 S 闭合,则启动绕组和工作绕组一起接在单相电源上,电动机开始启动。当电动机转速达到一定数值后,离心开关中的重球产生离心力大于弹簧的弹力,重球带动触点向右移动,使两组触点断开,即 S 断开,将启动绕组从电源上切除,电动机正常运转。等电动机停止后,又恢复原位置。

木工用电锯,小型机床,小型空气压缩机等,大多采用此种方法启动电动机。

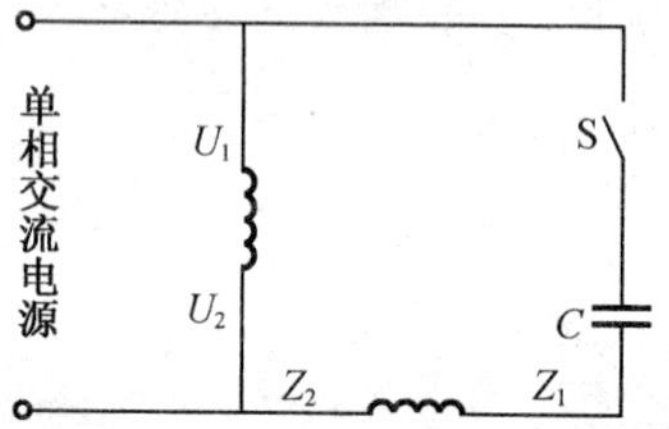

图 3 - 3 - 43 电容启动单相异步电动机原理图

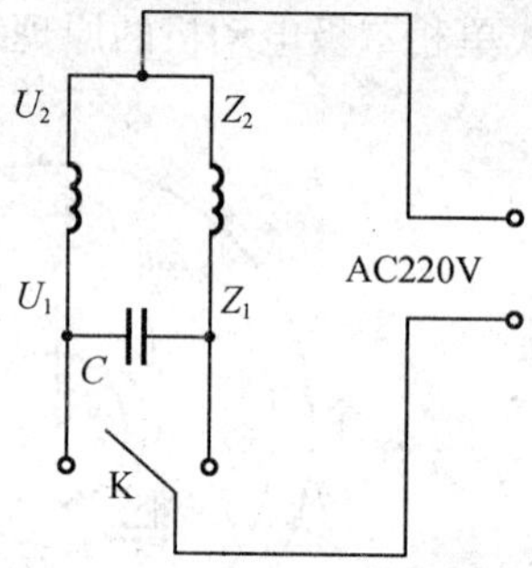

图 3 - 3 - 44 洗衣机电动机接线图

(2)电流继电器启动

电冰箱压缩机等用的电动机启动频繁,为保证可靠性和使用寿命,目前多采用电流继电器启动。

在要求改变单相异步电动机的转向时,一般的方法是:将主绕组或者副绕组中之一的两出线端对调,就会改变旋转磁场的转向,从而电动机的转向得到改变。如果要求电动机频繁正反转动,例如,家用洗衣机的搅拌用电动机,运行中一般在 30 s 左右必须改变一次转向,一般采用电容运转式单相电动机。其主、副绕组做得完全一样。电机的接线图如图 3 - 3 - 44 所示。通过转换开关 K,主副绕组不断变换,即可实现电动机转向的改变,很方便。

思考与练习

1. 直流电动机中的换向器和电刷起什么作用?
2. 直流电动机铭牌上的额定值各有什么意义?
3. 为什么直流电动机采用电枢回路串电阻或减压的启动方法?
4. 直流电动机常用什么样的调速方法?
5. 串励直流电动机有哪些主要特点?
6. 为什么并励直流电动机的励磁回路不允许开路? 串励直流电动机不允许空载或轻载启动和运行?
7. 在使用并励电动机时,发现转向不对,如将接到电源的两根线对调一下,能否改变转动方向？

8. 对并励电动机，是否可以采用降低电源电压的方法来降低启动时的电枢电流？

9. 有 Z2－32 型他励电动机，其额定数据如下：$P_N=2.2$ kW，$U=U_1=110$ V，$n_N=1\ 500$ r/min，$\eta=0.8$，并已知 $R_a=0.4\ \Omega$，$R_f=82.7\ \Omega$，试求：(1)额定电枢电流 I_{aN}。(2)额定励磁电流 I_{fN}。(3)额定转矩 T_N。(4)额定电流时的反电动势 E_{aw}。

10. 并励电动机接在 220 V 的直流供电线上，在某一负载下，电动机取用 70 A 的电流，其转速 $n=1\ 000$ r/min，电枢绕组电阻 $R_a=0.2\ \Omega$，励磁电路电阻等于 500 Ω，现将负载减小，电动机的转速升高到 1 050 r/mm，求此时电动机从电源取用的电流。

11. 为什么三相异步电动机的定子铁芯和转子铁芯均用硅钢片叠压而成？

12. 异步电动机定、转子之间的气隙为什么很小，大了将怎样？

13. 如何改变旋转磁场的转速，如何改变旋转磁场的转向？

14. 试根据下列几台异步电动机的额定转速，判断它们的同步转速与磁极对数(设 $f_N=50$ Hz)。

(1)960 r/min；(2)1 460 r/min；(3)720 r/min；(4)2 900 r/min。

并分别求出它们的额定转差率。

15. 异步电动机定子上加额定电压后，有以下两种情况时将会出现什么后果，请分析。

(1)转子被堵住，长时不能转。

(2)转子被抽出来。

16. 绕线式异步电动机的转子若开路，问能否启动和运行？笼型转子有断条，对电动机有什么影响？

17. 若电源电压低于电动机的额定电压，对电动机会有什么影响？

18. 当异步电动机的负载增加后，它的转速、电流、电磁转矩、最大转矩和启动转矩将如何变化？分别说明理由。

19. 已知三相异步电动机的额定值为：$P_N=2$ kW，$n_N=2\ 940$ r/min，$U_N=380$ V，$I_N=4.2$ A，$\cos\varphi_N=0.82$，$I_{st}/I_N=7$，$T_{st}/T_N=1.2$，$T_m/T_N=2.2$。求：φ_N、S_N、T_N、T_{st}、T_m、I_{st}。

20. 已知 Y100L1－4 型异步电动机的某些技术数据如下：$P_N=2.2$ kW，$U_N=380$ V，Y 接法 $n_N=1\ 420$ r/mm，$\cos\varphi_N=0.82$，$\eta_N=81\%$，电源 $f=50$ Hz。试计算：(1)相电流与线电流的额定值及额定负载时的转矩。(2)额定转差率及额定负载时的转子电流频率。

21. 某三相异步电动机 $P_N=30$ kW，4 极，△接法，电源 $f=50$ Hz，$U_N=380$ V，在额定负载下运行时 $S_N=0.02$，$\eta_N=0.9$，$I_{1N}=57.5$ A，求(1) T_N。(2)电动机的 $\cos\varphi_N$。

22. Y180L－6 型电动机的额定功率为 15 kW，额定转速 970 r/min，频率为 50 Hz，最大转矩为 295.36 N·m，求：电动机的过载系数 K_m。

第四章　低压电器及电力拖动常识

1. 了解各种低压电器原理,使用方法及特性。
2. 掌握各种电气控制电路原理及连接实际电路。
3. 完成电机正反转电路实际接线配盘,会检查错误并修正。
4. 按要求自行绘制电气控制电路。

第一节　低压电器基础

1. 了解各种低压电器原理,使用方法及特性。
2. 可以自行拆卸、安装各种低压电器。
3. 利用低压电器组成简单的控制电路。

一、手动操作控制器件

1. 刀闸开关

刀闸开关是手动操作的控制器件中结构最简单的一种。刀闸开关种类很多。按照刀闸开关的刀片投向分类,可分为单投和双投两类;按照刀闸开关的刀片数量分类,可分为单极、双极、三极等三类;按照刀闸开关的基本结构分类,可分为胶盖瓷底座刀闸开关、铁壳刀闸开关(铁壳开关)、理石刀闸开关、杠杆刀闸开关等四类。如图 4 -1 -1 所示为胶盖瓷底座刀闸开关。

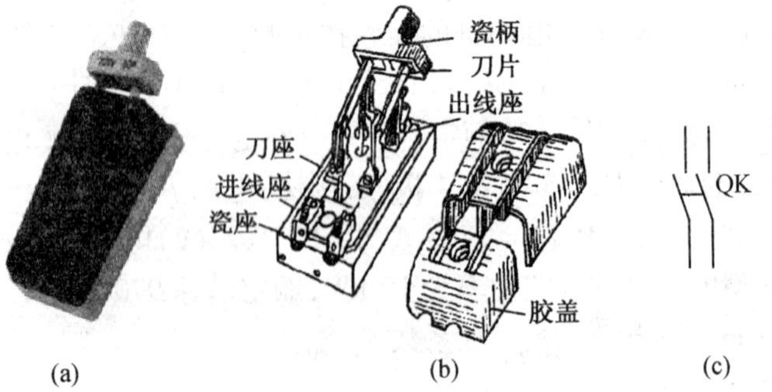

图 4 -1 -1　胶盖瓷底座刀闸开关(图中出线座、进线座反了)

(a)外形;(b)结构;(c)符号

铁壳刀闸开关体积较大,操作费力,每小时内允许的通/断次数少。铁壳刀闸开关主要作为电路的电源开关,或者隔离开关使用。铁壳刀闸开关不允许频繁通断,只是在对电气设备检修或电气设备较长时间不使用时,才断开开关,将电源与用电设备隔离开。当铁壳刀闸开关切断带有感性负载的电路时,刀片与静插座分离瞬间,在分断的间隙处会产生强烈的电弧。为了防止刀片与静插座接触部位被电弧烧蚀,大电流的刀闸开关一般都装有速断刀片,或者采用耐弧材料制造刀片和静插座,或者加装灭弧罩。

铁壳刀闸开关应按图 4-1-2(b)的方向垂直安装,以保证箱盖打开时,箱盖下垂,方便对开关内部器件的更换。铁壳刀闸开关一般还设有箱盖的机械连锁机构,即只有箱盖闭合时,才能扳动操作手柄使刀闸开关闭合,操作手柄扳到使开关断开位置时,箱盖才能打开。也就是说,箱盖在打开状态时开关是闭合不了的。相反,开关操作手柄不扳开(不切断开关),箱盖也打不开。这样能保证人身安全。

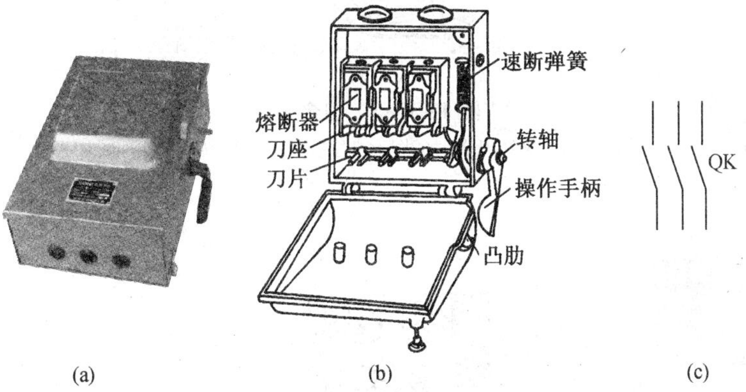

图 4-1-2　铁壳刀闸开关(铁壳开关)的结构和电气符号

(a)外形;(b)结构;(c)符号

2. 组合开关

组合开关是一种结构更紧凑的手动主令开关。它是由装在同一根轴上的单个或多个单极旋转开关叠装在一起组成的。当旋转轴端手柄(或旋钮)时,可接通或断开电路。固定在轴上的动触片有规律地脱离开相应的静触片,或者动触片有规律地插入相应的静触片,从而有规律地断开电路,或者接通电路。为了使开关切断电流时,将其产生的电弧迅速熄灭,在开关的转轴上靠近动触片部位都装有灭弧室。

根据组合开关在电路中的不同作用,组合开关图形与文字符号有两种形式。当在电路中用作隔离开关时,其图形符与文字符号见图 4-1-3(c),其文字标注符为 QS,有单极、双极和三极之分,机床电气控制线路中一般采用三极组合开关。当在电路中用作转换开关时,其图形文字符号见图 4-1-3(d),其文字标注符为 SA。

3. 按钮开关

按钮开关是低压电路中最常见的控制器件,也是用得最多的控制器件。其外形、结构及图形文字符号如图 4-1-4 所示。

普通按钮开关结构是很简单的。当按压按钮时,按钮开关的联动杆带动动触点先与上层定触点(常闭动断触点)分开而下移。动触点联片下面的弹簧被压缩。当按钮位移到一定位置时,动触点与下层的定触点(常开动合触点)闭合,下层触点接通。一旦按钮压力取消,按钮和动触点联片会在其复位弹簧的作用下,自动返回原位置;动触点先与下层定触点断开,然后再与上层的定触点闭合。

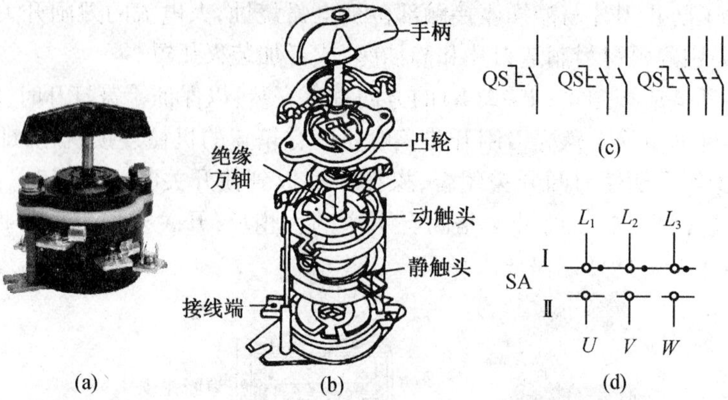

图 4-1-3　组合开关

(a)实物;(b)结构;(c)作隔离开关时的图形文字符号;(d)作转换开关时的图形文字符号

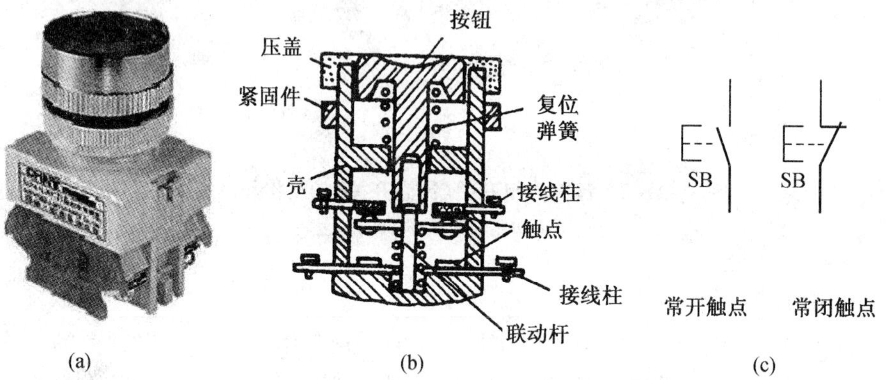

图 4-1-4　普通按钮开关

(a)实物;(b)结构;(c)符号

4. 行程开关

行程开关又称限位开关,它是利用机械部件的位移来切换电路的自动电器。它的结构和工作原理都与按钮相似,只不过按钮用手按,而行程开关用运动部件的撞块(挡铁)来撞击。当撞块压着行程开关时,就像按下按钮一样,使其动断触点断开,动合触点闭合;而当撞块离开时,就如同手松开了按钮,靠弹簧作用使触点复位。行程开关有直线式、单滚轮式、双滚轮式等,如图 4-1-5 所示,其中双滚轮式行程开关无复位弹簧,不能自动复位,它需要两个方向的撞块来撞压,才能复位。

二、自动操作控制器件

1. 接触器

接触器是用来频繁接通和切断电动机或其他负载主电路的一种自动切换电器,在电气自动控制系统中应用十分广泛。接触器种类较多,按其主触点通过电流的性质,可分为交流接触器和直流接触器。交流接触器外形、结构及图形文字符号如图 4-1-6 所示。

交流接触器主要动作部件有动触头部件、动铁芯和复位弹簧等,其他部件都是固定不

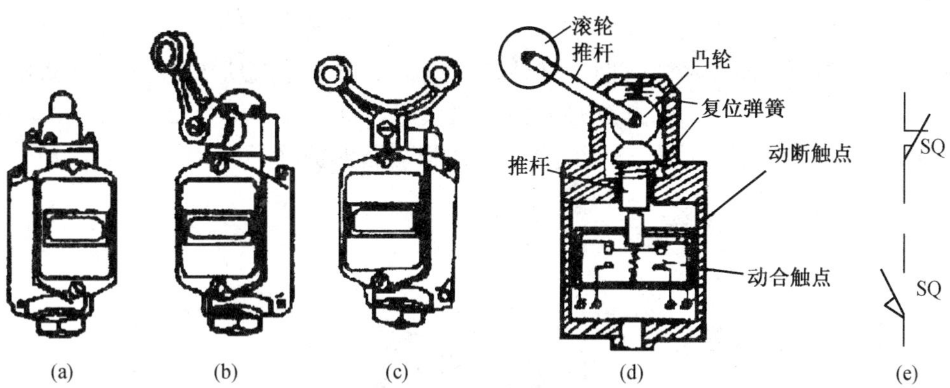

图4-1-5　行程开关

(a)直线式;(b)单滚轮式;(c)双滚轮式;
(d)结构;(e)符号

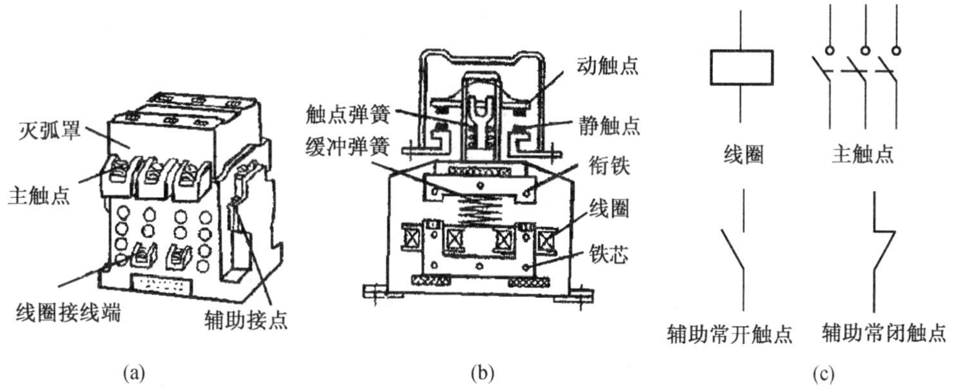

图4-1-6　交流接触器

(a)外形图;(b)结构图;(c)电气符号

动的。交流接触器有主触点(常开触点),有常开辅助触点和常闭的辅助触点。当交流接触器的吸引线圈通入交流电流时,定铁芯和动铁芯同时被磁化,动铁芯被吸引与定铁芯闭合。动铁芯移动时,带动胶木架和动触点移动,使得接触器主触点闭合,常开辅助触点闭合,常闭辅助触点断开。动铁芯移动时压缩复位弹簧,使复位弹簧储存势能;当吸引线圈失电时,复位弹簧迫使动铁芯、胶木架、动触点移动,使主触点断开,常开辅助触点断开,常闭辅助触点闭合,交流接触器所有触点返回初始状态

2. 继电器

继电器是一种根据外界输入信号(电信号或非电信号),来控制电路接通或断开的一种自动电器,主要用于控制、线路保护或信号切换。由于触点通过的电流较小,所以继电器没有灭弧装置。继电器一般由感测机构、中间机构和执行机构3个基本部分组成。感测机构把感测得的电气量或非电气量传递给中间机构,将它与整定值进行比较,当达到整定值,中间机构便使执行机构动作,从而接通或断开电路。

①热继电器

热继电器的作用是：主要用来对异步电动机进行过载保护，它的工作原理是过载电流通过热元件后，使双金属片加热弯曲去推动动作机构来带动触点动作，从而将电动机控制电路断开实现电动机断电停车，起到过载保护的作用。鉴于双金属片受热弯曲过程中，热量的传递需要较长的时间，因此，热继电器不能用作短路保护，而只能用作过载保护。热继电器外形及图形文字符号如图4-1-7所示。

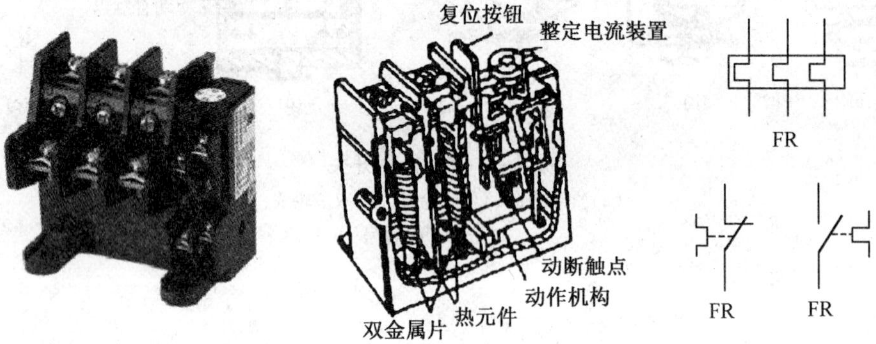

(a)　(b)　(c)

图4-1-7　热继电器

(a)外形；(b)结构；(c)符号

②时间继电器

时间继电器是按照所整定时间间隔的长短来切换电路的自动电器，它的种类很多，常用的有空气式、电动式、电子式等。空气式时间继电器的延时范围大，结构简单，但准确度较差。如图4-1-8所示为JS7-A型空气式时间继电器，它是利用空气的阻尼作用而获得动作延时的，主要由电磁系统、触点、气室和传动机构组成。

当线圈通电时，动铁芯就被吸下，使铁芯与活塞杆之间有一段距离，在释放弹簧的作用下，活塞杆就向下移动。由于在活塞上固定有一层橡皮膜，因此当活塞向下移动时，橡皮膜上方空气变稀薄，压力减小，而下方的压力加大，限制了活塞杆下移的速度。只有当空气从进气孔进入时，活塞杆才能继续下移，直葵压下杠杆，使微动开关动作。可是，从线圈通电开始到触点（微动开关）动作需经过一段时间，此即时间继电器的延时时间。旋转调节螺钉，改变进气孔的大小，就可以调节延时时间的长短。线圈断电后复位弹簧使像皮膜上升，空气从单向排气孔迅速排出，不产生延时作用。这类时间继电器称为通电延时式继电器，它有两对通电延时触点，一对是动合触点，一对是动断触点，此外还装设一个具有两对瞬时动作触点的微动开关。该空气式时间继电器经过适当改装后，还可成为断电延时式继电器，即通电时它的触点瞬间动作，而断电时要经过一段时间它的触点才复位。

③中间继电器

中间继电器用于继电保护与自动控制系统中，以增加触点的数量及容量。它用于在控制电路中传递中间信号。中间继电器的结构和原理与交流接触器基本相同，与接触器的主要区别在于：接触器的主触头可以通过大电流，而中间继电器的触头只能通过小电流。所以，它只能用于控制电路中。它一般是没有主触点的，因为过载能力比较小。所以它用的

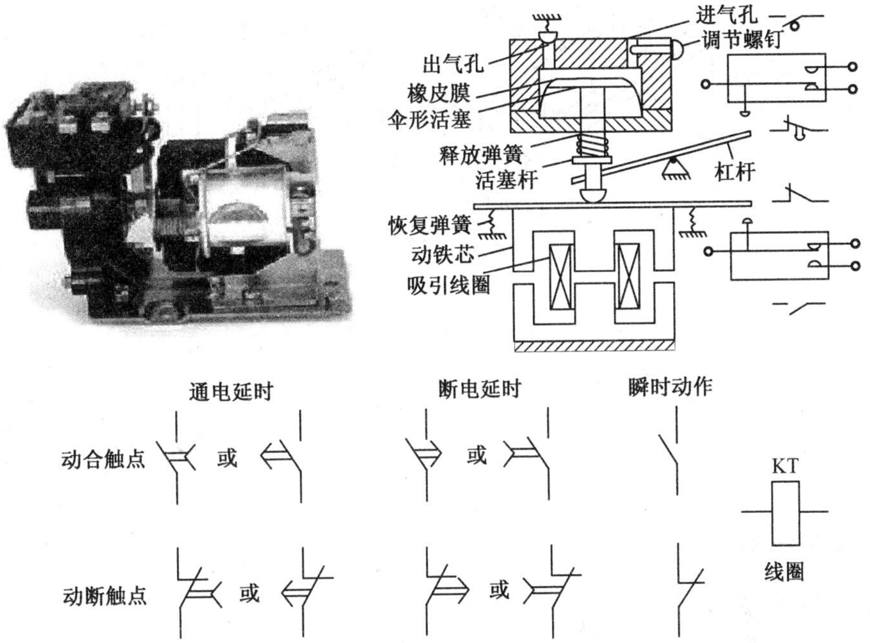

图 4-1-8　时间继电器外形、结构及符号

全部都是辅助触头，数量比较多。中间继电器外形、图形文字符号如图图 4-1-9 所示。

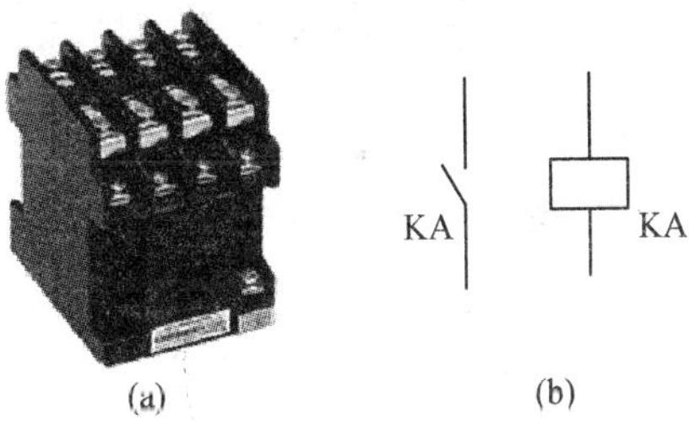

图 4-1-9　中间继电器

(a)外形；(b)符号

3. 熔断器

低压配电系统中熔断器是起短路保护作用的一种电器，熔断器广泛应用于用电设备保护，当用电设备发生短路故障或过载时，可自动切断电路，避免电器设备损坏，防止事故蔓延。其外形、图形文字符号如图 4-1-10 所示。

熔断器、由绝缘底座（或支持件）、触头、熔体等组成，熔体是熔断器的主要工作部分，熔体相当于串联在电路中的一段特殊的导线，当电路发生短路或过载时，电流过大，熔体因过热而熔化，从而切断电路。熔体常做成丝状、栅状或片状。熔体材料具有相对熔点低、特性稳定、易于熔断的特点。一般采用铅锡合金、镀银铜片、锌、银等金属。

4. 断路器（空气开关）

低压断路器也称为自动空气开关，可用来接通和分断负载电路，也可用来控制不频繁启动的电动机。它功能相当于闸刀开关、过电流继电器、失压继电器、热继电器及漏电保护器等电器部分或全部的功能总和，是低压配电网中一种重要的保护电器。

低压断路器具有多种保护功能（过载、短路、欠电压保护等）、动作值可调、分断能力高、操作方便、安全等优点，所以目前被广泛应用。

结构和工作原理：低压断路器由操作机构、触点、保护装置（各种脱扣器）、灭弧系统等组成。低压断路器工作原理图如图 4-1-11 所示。

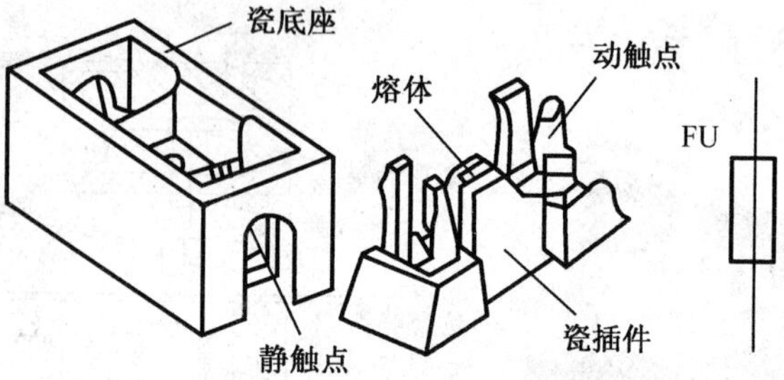

(a)　　(b)

图 4-1-10　熔断器

(a)外形;(b)符号

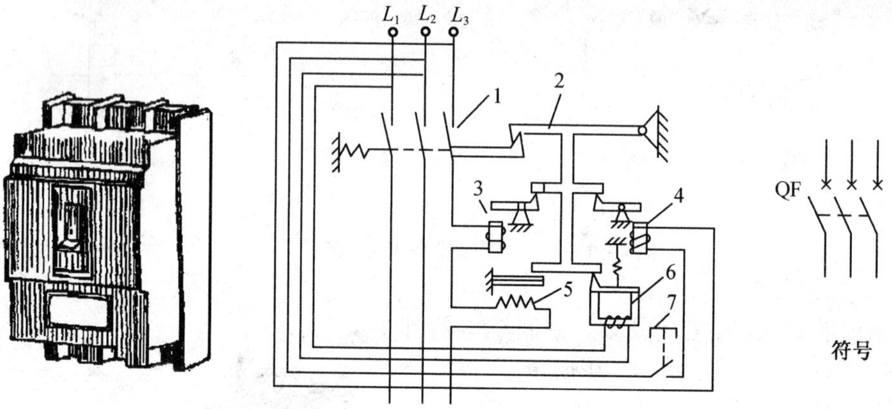

(a)　　(b)　　(c)

图 4-1-11　断路器

(a)外形;(b)结构;(c)符号

1—主触点;2—自由脱扣机构;3—过电流脱扣器;4—分励扣器脱;

5—热脱扣器;6—欠电压脱扣器;7—停止按钮

低压断路器的主触点是靠手动操作或电动合闸的。主触点闭合后,自由脱扣机构将主触点锁在合闸位置上。过电流脱扣器的线圈和热脱扣器的热元件与主电路串联,欠电压脱扣器的线圈和电源并联。当电路发生短路或严重过载时,过电流脱扣器的衔铁吸合,使自由脱扣机构动作,主触点断开主电路。当电路过载时,热脱扣器的热元件发热使双金属片上弯曲,推动自由脱扣机构动作。当电路欠电压时,欠电压脱扣器的衔铁释放,也使自由脱扣机构动作。分励脱扣器则作为远距离控制用,在正常工作时,其线圈是断电的,在需要距离控制时,按下启动按钮,使线圈通电,衔铁带动自由脱扣机构动作,使主触点断开。

思考与练习

1. 常用低压电器有哪些,各有什么用途?
2. 常用低压电器使用时应注意哪些事项?
3. 熔断器和热继电器的工作原理是什么?他们的保护作用有什么区别?
4. 简述组合开关的特点?

第二节　常用典型电气控制电路

1. 了解掌握各种常用典型电气控制电路。
2. 掌握各种常用低压电器使用。
3. 自行绘制其他功能的电气控制电路。

任何复杂的控制系统或电路，都是由一些比较简单的基本控制环节、保护环节根据不同控制要求连接而成，因此掌握和识读这些基本环节电路图非常必要。

一、三相笼型异步电动机控制电路图的识读

三相笼型异步电动机由于其结构简单、坚固耐用、价格便宜、维修方便等，而获得了广泛的应用。下面就三相笼型异步电动机的启动、制动、正反转控制和调速控制图的识读加以详细说明。

1. 笼型异步电动机启动控制电路

笼型异步电动机启动控制电路有直接启动和减压启动两种方式。直接启动控制的优点是电气设备少，电路简单。缺点是启动电流大，易引起供电系统电压波动。在一般情况下，当电动机功率小于10 kW或不超过供电变压器容量的15% ~20%时，都允许直接启动。否则应采用减压启动，以减小启动电流对电网的冲击。

(1)开关直接启动控制电路

工厂中常见的砂轮机、三相风扇、小型台钻、冷却泵等的电动机常用这种控制电路，如图4-2-1(a)所示。通过操纵手动开关SA来控制电动机的启动和停止，熔断器FU起短路保护作用。

(2)接触器点动控制电路

电路由电源开关QS、熔断器FU、按钮SB、交流接触器KM和电动机M组成。当电动机需要点动时，先合上QS，再按下SB_1，此时接触器的吸引线圈(称线圈)通电，铁芯吸合，于是接触器的三对主触点闭合，电动机与电源接通而运转。当松开SB时，接触器线圈失电，动铁芯在弹簧力作用下释放复位，主触点KM断开，电动机停止。

(3)接触器长动控制电路

一般中小型机床的主电动机采用这种控制电路，如图4-2-1(c)所示。接触器长动控制电路分为两部分，主电路(即动力电路)通过接触器主触点的接通与断开，控制电路通过触点组合，控制接触器线圈的通断电，实现对主电路的通断控制。接触器KM的辅助动合触点称为自锁触点，当松开可复位按钮SB_2时，该触点能保证KM线圈不失电。电路工作过程如下。

a. 先接通隔离开关QS。

b. 启动：按下SB_2，KM线圈得电，KM的动合触点闭合并自锁。同时KM的主触点闭合，电动机启动运转。

c. 停止：按下SB_1，KM线圈失电，自锁解除。同时KM主触点断开，电动机自动停转。

当电动机由于过载、缺相运转等故障引起工作电流增大时，经一定的时间，热继电器FR

的动断触点动作，切断控制电路电源，从而迫使电动机停转，实现电动机的过载保护。FU仍作为短路保护。

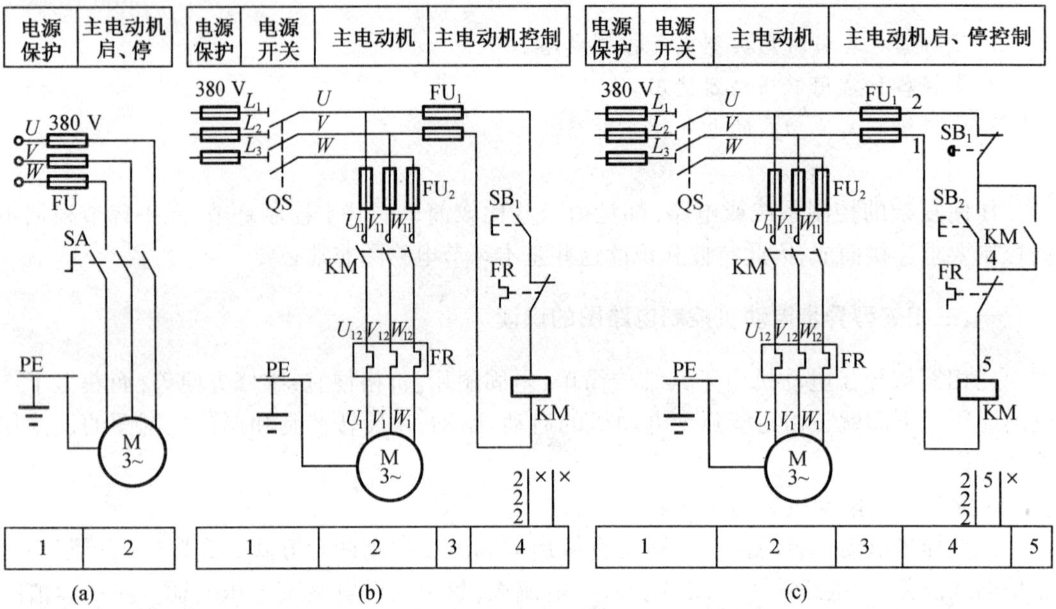

图 4－2－1　笼型异步电动机直接启动控制电路

(a)开关直接启动控制；(b)接触器点动控制；(c)接触器长动控制

(4)减压启动控制电路

三相笼型异步电动机容量在 10 kW 以上且因其他原因不允许直接启动时，应采用减压启动。常用的减压启动方法有 Y－Δ减压启动、定子绕组串电阻或电抗器减压启动或自耦变压器减压启动。

①Y－Δ减压启动控制电路

Y－Δ减压启动是指在电动机启动时，控制定子绕组首先接成星形，至启动即将完成时再换接成三角形进行正常运行的启动方法。用这种方法，在电动机启动时，启动电流仅为直接启动时的 1/3，相应的启动转矩亦为直接启动时的 1/3，因此，Y－Δ减压启动仅适用于空载或轻载下启动，且正常运行时电动机定子绕组连接成Δ形运行的设备。

电路的工作过程如下：

a. 启动：

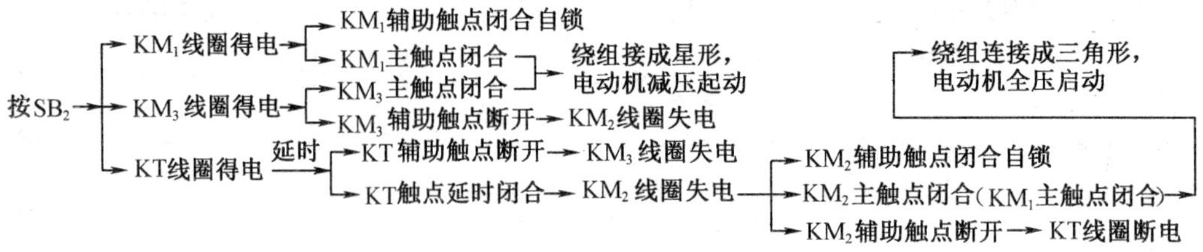

b. 停止：按 SB_1，控制电路断电，控制电路恢复常态，电动机停止运转。

在电路图中，动断触点 KM_2 和 KM_3 构成电气连锁，保证电动机绕组只能采用一种形式。

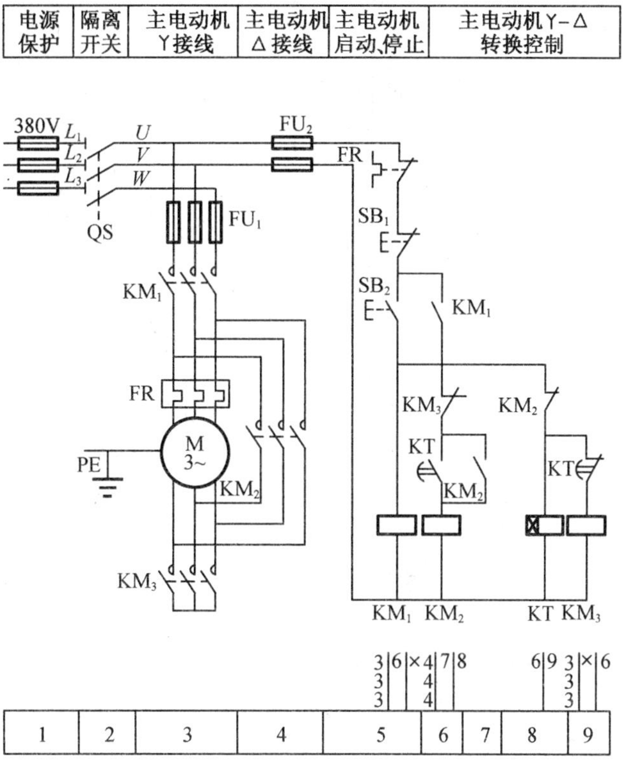

图 4-2-2　Y-△减压启动控制电路

②定子绕组串电阻减压启动控制电路

电动机三相定子绕组在启动时串接分压电阻，使定子绕组上的压降降低，电动机启动后，再将电阻短接，使电动机在全压下正常运行，这就是定子绕组串电阻减压启动方法，如图 4-2-3 所示，常用于中小型设备的减压启动，对大容量电动机则往往采用串电抗器来实现减压启动。电路中，主电路由 KM_1、KM_2 的主触点构成串接电阻和短接电阻控制，并由控制电路按时间原则自动切换。电路的工作过程如下。

a. 先接通电源开关 QS。

b. 启动

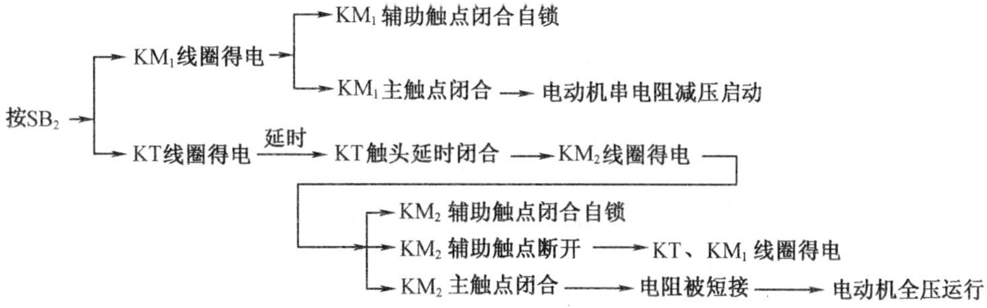

c. 停止：按 SB_1，控制电路断电，KM_1、KM_2 释放，电动机断电停止。

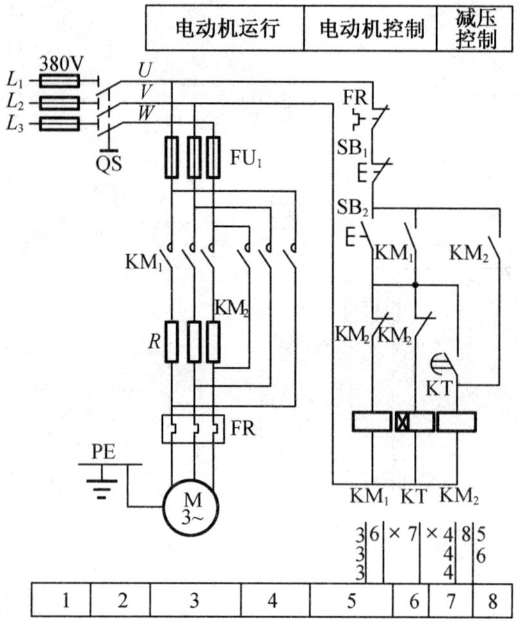

图 4-2-3　定子绕组串电阻减压启动控制电路

③自耦变压器(补偿器)减压启动控制电路　自耦变压器减压启动方法是，启动时将电源电压加在自耦变压器的高压绕组上，而电动机的定子绕组与自耦变压器的低压绕组连接。当电动机启动后，将自耦变压器切除，电动机定子绕组直接与电源连接，在全压下正常运行。

电路的工作过程如下：

a. 接通电源，停车指示灯 HL_3 亮。

b. 启动：

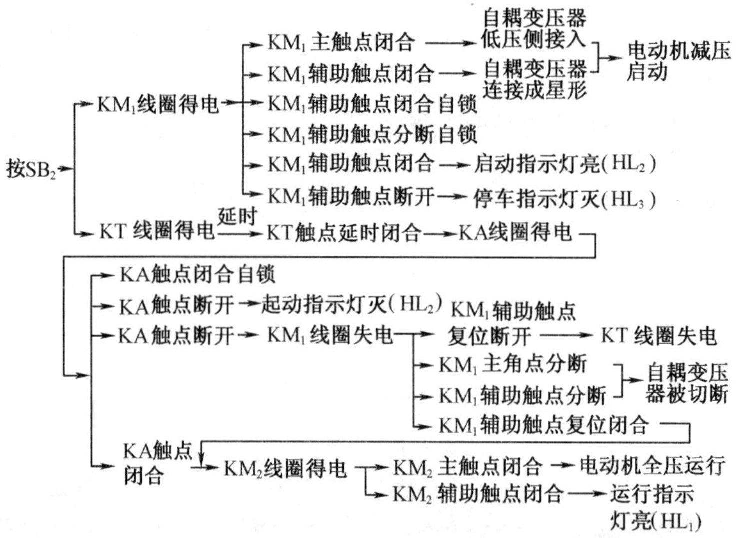

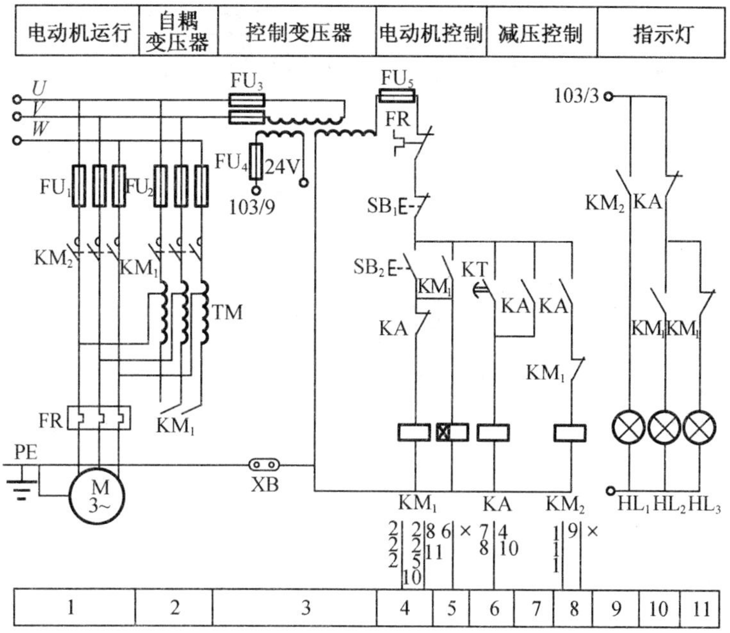

图 4-2-4　自耦变压器减压启动控制电路

c. 停止：按下 SB_1，控制电路断电，所有控制电器恢复常态，电动机停转。

2. 笼型异步电动机正反转控制电路

生产机械往往要求运动部件可以实现正、反两个方向的运动，例如大多数机床主轴的正向和反向转动，机床工作台的前进、后退，起重机械吊钩的上升和下降等，这就要求拖动他们的电动机能作正反向旋转。对三相交流电动机，只要改变电动机三相电源的相序，就能改变电动机的转向。在构成可逆控制电路时，在主电路中，采用两组接触器主触点构成正转相序和反转相序接线；控制电路中，控制正转接触器线圈得电，其主触点闭合，电动机正转，或反转接触器线圈得电，其主触点闭合，电动机反转。再配置一定的机械连锁、电气连锁等，可使电路可靠工作。

(1) 典型正反转控制电路

笼型异步电动机典型正反转控制电路如图 4-2-5 所示。图中 SB_1、SB_2 是用来实现正转或反转的复合按钮，具有机械连锁功能。另外用于正、反转控制的接触器 KM_1 和 KM_2 的动断触点分别串接在对方的工作线圈里构成电气连锁。电路的工作过程如下。

①正转

按 SB_2 → KM_1 线圈得电 →
→ KM_1 辅助触点闭合自锁
→ KM_1 辅助触点（动断触点）断开，KM_2 线圈无法通电，连锁
→ KM_1 主触点闭合 → 电动机正转

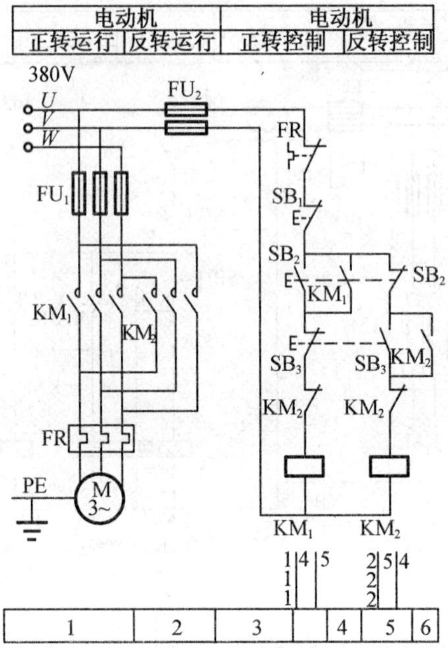

图4-2-5 笼型异步电动机典型正反转控制电路

②由正转→反转

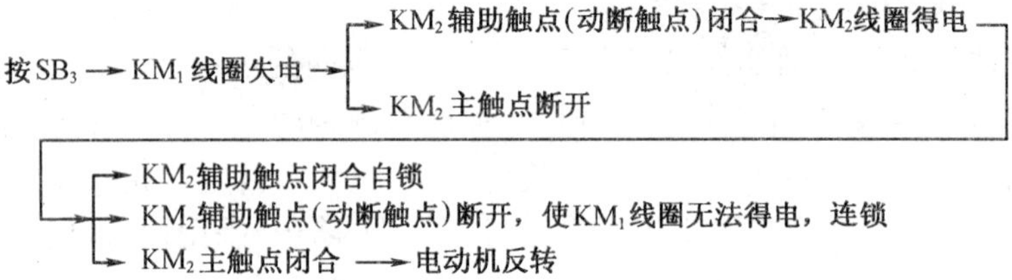

③电动机由停车→反转、由反转→正转控制过程,其原理同上述工作过程。

(2)行程开关控制自动往返运行控制电路

机械设备中如铣床、刨床的工作台、高炉的加料设备等均需自动往返运行,而自动往返的可逆运行通常是利用行程开关来检测往返运动的相对位置,进而控制电动机的正反转,来实现生产机械的往返运动。

自动往返控制过程如下:

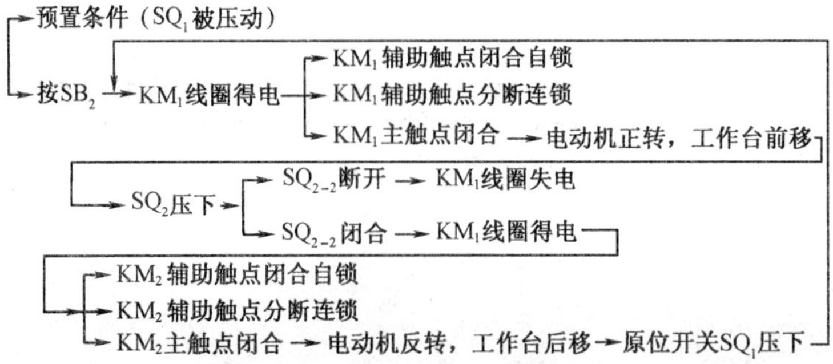

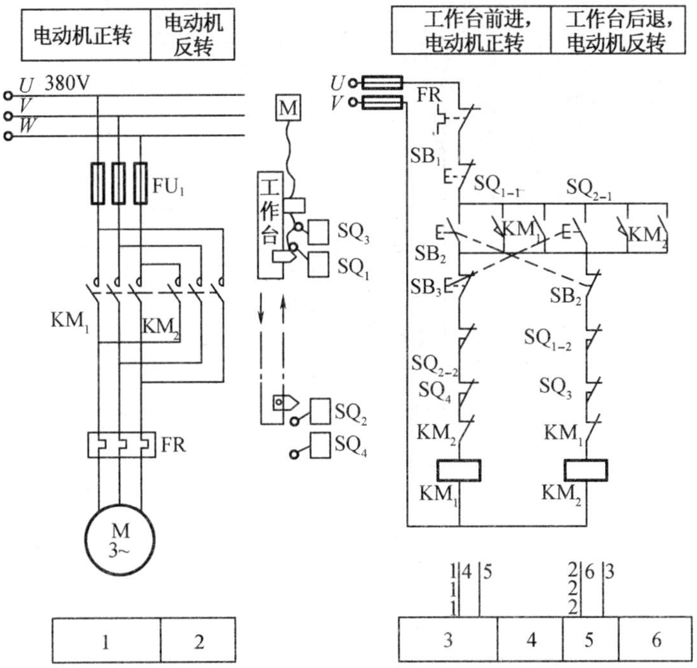

图 4-2-6　行程开关控制的正反转控制电路

3. 笼型异步电动机制动控制电路

(1)反接制动

所谓反接制动，就是改变通人入异步电动机定子绕组中的三相电源相序，使定子绕组产生反向旋转磁场，从而使转子受到与其转向相反的制动转矩而停转。

工作过程如下：

①正常运转

合上QS → 按下SB_2 → KM_1线圈得电 →
- → KM_1动合辅助触点闭合自锁
- → KM_1主触点闭合，电动机开始运转，KS触点闭合
- → KM_1动断辅助触点断开，连锁保护

②制动过程(运转中)

按下SB_1 → KM_1线圈失电 →
- → KM_1主触点断开 → 电动机脱离三相电源
- → KM_1动断辅助触点闭合 → KM_2线圈得电 →
  - → KM_2动合辅助触点闭合自锁
  - → KM_2主触点闭合 → 改变电源相序后，电源接入电动机，进入反接制动
  - → KM_2动断辅助触点断开，连锁保护
- → KM_1动合辅助触点断开

→ 电动机转速下降接近零时，KS触点断开，KM_2线圈失电，触点动作，反接制动结束

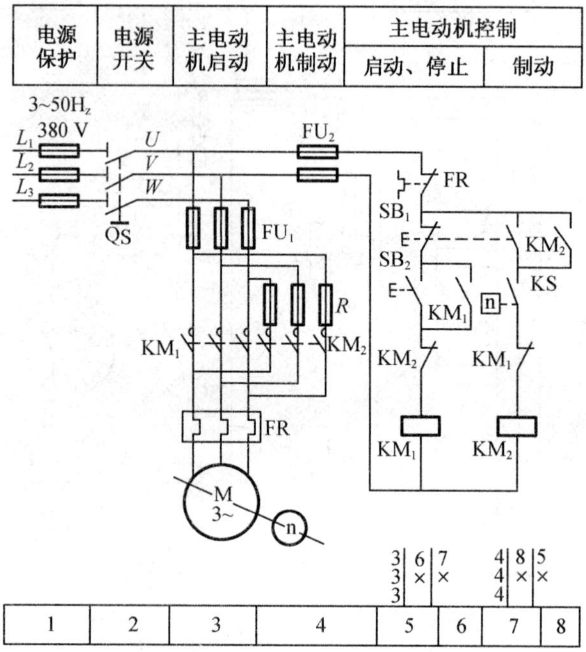

图4-2-7　反接制动控制电路

这种制动优点是制动力矩大,制动效果显著,但在制动时冲击较强烈,能量消耗大。

(2)能耗制动

能耗制动是在三相异步电动机脱离三相交流电源后,将一直流电源接入定子绕组,使定子绕组产生一个恒定的静止磁场,当电动机转子在惯性作用下继续旋转时,在转子中产生一个与其旋转方向相反的电磁转矩,对转子起制动作用,将电动机很快制动停车。图4-2-8所示为笼型异步电动机能耗制动控制电路图。

①电路识读

a. 主电路由两部分构成:

一是电动机、热继电器、接触器主触点 KM_1、熔断器、电源开关及三相电源,这是电动机的运转控制部分。

二是电动机、接触器主触点 KM_2、桥式整流器、控制变压器等,这是电动机的能耗制动控制部分。

b. 辅助电路从 U、V 两相获得电源,经熔断器、热继电器、保护供给控制电路(KM_1,KM_2,KT,TC 等电路)。

(2)电路工作过程

a. 启动过程

合上电源开关 QS,按下启动按钮 SB_2,KM_1 得电动作,电动机启动运转。KM_2 回路因连锁而使 KM_2 主触点处于常态。

②制动过程

图4-2-8(a)中,当按下复合按钮锁 SB_1 时,其动断触点切断 KM_1 线圈电源,同时其

动合触点将 KM_2 线圈电路接通，KM_1 和 KM_2 主触点使主电路中电动机在断开三相交流电源后接入直流电源进行制动。当松开 SB_1 时，KM_2 线圈断电，制动停止。而图 4－2－8(b)中，当压下复合按钮 SB_1 以后，KM_1 线圈失电，KM_2 和时间继电器 KT 的线圈得电并自锁，电动机制动，松开 SB_1 后，由 KT 的延时动断触点断开 KM_2 线圈回路，制动结束，实现了自动控制的能耗制动。

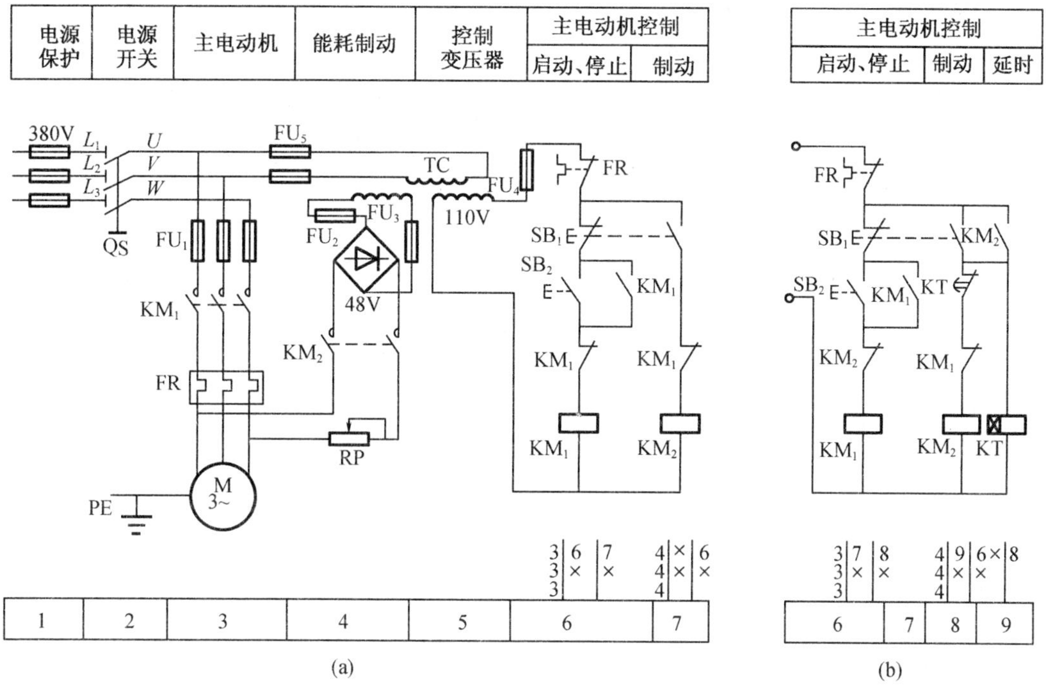

图 4－2－8　笼型异步电动机能耗制动控制电路

电路图中 RP 的作用是调节制动电流的大小。KT 的动作时间应保证电动机完全停转后切断直流电源。

能耗制动的优点是制动转矩随电动机的惯性转速下降而减小，因而制动平稳。

4. 调速控制电路

图 4－2－9 所示为双速电动机三角形－双星形调速控制电路图，图中主电路接触器 KM_1 的主触点闭合，构成三角形连接，KM_2 和 KM_3 的主触点闭合构成双星形连接。

控制电路有三种，图 4－2－9(a)控制电路由复合按钮 SB_2 接通接触器 KM_1 的线圈电路，KM_1 主触点闭合，电动机低速运行。

SB_3 接通 KM_2 和 KM_3 的线圈电路，其主触点闭合，电动机高速运行。

为防止两种接线方式同时存在，KM_1 和 KM_2 的动断触点在控制电路中构成连锁。

图 4－2－9(b)控制电路采用选择开关 SA，选择接通 KM_1 线圈电路或 KM_2、KM_3 的线圈电路，即选择低速运行或者高速运行。

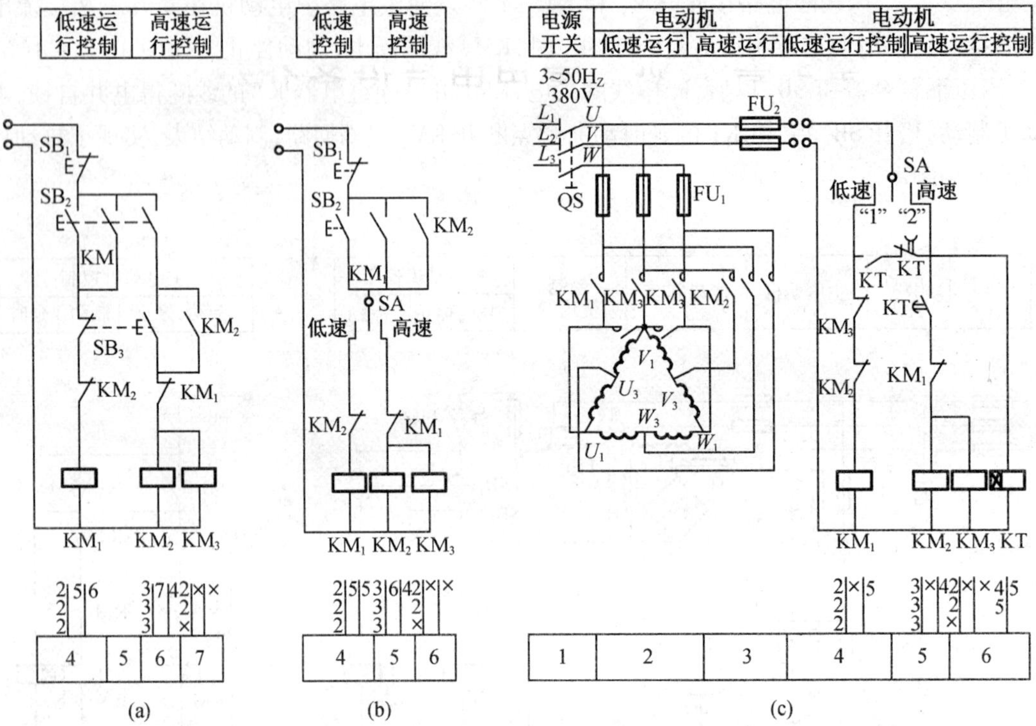

图 4－2－9　双速电动机三角形－双星形调速控制电路

电路工作过程如下：

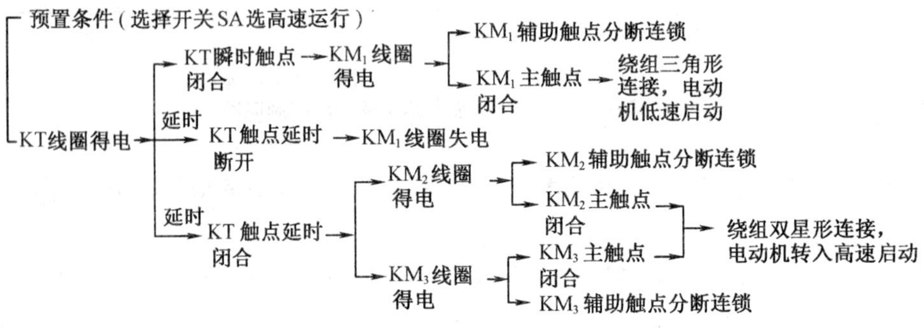

思考与练习

1. 什么叫自锁控制？为什么说接触器自锁控制电路具有欠电压和失电压保护？
2. 电动机控制电路中能否用热继电器来实现短路保护，为什么？
3. 在接触器控制的正反转电路中，为什么必须在控制电路中接入连锁触点？
4. 什么叫减压启动？常用的减压启动方法有哪几种？
5. 为什么在控制电路图中，已采用了触点连锁，还要采用按钮连锁？
6. 什么叫电气制动？常用的电气制动有哪几种？简要说明各种制动的原理。
7. 点动控制与长动控制有什么区别？
8. 简述采用双速电动机调速的原理。
9. 欲使电动机在低速阶段运行的时间长一点，应调整什么器件？如何调整？

第五章　船厂常用电气设备介绍

1. 了解交直流弧焊机运行原理。
2. 了解各种船舶常用电气控制电路。
3. 掌握各种机床控制电路原理。
4. 对电气控制电路分析并查找电路故障原因及修复。

第一节　风扇与电气照明电路

1. 了解船用通风扇与普通风扇的差异。
2. 了解各种常用电气照明灯具的优缺点及使用。
3. 掌握日光灯的原理并自行安装日光灯具。

一、低压风扇

船台上使用的电风扇和通风机都是 36 V 电压的，这是它的特殊性，这一节我们专门介绍单相 36 V 低压风扇及三相 36 V 低压三相通风机。

其工作原理与单相电容式交流异步电动机相同，不同点因启动时电流大，电容两端并联用电阻丝绕成的电阻，该电阻启动时发热（功率较大），所以缠绕在陶瓷芯柱上。如果该电阻丝断开，则电动机不能启动，该电阻与电容由金属外壳保护，置于电扇外壳下部两侧。图 5－1－1 为低压风扇及通风机的电气原理及接线方法。

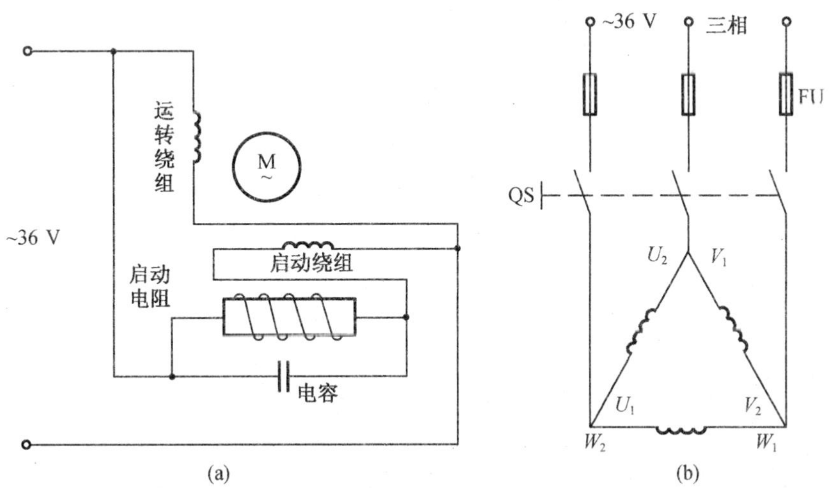

图 5－1－1　低压风扇及通风机的电气原理图

（a）低压风扇；（b）三相低压通风机

电扇外部成筒形，有喇叭口，这是出风处，背面电机外圆上装有组合开关一只，用于控制风扇，组合开关一边串接有保险盒一只，用于短路保护。

低压风扇的导线使用坚韧的橡皮护套线，导线不宜过长，否则将引起压降，造成风机电流过大，线圈发热直至烧毁。导线在截面应为 1.5 ~ 2.5 mm^2，太细同样造成导线发热，风机得不到额定电压而烧毁。

低压电机喇叭口应有防护罩，防止异物进入，造成堵转，烧毁电机。

二、三相低压通风机

三相低压通风机与三相鼠笼异步电动机的原理相同，其不同的是它是三相 36 V 电压工作的，该电机的内部接线为△接法，在使用中最易因缺相而烧毁，所以一般由空气断路器作为它的负载开关，空气开关具有缺相及过载保护，但空气开关的整定电流要与通风机额定电流匹配，不能私装乱接。

通风机一般为二极电机，转速高、风量大，出风和进风口均应有防护罩，防止异物进入。

三、电气照明

常用照明方式，主要有一般照明和局部照明。一般照明不仅要照亮工作面，而且要照亮整个房间，如车间、船台、舱室及居民室内的顶灯照明；后者（局部照明）只要求照亮某一工作地，如机床、钳工台、写字台等。

在船厂使用最为广泛的照明灯具是白炽灯、荧光灯、碘钨灯（俗称小太阳）和高压汞灯等。各种照明灯的特点和用途见表 5 - 1 - 1。

表 5 - 1 - 1 各种照明灯的特点和用途

名称	发光原理	优点	缺点	应用场所
白炽灯	钨丝发光	构造简单价格低廉，光色柔和	发热，寿命短	各种场所
碘钨灯	卤素灯丝发光	发光效率高，体积小，光色好	灯管必须水平安装管壁温度高	加触电保护器可安装于船舱、机舱等大范围照明
荧光灯	附加镇流器，高压击穿管内惰性气体，水银荧光粉折射光	发光效率较高，属冷光源	功率低	办公室、生活室
高压汞灯	有镇流器，水银汽化，电子冲击荧光粉折射光	发光效率高，寿命长	起舞时间长，受压降影响会自行熄灭	车间厂房
钠灯	钠元素发光	发光效率高，耐震寿命长	辨色性差	厂区、马路、广场，厂房混光源
镝灯 钠铊铟灯	金属卤化物发光	光效高，辨色性好	安装要求高	船台、广场

1. 白炽灯照明电路

白炽灯灯头有螺口式和插口式二种。目前白炽灯照明在船舶建造中，还起着很大的作用，甲板上的一般照明使用隔离变压器的 110 V 彩灯线，每一支路灯泡数不超过 25 只，灯泡间隔 2 m 左右，灯头采用防水螺口灯头，导线为塑料胶质线，其截面 2.5 mm^2以上，由一只空气断路器控制，有过载及短路保护。甲板以下及机舱间一般照明使用 36 V 低压彩灯线，其彩灯线不宜过长，否则压降较大，影响灯泡亮度。各支路灯泡数不超过 12 只，导线可采用塑胶线，其截面在 4 mm^2以上。在船台上使用白炽灯泡，一定要注意灯泡的额定电压与供电电压是否相符，否则误将 36 V 灯泡接到 110 V 彩灯线上就会使灯泡烧毁，反之则不能正常发光。在日常生活中，使用市电 220 V 安装白炽灯的口诀是：各个灯具要并联，灯头开关要串联，火线定要进开关，才能控灯又安全。另外在安装插口灯泡时，必须将火线经开关接到螺口灯头底座的中心接线端上，以防触电。

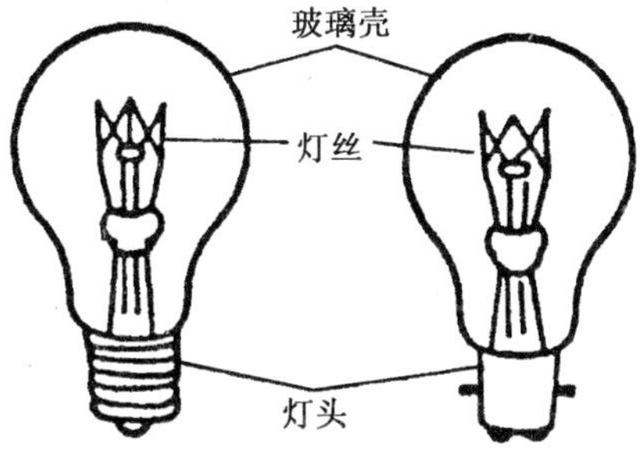

图 5-1-2　螺口式和插口式白炽灯结构

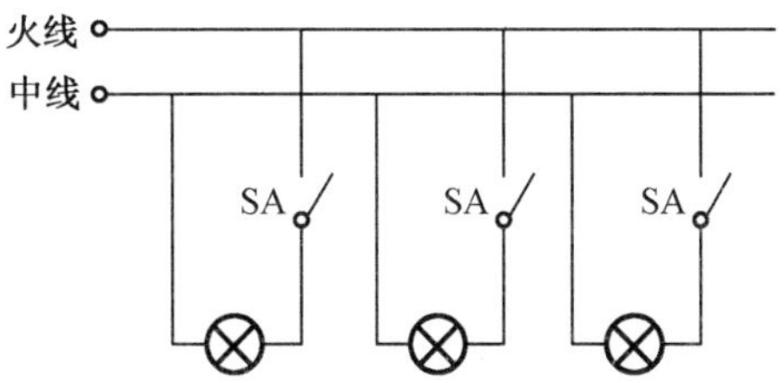

图 5-1-3　一般白炽灯电路

除了上述一般电路外，还有能分别在两个不同地方控制一盏灯的双联电路，如图 5-1-4(a) 所示（电路为关断状态）。双联开关的工作位置如图 5-1-4(b) 所示。使用这种电路后，可在任意装有开关的地方开灯或关灯，也可在一个地方开灯，到另一个地方关灯。双联开关电路特别适合作楼梯口的照明电路，当人在上楼时开亮电灯，上楼后关闭电灯，反之也可。

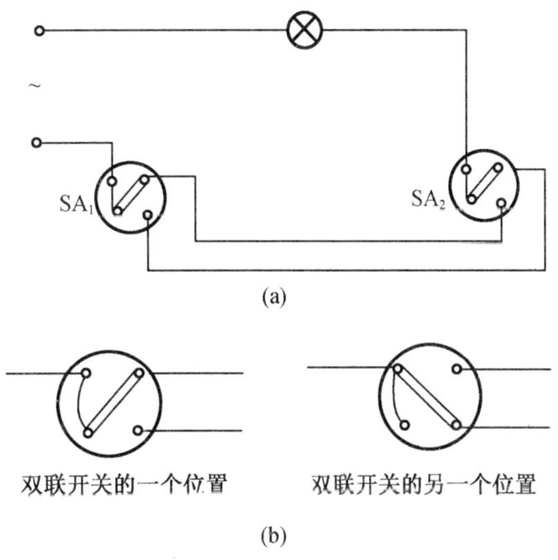

图 5-1-4　两地控制日光灯电路

2. 日光灯照明电路

日光灯的价格虽较白炽灯高，且灯管经不起反复开与关的冲击，灯光稍有闪烁感，但日光灯的发光效率比白炽灯高约 4 倍，使用寿命长，光线更接近自然光，所以日光灯仍然受人们的欢迎。日光灯照明电路由日光灯管、镇流器、启辉器及灯脚、灯架等组成。

(1)日光灯管

日光灯管是一抽成真空后再充入少量氩气的玻璃管,在灯管的两端各装有一个在通电时能发射大量电子的灯丝。管内壁涂有荧光粉,管内还置有微量水银。

(2)镇流器

镇流器实质上是一个铁芯电感线圈。它有两个作用,其一是与启辉器配合使用来起辉;其二是在日光灯管被点亮后限制灯管的电流。

镇流器有多种规格,如 100 W、40 W、30 W、12 W、8 W 等,它与灯管匹配使用。

(3)启辉器

如图 5-1-5 所示,在充有氖的玻璃泡中封装有动、静触片,其中动触片为双金属片,受热时会伸展而与静触片接触,冷却后又自动与静触片分离。在动、静触片的引出端并接有一个容量较小的纸介电容器,以减少开、关日光灯时对无线电波的干扰。电容器和玻璃泡被封装在一圆柱形的铝壳中。

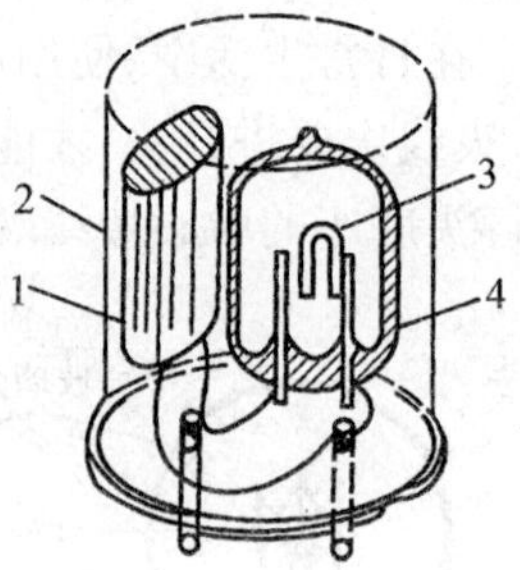

图 5-1-5　启辉器结构图

1—电容;2—外壳;

3—双金属片;4—玻璃泡

日光灯的接线图和原理图如图 5-1-6 所示,其工作原理如下:

由图 5-1-6 可知,在日光灯未工作时,灯管的灯丝、镇流器、启辉器和开关是串联在一起的,当合上开关后,220 V 交流电压全部加在启辉器的动、静片间,而使之产生辉光(红色)放电。放电所产生的热量使双金属片伸展而与静触片接触,整个电路被接通。就在电路被接通的瞬间,灯丝因流过电流而发射出大量电子。但是一旦动、静片接触,辉光就立刻消失,双金属片因失去热源而冷却,并与静触片分离。此时镇流器因突然断电而产生较高的自感电动势与电源电压叠加在一起,加在灯管两端。于是灯丝附近的电子在高压下加速运动,使管内的氩气电离而导电,进而使管内的水银变为蒸气,最后水银蒸气也被电离导电,辐射出紫外线,激励管内壁的荧光粉发出近似日光的光线。

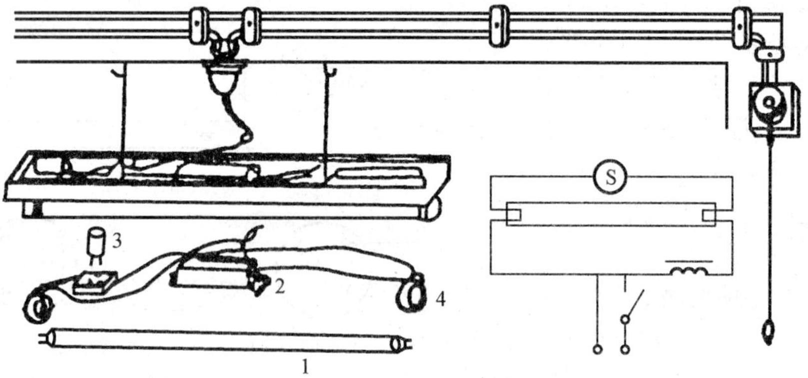

图 5-1-6　接线图及原理图

1—灯管;2—镇流器;3—启辉器;4—灯座

思考与练习

1. 船用通风扇与普通风扇的不同点是什么?

2. 各种常用照明灯具的优缺点是什么？
3. 简述日光灯的工作原理。

第二节　冷水机组电气控制原理

1. 了解冷水机组的组成与工作原理。
2. 了解冷水机组电气控制系统工作原理。
3. 了解冷水机组的应用。

现代工业技术突飞猛进发展的今天，为了提高生产效率，改善产品质量，降低生产成本，故对生产过程中的温度控制要求越来越高。

一般地用水冷却（即自然水和水塔散热方式两种）方式不能达到高精度、高效率控制温度的目的，因为自然水和水塔散热都不可避免地受到自然气温的影响，冬天水温低夏天水温高。如果气温在30℃的情况下，要水温达到10 ℃，这几乎是不可能的，因此用这种方式控制是极不稳定的。

冷水机与一般用水冷却设备是完全不同的，因为冷水机具有完全独立的制冷系统，绝不会受气温及环境的影响，水温在5 ℃ ~30 ℃范围内调节控制，因而可以达到高精度、高效率控制温度的目的。冷水机设有独立的水循环系统，冷水机内的水循环使用，可大量节约用水。

工业冷水机广泛地应用于工业的生产过程，例如，在塑料工业中准确地控制各种塑料加工之模温，缩短铸塑周期，保证产品质量的稳定。在电子工业中稳定电子元件内部在生产线上的分子结构，提高电子元件的合格率。应用在超声波清洗行业，有效地防止昂贵的清洗剂挥发和挥发给人带来的伤害。在电镀行业中控制电镀温度，增加镀件的密度和平滑，缩短电镀周期，提高生产效率，改善产品质量。在机械工业中控制油压系统压力油温度，稳定油温、油压，延长油质使用时间，提高机械润滑的效率，减少磨损。在建筑工业中供给混凝土用之冷冻水，使混凝土分子结构适合建筑用途要求，有效地增强混凝土的硬度与韧性。在真空镀膜中控制真空镀膜机的温度，以保证镀件的高质量。在食品工业中用于食品加工后的高速冷却，使之适应包装要求。另外还有控制发酵食品的温度等。在化纤工业中冷冻干燥空气，保证产品质量。

一、冷水机组系统的组成

冷水机组组成：制冷机组系统、制冷剂循环系统、水循环系统、电气自动控制保护系统、热交换器、冷冻水泵、水箱（根据客户需要配置）、自动补水浮球阀、水流量开关等部件组成。

机组利用热交换原理，通过换热器把冷冻水温度降低至所需温度（普通≥5 ℃，低温≥ -20 ℃），水通过冷冻水泵打入蒸发水箱进行热交换，产生冷冻水，水泵吸入打入蒸发器水箱进行循环。当冷冻水不足时，冷冻水流无法推动水流量开关叶片，冷冻机停止运行，这时自动补水装置开始工作进行补水，可以通过液位显示来判断水箱水位，再次开启冷水机组。

（1）制冷剂循环系统

蒸发器中的液态制冷剂吸收水中的热量并开始蒸发，最终制冷剂与水之间形成一定的温度差，液态制冷剂亦完全蒸发变为气态，后被压缩机吸入并压缩（压力和温度增加），气态制冷剂通过冷凝器（风冷或水冷）吸收热量，凝结成液体。通过膨胀阀（或毛细管）节流后变成低温低压制冷剂进入蒸发器，完成制冷剂循环过程。如图 5 -2 -1 所示。

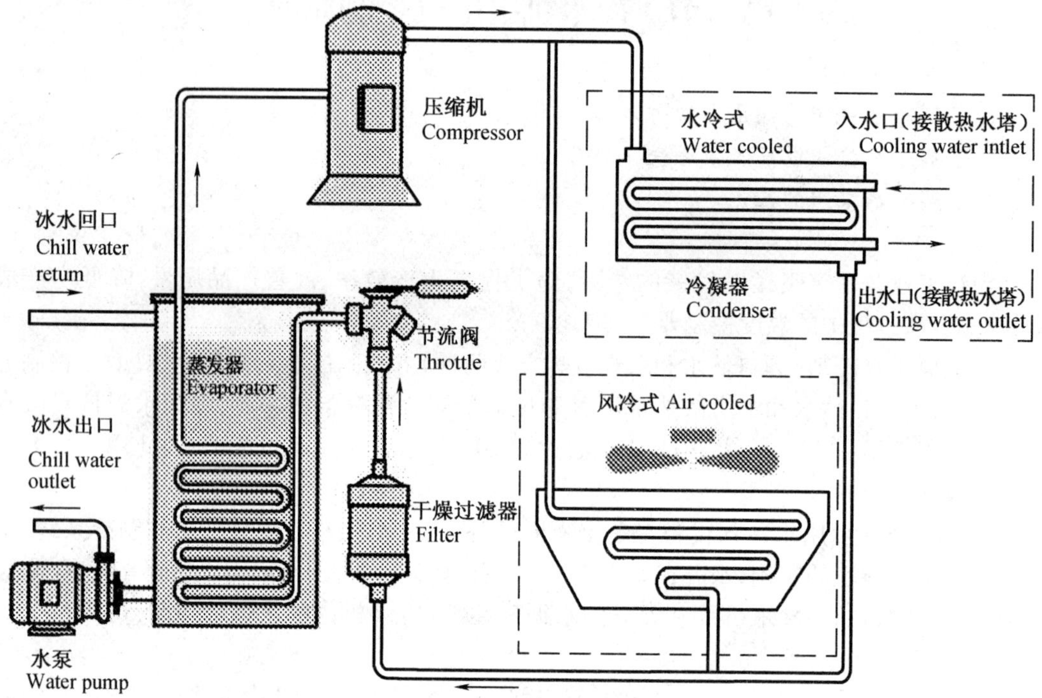

图 5 -2 -1　工业冷水机组工作原理

（2）电气控制系统

包括电源部分和自动控制部分。电源部分是通过接触器，对压缩机、风扇、水泵等供应电源。自动控制部分包括温控器、压力保护、延时器、继电器、过载保护等相互组合达到根据水温自动启停，保护等功能，如图 5 -2 -2 所示。

二、电气控制系统工作原理

1. 主电路工作原理

主电路由 QS_1 三相断路器控制，配上电流表，用于检测工作电流，电压表用于检测实际的供电电压，指示灯用于指示每相电源工作状态，所有的负载 M_1 ~ M_4 均用三相 380 V 供电，每组负载分别采用交流接触器控制，热继电器作过载保护。控制电路则采用单相 220 V 供电。

2. 控制电路工作原理

（1）电源指示电路　当合上空气开关 QS_2 后，电源指示灯 HL_1 点亮，说明此时控制线路已通电，准备就绪。如图 5 -2 -2 所示。

（2）冷却水系统　按下冷却水系统的启动按钮 SB_2 后，KM_1、KM_2 得电，KM_1 自锁触头闭合，冷却塔风机及冷却水泵运转，同时 HL_2 指示灯点亮，说明冷却水系统正常。

（3）冷冻水系统　当冷却水系统工作后，冷却水管有水流动，推动水流开关舌片动作，

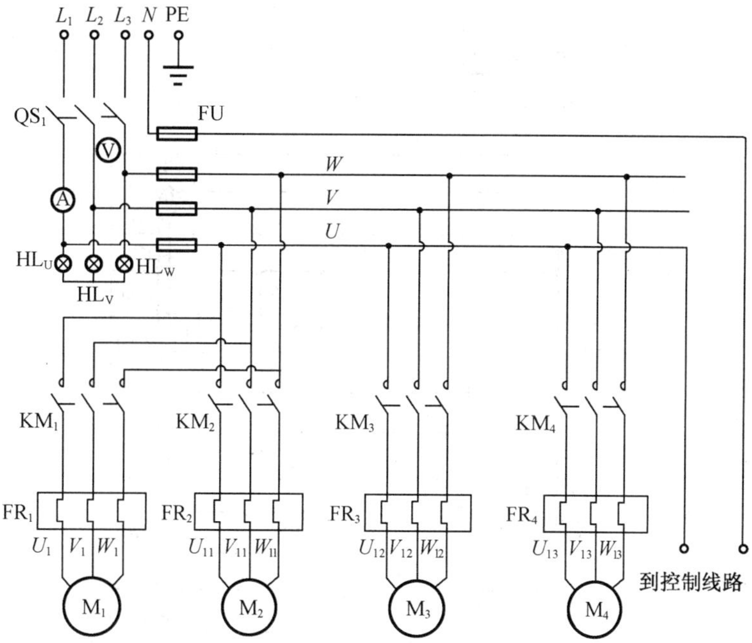

图 5-2-2　冷水机组电气控制主电路图

使继电器触头 LKB_{1-2} 闭合；当按下冷冻水系统启动按钮 SB_4 后，交流接触器 KM_3 得电，主电路 KM_3 触头闭合，冷冻水电机启动运转；同时指示灯 HL_5 点亮，说明冷冻水系统正常。

（4）压缩机制冷系统　当冷冻水泵启动后，在冷冻水管有水流使 LKB_2 动作，LKB_{2-2} 闭合，此时按下压缩机启动按钮 SB_6，KA 中间继电器得电，其常开触头闭合，时间继电器 KT 得电计时，3 s 后 KT 延时触头闭合，温控器 ST 闭合，KM_4 得电，使 KM_4 主触头闭合，压缩机得电运转；同时 KM_4 辅助触头闭合，YV 电磁阀得电，使压缩机制冷系统正常运行。HL_9 是压缩机运行指示灯。

表 5-2-1　部分电路的主要器件符号及名称

符号	名称	符号	名称
$QS_{1\sim2}$	自动空气开关	FU	熔断器
Ⓥ	电压表	Ⓐ	电流表
KM	交流接触器	YV	电磁阀
FR	热继电器	KA	中间继电器
M_1	冷却水塔风机	KT	时间继电器
M_2	冷却水泵	$HL_{U,V,W}HL_1$	电源指示灯
CM	压缩机	HL_2	冷却随泵运行灯
$SB_{1\sim2}$	启动/停止按钮	HL_5	冷冻随泵运行灯
$LKB_{1\sim2}$	靶式流量计	HL_9	压缩机运行灯
ST	电子温控器	HL_3,HL_4,HL_6,HL_7,HL_8	故障灯

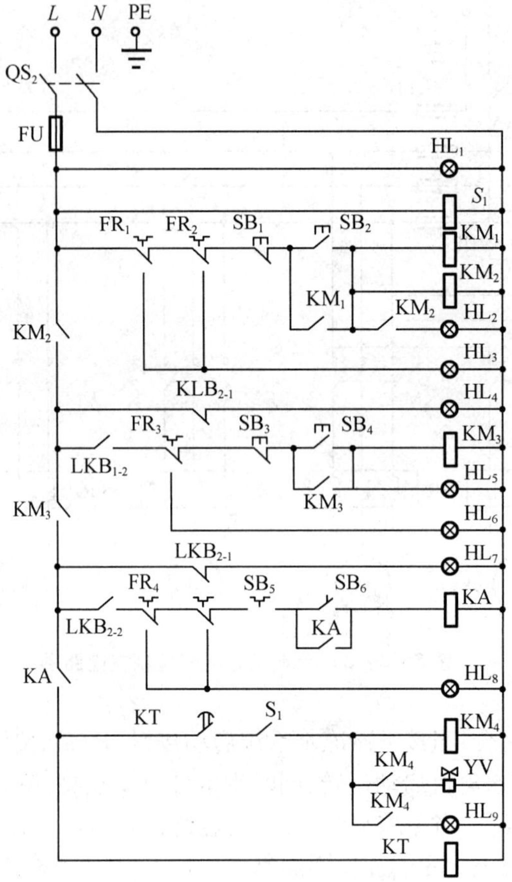

图 5-2-3　冷水机组电气控制控制电路图

(5)故障报警电路

①HL_3 点亮,说明 KM_1 或 KM_2 所控制的冷却塔风机或冷却水泵有过载现象,由于电流过大,使 FR_1 或 FR_2 热继电器辅助触头动作,切断冷却水系统,避免故障进一步扩大,实现报警显示。

②HL_6 点亮,说明 KM_3 控制的冷冻水泵过载,热继电器 FR_3 处于动作状态。

③HL_8 点亮,说明压缩机过载,热继电器 FR_4 动作或复合式压力继电器 SP 动作,切断压缩机电路,实现保护。

思考与练习

1. 冷水机组有何作用?
2. 冷水机组在各个行业中的应用?
3. 冷水机组电气控制系统工作原理?
4. 冷水机组电气控制系统中各个部件的作用?

第三节　常用机床电气控制

1. 了解各种常用机床的控制电路。
2. 熟悉机床的基本操作。
3. 掌握各种机床的控制原理。
4. 掌握各种机床进行检修方法。

一、CA6140 型普通车床电气控制系统

CA6140 型普通车床结构如图 5－3－1 所示。车床的主运动是工件的旋转运动，它是由主轴通过卡盘或顶尖带动工件旋转。电动机的动力通过主轴箱传给主轴，主轴一般只要单方向的旋转运动，只有在车螺纹时才需要用反转来退刀。

CA6140 用操纵手柄通过摩擦离合器来改变主轴的旋转方向。

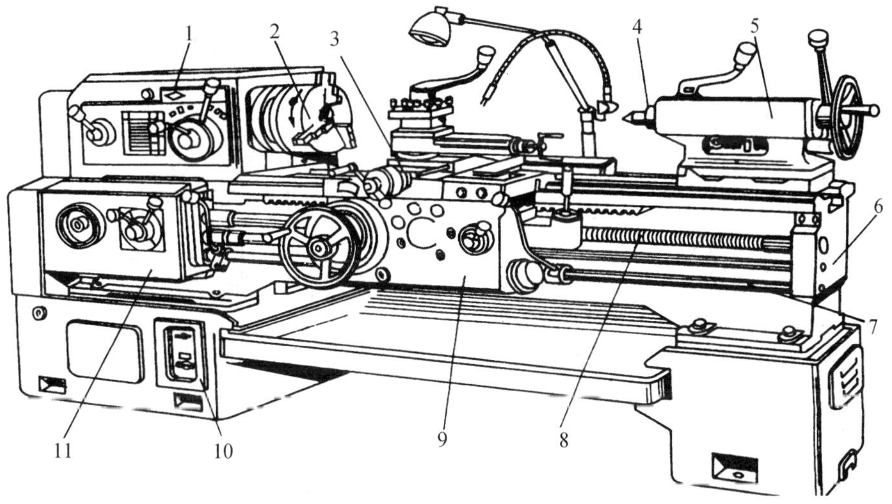

图 5－3－1　CA6140 型普通车床的主要结构图

1—主轴箱；2—夹盘；3—刀架；4—后顶尖；5—尾座；6—床身；
7—光杠；8—丝杠；9—溜板箱；10—底座；11—进给箱

车削加工要求主轴能在很大的范围内调速，普通车床调速范围一般大于 70。主轴的变速是靠主轴变速箱的齿轮等机械有级调速来实现的，变换主轴箱外的手柄位置，可以改变主轴的转速。

进给运动是溜板带动刀具作纵向或横向的直线移动，也就是使切削能连续进行下去的运动。所谓纵向运动是指相对于操作者的左右运动，横向运动是指相对于操作者的前后运动。

车螺纹时要求主轴的旋转速度和进给的移动距离之间保持一定的比例，所以主运动和进给运动要由同一台电动机拖动，主轴箱和车床的溜板箱之间通过齿轮传动来连接，刀架再由溜板箱带动，沿着床身导轨作直线走刀运动。

车床的辅助运动包括刀架的快进与快退，尾架的移动与工件的夹紧与松开等。为了提高工作效率，车床刀架的快速移动由一台单独的进给电动机拖动。

1. 主电路

CA6140 车床电气原理如图 5－3－2 所示，在主电路中，M_1 为主轴电动机，拖动主轴的旋转并通过传动机构实现车刀的进给。主轴电动机 M_1 的运转和停止由接触器 KM_1 的三个常开主触点的接通和断开来控制，电动机 M_1 只需作正转，而主轴的正反转是由摩擦离合器改变传动链来实现的。电动机 M_1 的容量小于 10 kW，所以采用直接启动。M_2 为冷却泵电动机，进行车削加工时，刀具的温度高，需用冷却液来进行冷却。为此，车床备有一台冷却泵电动机拖动冷却泵，喷出冷却液，实现刀具的冷却。冷却泵电动机 M_2 由接触器 KM_2 的主触点控制。M_3 为快速移动电动机，由接触器 KM_3 的主触点控制。M_2、M_3 的容量都很小，加装熔断器 FU 作短路保护。热继电器 FR_1 和 FR_2 分别作 M_1 和 M_2 的过载保护，快速移动电动机 M_3 是短时工作的，所以不需要过载保护。带钥匙的低压短路器 QF 是电源总开关。

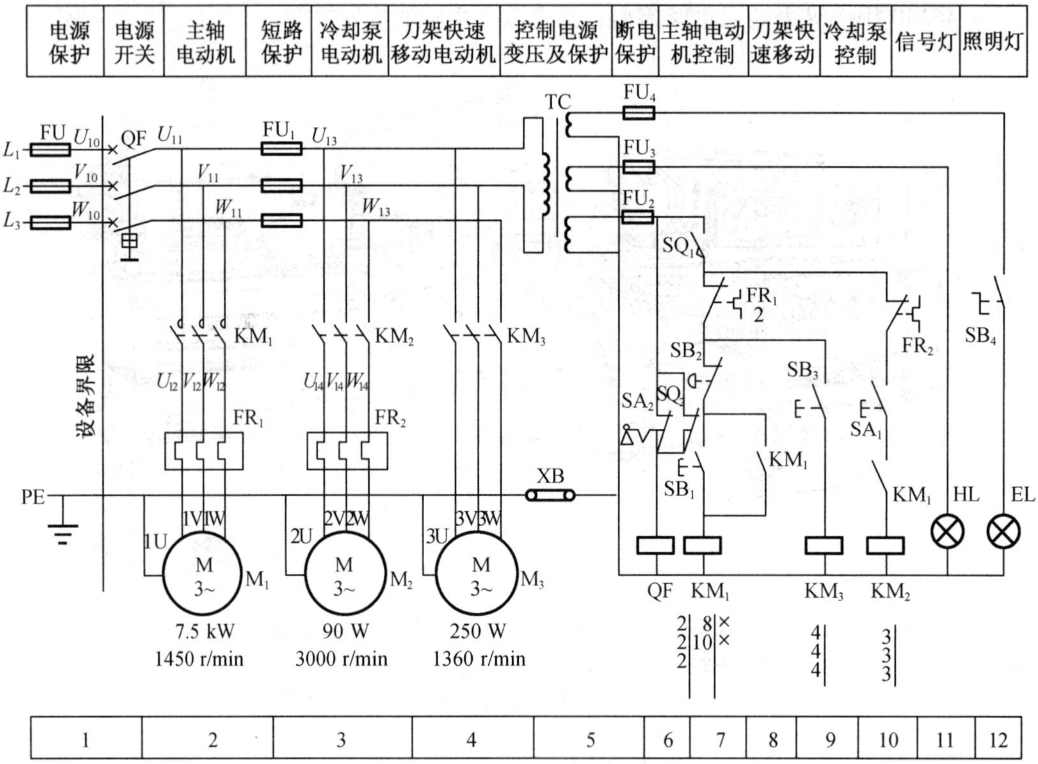

图 5－3－2 CA6140 车床电气原理

2. 控制电路

控制电路的供电电压是 127 V，通过控制变压器 TC 将 380 V 的电压降为 127 V 得到。控制变压器的一次侧由 FU_3 作短路保护，二次侧由 FU_6 作短路保护。

(1) 电源开关的控制

电源开关是带有开关锁 SA_2 的低压断路器 QF，当要合上电源开关时，首先用开关钥匙将开关锁 SA_2 右旋，再扳动断路器 QF 将其合上。若用开关钥匙将开关锁 SA_2 左旋，其触点

SA_2 闭合，QF 线圈通电，断路器 QF 将自动跳开。若出现误操作，又将 QF 合上，QF 将在 0.1 s内再次自动跳闸。由于机床的电源开关采用了钥匙开关，接通电源时要先用钥匙打开开关锁，再合断路器，增加了安全性，同时在机床控制配电盘的壁龛门上装有安全行程开关 SQ_2，当打开配电盘壁龛门时，行程开关的触点 SQ_2 闭合，QF 的线圈通电，QF 自动跳闸，切除机床的电源，以确保人身安全。

(2)主轴电动机 M_1 的控制

SB_2 是红色蘑菇型的停止按钮，SB_1 是绿色的启动按钮。按一下启动按钮 SB_1，KM_1 线圈通电吸合并自锁，KM_1 的主触点闭合，主轴电动机 M_1 启动运转。按一下 SB_2，接触器 KM_1 断电释放，其主触点和自锁触点都断开，电动机 M_1 断电停止运行。

(3)冷却泵电动机的控制

当主轴电动机启动后，KM_1 的常开触点 KM_1 闭合，这时若旋转转换开关 SA_1 使其闭合，则 KM_2 线圈通电，其主触点闭合，冷却泵电动机 M_2 启动，提供冷却液。当主轴电动机 M_1 停车时，KM_1 断开，冷却泵电动机 M_2 随即停止。M_1 和 M_2 之间存在连锁关系。

(4)快速移动电动机 M_3 的控制

快速移动电动机 M_3 是由接触器 KM_3 进行的点动控制。按下按钮 SB_3，接触器 KM_3 线圈通电，其主触点闭合，电动机 M_3 启动，拖动刀架快速移动；松开 SB_3，M_3 停止。快速移动的方向通过装在溜板箱上的十字手柄扳到所需要的方向来控制。

(5)SQ_1 是机床床头的挂轮架皮带罩处的安全开关。当装好皮带罩时，SQ_1 闭合，控制电路才有电，电动机 M_1，M_2，M_3 才能启动。当打开机床床头的皮带罩时，SQ_1 断开，使接触器 KM_1，KM_2，KM_3 断电释放，电动机全部停止转动，以确保人身安全。

3. 照明和信号电路

照明电路采用 36 V 安全交流电压，信号回路采用 6.3 V 的交流电压，均由控制变压器二次侧提供。FU_3 是照明电路的短路保护，照明灯 EL 的一端必须保护接地。FU_3 为指示灯的短路保护，合上电源开关 QF，指示灯 HL 亮，表明控制电路有电。

二、M7120 磨床电气控制系统

磨床是用砂轮的周边或端面进行机械加工的精密机床。根据用途不同，磨床可分为：外圆磨床、内圆磨床、平面磨床、无心磨床以及专用磨床，如螺纹磨床、球面磨床、齿轮磨床、导轨磨床等。砂轮作为磨床上的主要磨削工具，一般不需要调速，都采用三相异步电动机拖动。以 M7120 型平面磨床电路为例，介绍磨床电路。

主要由床身、工作台、电磁吸盘、砂轮箱（又称磨头）、滑座、立柱等部分组成。如图 5－3－3 所示。主运动是砂轮的旋转运动；进给运动为工作台和砂轮的往复运动；辅助运动为砂轮架的快速移动和工作台的移动。

工作台在床身的水平导轨上作往复（纵向）直线运动，采用液压传动，换向则靠工作台上的撞块碰撞床身上的液压换向开关来实现。立柱可在床身的横向导轨上作横向进给运动，可由液压传动，也可用手轮操作。砂轮箱可在立柱导轨上作垂直运动，以实现砂轮的垂直进给运动。

平面磨床是一种精密机床，为保证加工精度，使其运行平稳，确保工作台往复运动换向时惯性小、无冲击，特采用液压传动，实现工作台往复运动及砂轮箱横向进给。

磨削加工时无调速要求，但有高速磨削要求，通常采用两极笼型异步电动机拖动。为提高砂轮主轴刚度，以提高加工精度，常采用装入式笼型异步电动机直接拖动。为减小工件在磨削加工中的热变形，并冲走磨屑，以保证加工精度，需使用切削液。为了磨削小工件的需要，及工件在磨削过程中受热能自由伸缩，采用电磁吸盘来吸持工件。

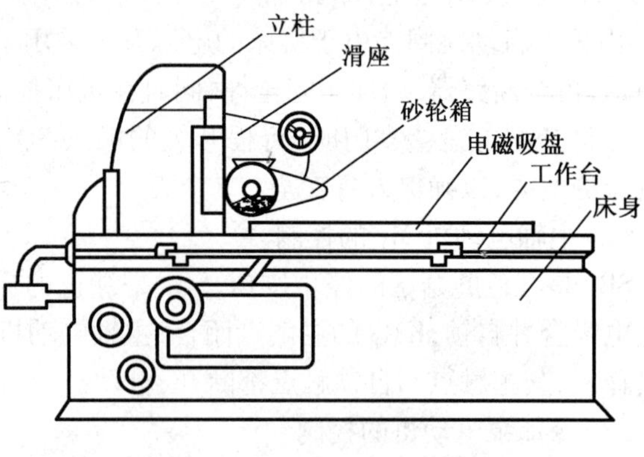

图 5 -3 -3　M7120 磨床结构图

电气控制电路图分析。

M7120 型平面磨床的电气控制电路如图 5 -3 -4(a)、(b)所示，图中分为主电路、控制电路、电磁工作台控制电路及照明与指示灯电路四部分。

1. 主电路分析

主电路中共有四台电动机，其中 M_1 是液压泵电动机，实现工作台的往复运动；M_2 是砂轮电动机，带动砂轮转动来完成磨削加工工作；M_3 是冷却泵电动机；它们只要求单向旋转，分别用接触器 KM_1，KM_2 控制。冷却泵电动机 M_3 只有在砂轮电动机 M_2 运转后才能运转。M_4 是砂轮升降电动机，用于磨削过程中调整砂轮与工件之间的位置。

M_1，M_2，M_3 为连续工作制，所以都装有过载保护。M_4 为短时工作制，不设过载保护。四台电动机共用一组熔断器 FU_1 作短路保护。

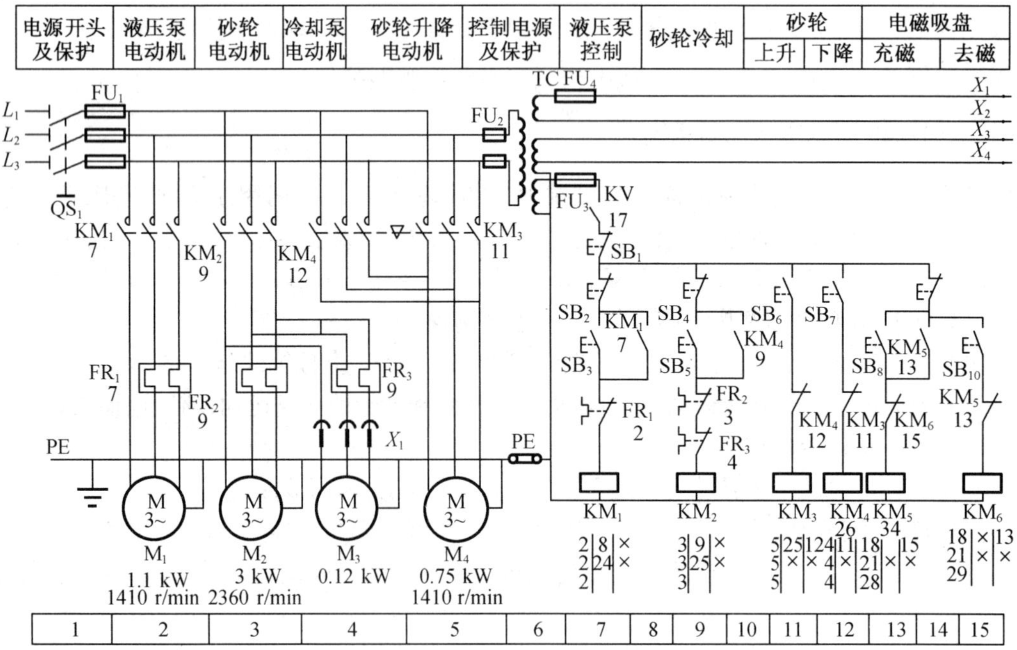

图 5 -3 -4(a)　M7120 磨床控制电路

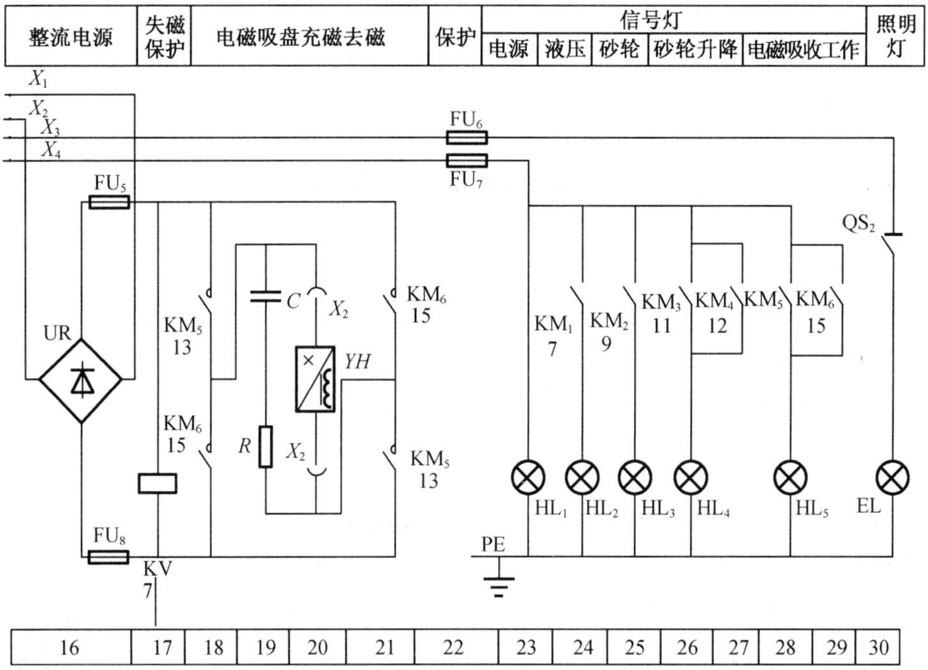

图 5-3-4(b)　M7120 磨床控制电路

2. 控制电路分析

(1)液压泵电动机 M_1 的控制:合上总开关 QS_1 后,控制变压器一个二次绕组输出135 V 交流电压,经桥式整流器 UR 整流后得到直流电压,使电压继电器 KV 获电动作,其动合触点(7 区)闭合,为启动电动机做好准备。如果 KV 不能可靠动作,则各电动机均无法运行。因为平面磨床的工件靠直流电磁吸盘的吸力将工件吸牢在工作台上,只有具备可靠的直流电压后,才允许启动砂轮和液压系统,以保证安全。

当 KV 吸合后,按下启动按钮 SB_3,接触器 KM_1 线圈通电吸合并自锁,液压泵电动机 M_1 启动运转,HL_2 灯亮。若按下停止按钮 SB_2,接触器 KM_1 线圈断电释放,电动机 M_1 断电停转。

(2)砂轮电动机 M_2 及冷却泵电动机:M_3 的控制:按下启动按钮 SB_5,接触器 KM_2 线圈获电动作,砂轮电动机 M_2 启动运转。由于冷却泵电动机 M_3 通过接插器 X_1 和 M_2 联动控制,所以 M_3 与 M_2 同时启动运转。当不需要冷却时,可将插头拉出。按下停止按钮 SB_4 时,接触器 KM_2 线圈断电释放,M_2 与 M_3 同时断电停转。

两台电动机的热继电器 FR_2 和 FR_3 的动断触点都串联在 KM_2 线圈电路中,只要有一台电动机过载,就会使 KM_2 失电。因切削液循环使用,经常混有污垢杂质,很容易引起电动机 M_3 过载,故用热继电器 FR_3 进行过载保护。

(3)砂轮升降电动机 M_4 的控制:砂轮升降电动机只有在调整工件和砂轮之间位置时才使用,所以用点动控制。当按下点动按钮 SB_6 时,接触器 KM_3 线圈获电吸合,电动机 M_4 启动正转,砂轮上升。达到所需位置时,松开 SB_6,KM_3 线圈断电释放,电动机 M_4 停转,砂轮停止上升。

(4)砂轮升降电动机 M_4 的控制:砂轮升降电动机只有在调整工件和砂轮之间位置时才使用,所以用点动控制。当按下点动按钮 SB_6 时,接触器 KM_3 线圈获电吸合,电动机 M_4 启动正转,砂轮上升。达到所需位置时,松开 SB_6,KM_3 线圈断电释放,电动机 M_4 停转,砂轮停止上升。

(5)砂轮升降电动机 M_4 的控制:砂轮升降电动机只有在调整工件和砂轮之间位置时才使用,所以用点动控制。当按下点动按钮 SB_6 时,接触器 KM_3 线圈获电吸合,电动机 M_4 启动正转,砂轮上升。达到所需位置时,松开 SB_6,KM_3 线圈断电释放,电动机 M_4 停转,砂轮停止上升。

按下点动按钮 SB_7,接触器 KM_4 线圈获电吸合,电动机 M_4 启动反转,砂轮下降。当到达所需位置时,松开 SB_7,接触器 KM_4 线圈断电释放,电动机 M_4 停转,砂轮停止下降。

为了防止电动机 M_4 的正、反转电路同时被接通,故在对方电路中串人接触器 KM_4 和 KM_3 的动断触点进行互锁控制。

3. 电磁吸盘控制电路的分析

电磁吸盘是固定加工工件的一种夹具。利用通电导体在铁芯中产生的磁场吸牢铁磁材料的工件,以便加工。它与机械夹具比较,具有夹紧迅速、不损伤工件、一次能吸牢若干个小工件、以及工件发热可以自由伸缩等优点。因而电磁吸盘在平面磨床上应用十分广泛。

电磁吸盘结构如图 5－3－5 所示。其外壳是钢制箱体,中部的芯体上绕有线圈,吸盘的盖板用钢板制成,钢制盖板用非磁性材料如铅锡合金隔离成若干小块。当线圈通上直流电以后,吸盘的芯体被磁化,产生磁场,磁通便以芯体和工件作回路,工件被牢牢吸住。

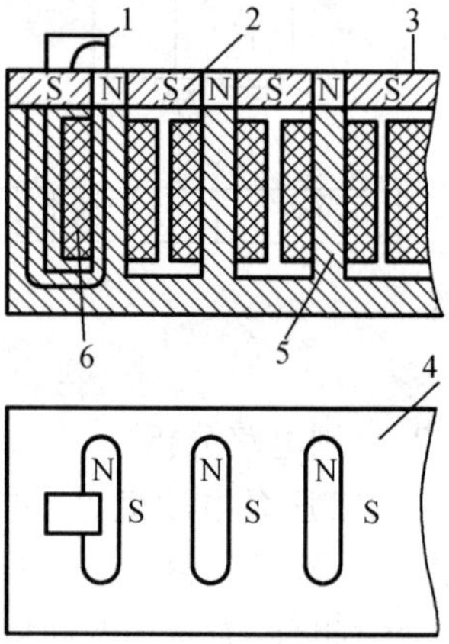

图 5－3－5　电磁吸盘

1—工件;2—绝磁材料;3—工作台;4—盖板;5—芯体;6—绕组

电磁吸盘的控制电路包括整流装置、控制装置和保护装置三个部分。整流装置由变压器 TC 和单相桥式全波整流器 UR 组成,供给 110 V 直流电源。控制装置由按钮 SB_8,SB_9,SB_{10}和接触器 KM_5,KM_6 等组成。

(1)充磁过程:按下充磁按钮 SB_8,接触器 KM_5 线圈获电吸合,KM_5 主触点(18、21 区)闭合,电磁吸盘 YH 线圈获电,工作台充磁吸住工件。同时其自锁触点闭合,连锁触点断开。

磨削加工完毕,在取下加工好的工件时,先按 SB_9,切断电磁吸盘 YH 的直流电源。由于吸盘和工件都有剩磁,所以需要对吸盘和工件进行去磁。

(2)去磁过程:按下点动按钮 SB_{10},接触器 KM_6 线圈获电吸合,KM_6 的两副触点(18,21 区)闭合,电磁吸盘通入反向直流电,使工作台和工件去磁。去磁时,为防止因时间过长而使工作台反向磁化,再次吸住工件,因而接触器 KM_6 采用点动控制。

保护装置由放电电阻 R 和电容 C 以及电压继电器 KV 组成。电阻 R 和电容 C 的作用是:电磁吸盘是一个大电感,在充磁吸工件时,存储了大量磁场能量。当它脱离电源时的一瞬间,吸盘 YH 的两端产生较大的自感电动势,会使线圈和其他电器损坏,故用电阻和电容组成放电回路。利用电容 C 两端的电压不能突变的特点,使电磁吸盘线圈两端电压变化趋于缓慢,利用电阻消耗电磁能量。如果参数选配得当,此时 RLC 电路可以组成一个衰减振荡电路,对去磁十分有利。电压继电器 KV 的作用是:在加工过程中,若电源电压不足,则电磁吸盘将不能吸牢工件，会导致工件被砂轮打出，易造成严重事故。因此，在电路中设置了电压继电器 KV，将其线圈并联在直流电源上，其动合触点（7 区）串联在液压泵电动机和砂轮电动机的控制电路中，若电磁吸盘不能吸牢工件，KV 就会释放，使液压泵电动机和砂轮电动机停转，保证了安全。

4. 照明和指示灯电路的分析

图中 EL 为照明灯，其工作电压为 24 V，由变压器 TC 供给。QS_2 为照明负荷隔离开关。

HL_1，HL_2，HL_3，HL_4 和 HL_5 为指示灯，其工作电压为 6 V，也由变压器 TC 供给，五个指示灯的作用是：

HL_1 亮，表示控制电路的电源正常；不亮，则表示电源有故障。

HL_2 亮，表示液压泵电动机 M_1 处于运转状态，工作台正在进行往复运动；不亮，则表示 M_1 停转。

HL_3 亮，表示冷却泵电动机 M_3 及砂轮电动机 M_2 处于运转状态；不亮，则表示 M_2，M_3 停转。

HL_4 亮，表示砂轮升降电动机 M_4 处于工作状态；不亮，则表示 M_4 停转。

HL_5 亮，表示电磁吸盘 YH 处于工作状态（充磁或去磁）；不亮，则表示电磁吸盘未工作。

三、铣床电气控制电路

铣床可用于平面、斜面和沟槽等的加工，安装分度头后可铣切直齿齿轮、螺旋面，使用回转工作台可以铣切凸轮和弧形槽，是一种常用的通用机床。

一般中小型铣床都采用三相笼型异步电动机拖动，并且主轴旋转主运动与工作台进给运动分别由单独的电动机拖动。铣床主轴的主运动为刀具的切削运动，它有顺铣和逆铣两种加工方式；工作台的进给运动有水平工作台左右（纵向）、前后（横向）以及上下（垂向）方向的运动，有回转工作台的回转运动，这里以 X62W 型万能铣床为例来说明。

如图 5－3－6 所示，X62W 型万能铣床主要由床身、主轴、刀杆、横梁、工作台、回转工作台、横溜板和升降台等几部分组成，箱形的床身固定在底座上，在床身内装有主轴的传动机构和变速操纵机构。在床身的顶部有水平导轨，上面装着带有一或两个刀杆支架的悬梁。刀杆支架用来支承铣刀心轴的一端，心轴另一端则固定在主轴上，由主轴带动铣刀切削。

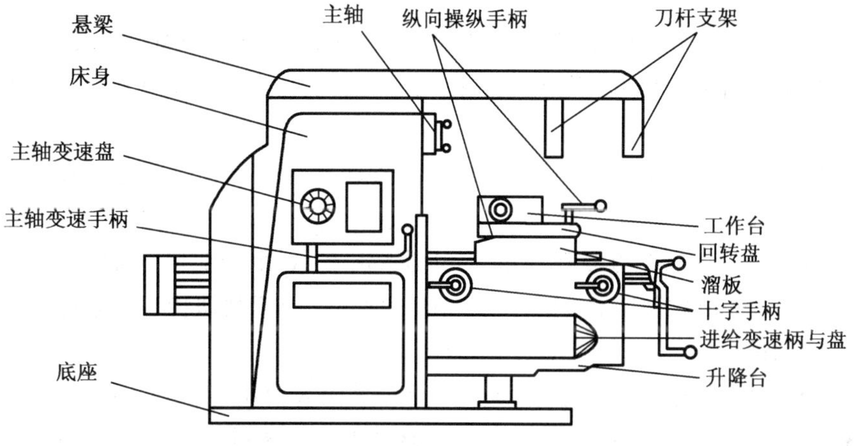

图 5－3－6　X62W 型万能铣床结构图

悬梁可以水平移动，刀杆支架可以在悬梁上水平移动，以便安装不同的心轴。在床身的前面有垂直导轨，升降台可沿着它上下移动。在升降台上面的水平导轨上，装有可在平行主轴轴线方向移动（横向移动或前后移动）的溜板。溜板上部有可转动部分，工作台就在溜板上部的可转动部分的导轨上作垂直于主轴轴线方向的移动（纵向移动）。工作台上有T形槽来固定工件。这样安装在工作台上的工件就可以在三个坐标轴的六个方向上调整位置或进给。

此外，由于回转工作台可以绕中心转过一个角度（通常是±45°），使工作台在水平方向上除了能在平行于或垂直于主轴轴线方向进给外，还能在倾斜方向进给，因此可以加工螺旋槽，故称为万能铣床。

图5-3-7所示为X62W型万能铣床的电气控制电路。电路分为主电路、控制电路和照明电路三部分。

1. 主电路分析

铣床的工作方式是逆铣还是顺铣，在开始工作以前即已选定，加工过程中是不改变的。为简化控制电路，主轴电动机 M_1 正转接线与反转接线是通过组合开关 SA_5 手动切换，接触器 KM_1 的主触点只控制电源的接入与切断。

进给电动机 M_2 在工作过程中，频繁变换转动方向，因而仍采用接触器方式构成控制正转与反转接线。

冷却泵电动机 M_3 根据加工需要提供切削液，电路中采用转换开关 SA_3，在主电路中手动直接接通或断开定子绕组的电源。

2. 控制电路分析

（1）主轴电动机 M_1 的控制

①主轴电动机启动控制：主轴电动机空载直接启动前，由组合开关 SA_5 选定电动机的转向，控制电路中选择开关 SA_2 选定主轴电动机为正常工作方式，即 SA_{2-1} 触点闭合，SA_{2-2} 触点断开，然后通过压动启动按钮 SB_3 或 SB_4，接通主轴电动机启动控制接触器 KM_1 的线圈电路，其主触点闭合，主轴电动机按给定方向启动旋转。压动停止按钮 SB_1 与 SB_2，主轴电动机停转，SB_3，SB_4，SB_1 与 SB_2 分别位于两个操作板上，实现主轴电动机的两地操作控制。

②主轴电动机制动及换刀制动：为使主轴能迅速停车，控制电路采用电磁制动器进行主轴的停车制动。按下停车按钮 SB_1 或 SB_2，其动断触点使接触器 KM_1 的线圈失电，电动机定子绕组脱离电源，同时其动合触点闭合，接通电磁制动器 YB 的线圈电路，对主轴进行停车制动。

当进行换刀和上刀操作时，为了防止主轴意外转动造成事故以及为上刀方便，主轴也需处在断电停车和制动的状态。此时工作状态选择开关 SA_2 由正常工作状态位置扳到上刀制动状态位置，即 SA_{2-1} 触点断开，切断接触器 KM_1 的线圈电路，使主轴电动机不能启动。SA_{2-2} 触点闭合，接通电磁制动器 YB 的线圈电路，使主轴处于制动状态不能转动，保证上刀换刀工作的顺利进行。

③主轴变速时的瞬时点动控制：变速时，变速手柄被拉出，然后转动变速手轮选择转速，转速选定后将变速手柄复位。因为变速是通过机械变速机构实现的，变速手轮选定应进入啮合的齿轮后，齿轮啮合到位即可输出选定转速。

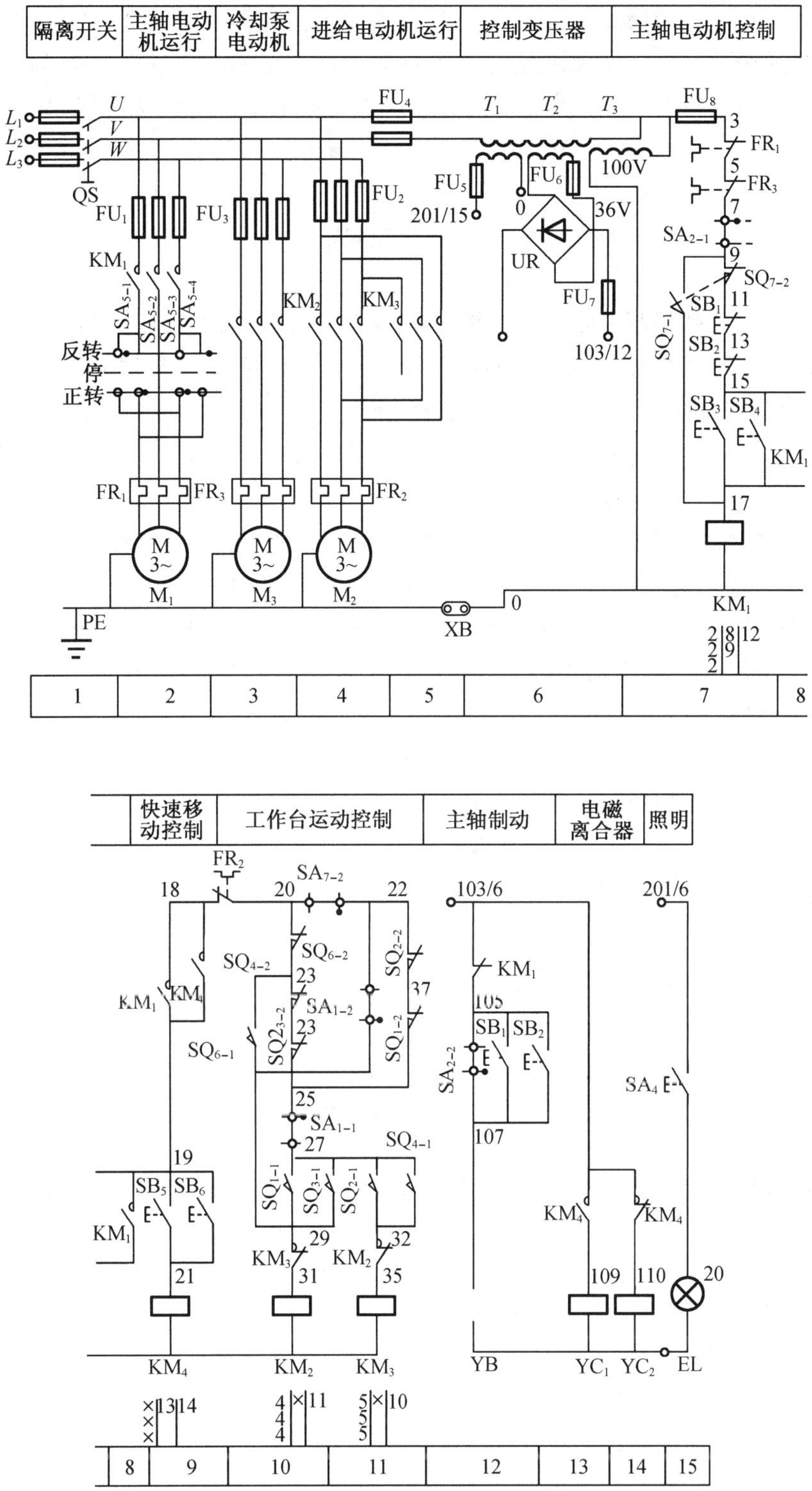

图 5-3-7　X62W 型万能铣床控制电路

当齿轮没有进入正常啮合状态时，则需要主轴有瞬时点动的功能，以调整齿轮位置，使齿轮进入正常啮合。实现瞬时点动是由复位手柄与行程开关 SQ_7 组合构成点动控制电路。变速手柄在复位的过程中压动瞬时点动行程开关 SQ_7，SQ_7 的动合触点闭合，使接触器 KM_1 的线圈得电，主轴电动机 M_1 转动，SQ_7 的动断触点切断 KM_1 线圈电路的自锁，使电路随时可被切断。变速手柄复位后，松开行程开关 SQ_7，电动机 M_1 停转，完成一次瞬时点动。手柄复位时要求迅速、连续，一次不到位应立即拉出，重新进行复位瞬时点动的操作，以免行程开关 SQ_7 没能及时松开，电动机转速上升，在齿轮未啮合好的情况下打坏齿轮。

（2）进给电动机 M_2 的控制

进给电动机 M_2 的控制电路分为三部分：第一部分为顺序控制部分，当主轴电动机启动后，其控制启动接触器 KM_1 辅助动合触点闭合，进给电动机控制接触器 KM_2 与 KM_3 的线圈电路方能通电工作；第二部分为工作台各进给运动之间的连锁控制部分可实现水平工作台各运动之间的连锁，也可实现水平工作台与回转工作台之间的工作连锁；第三部分为进给电动机正反转接触器线圈电路部分。

①水平工作台纵向进给运动的控制：水平工作台纵向进给运动由操作手柄与行程开关 SQ_1、SQ_2 组合控制。纵向操作手柄有左右两个工作位和一个中间不工作位。手柄扳到工作位时，带动机械离合器，接通纵向进给运动的机械传动链，同时压动行程开关，行程开关的动合触点闭合，使接触器 KM_2 或 KM_3 线圈得电，其主触点闭合，进给电动机正转或反转。

驱动工作台向左或向右移动进给。行程开关的动断触点在运动连锁控制电路部分构成连锁控制功能。通过选择开关 SA_1 选择水平工作台或回转工作台工作。SA_{1-1} 与 SA_{1-3} 触点闭合，构成水平工作台运动连锁电路，SA_{1-2} 触点断开，切断回转工作台工作电路。水平工作台控制电路与回转工作台控制电路分别见图 5-3-8(a)、(b)。

工作台纵向进给过程如下：

纵向手柄扳在右位 → 合上纵向进给机械离合器
纵向手柄扳在右位 → 纵向压下 SQ_1（SQ_{1-2} 断开、SQ_{1-1} 闭合）→ SQ_{1-2} 线圈得电 → 电动机 M_2 正转，工作台右移

纵向手柄扳在左位 → 合上纵向进给机械离合器
纵向手柄扳在左位 → 压下 SQ_2（SQ_{2-2} 断开、SQ_{2-1} 闭合）→ KM_3 线圈得电 → 电动机 M_2 反转，工作台左移

手柄扳到中间位时，纵向机械离合器脱开，行程开关 SQ_1 与 SQ_2 不受压，因此进给电动机不转动，工作台停止移动。工作台的两端安装有限撞块，当工作台运行达到终点位时，撞块撞击手柄，使其回到中间位置，实现工作台的终点停车。

②水平工作台横向和垂向进给运动控制：水平工作台横向和垂向进给运动的选择和连锁通过十字复式手柄和行程开关 SQ_3，SQ_4 组合控制，操作手柄上有上、下、前、后四个工作位置和一个中间不工作位置，扳动手柄到选定运动方向的工作位，即可接通该运动方向的机械传动链，同时压动行程开关 SQ_3 或 SQ_4，行程开关的动合触点闭合使控制进给电动机转动的接触器 KM_2 或 KM_3 的线圈得电，电动机 M_2 转动，工作台在相应的方向上移动；行程开关的动断触点像纵向行程开关一样，在连锁电路中，构成运动的连锁控制。

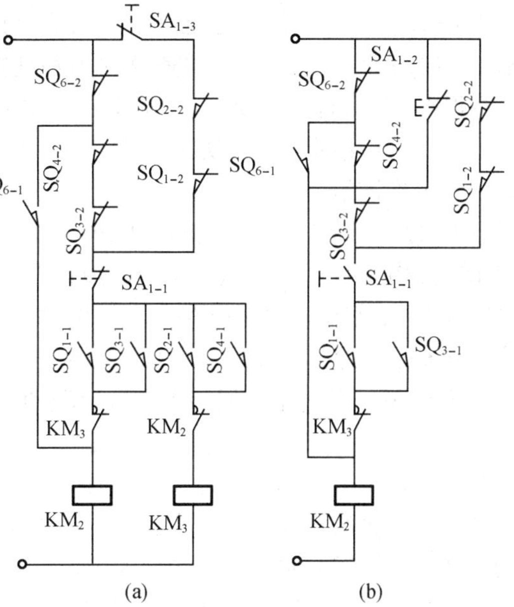

图5-3-8　工作台控制电路

(a)水平工作台控制电路;(b)回转工作台控制电路

工作台横向与垂向进给过程如下:

十字复合手柄扳在上方 → 合上垂直进给机械离合器；纵向压下 SQ_3（SQ_{3-2} 断开、SQ_3—1闭合）→ KM_2 线圈得电 → 电动机 M_2 正转，工作台上移

十字复合手柄扳在下方 → 合上垂直进给机械离合器；压下 SQ_4（SQ_{4-2} 断开、SQ_4—1闭合）→ KM_3 线圈得电 → 电动机 M_2 反转，工作台下移

十字复合手柄扳在右方(前) → 合上横向进给机械离合器；纵向压下 SQ_3（SQ_{3-2} 断开、SQ_3—1闭合）→ KM_2 线圈得电 → 电动机 M_2 正转，工作台前移

十字复合手柄扳在左方(后) → 合上横向进给机械离合器；压下 SQ_4（SQ_{4-2} 断开、SQ_4—1闭合）→ KM_3 线圈得电 → 电动机 M_2 反转，工作台后移

十字复合操作手柄扳在中间位置时,横向与垂向的机械离合器脱开,行程开关 SQ_3 与 SQ_4 均不受压,因此进给电动机停转,工作台停止移动。固定在床身上的挡块,当工作台移动到极限位置时撞击十字手柄,使其回到中间位置,切断电路,工作台在进给终点停车。

③水平工作台进给运动的连锁控制:由于操作手柄在工作时只存在一种运动选择,因此,只要铣床直线进给运动之间的连锁满足两操作手柄之间的连锁即可实现。连锁控制电路(如前一章连锁电路所述)由两条电路并联组成,纵向手柄控制的行程开关 SQ_1,SQ_2 的动断触点串联在一条支路上,十字复合手柄控制的行程开关 SQ_3,SQ_4 动断触点串联在另一条支路上,扳动任一操作手柄,只能切断其中一条支路,另一条支路仍能正常通电,使接触器 KM_2 或 KM_3 的线圈不失电。若同时扳动两个操作手柄,则两条支路均被切断,接触器 KM_2

或 KM_3 断电，工作台立即停止移动，从而防止机床设备发生事故。

④水平工作台的快速移动：水平工作台选定进给方向后，可通过电磁离合器接通快速机械传动链，实现工作台空行程的快速移动。快速移动为手动控制，按下启动按钮 SB_5 或 SB_6，接触器 KM4 的线圈得电，其动断触点断开，使正常进给电磁离合器 YC_2 线圈失电，接通快速移动传动链，水平工作台沿给定的进给方向快速移动。松开按钮 SB_5 或 SB_6，KM_4 线圈失电，恢复水平工作台的工作进给。

⑤回转工作台的运动控制：回转工作台工作时，工作台选择开关 SA_1 的 SA_{1-1} 和 SA_{1-3} 两触点断开，SA_{1-2} 触点闭合，构成如图 3－11(b)所示的回转工作台控制电路，此时水平工作台的操作手柄均扳到中间不工作位。控制电路由主轴电动机控制接触器 KM_1 的辅助动合触点开始，工作电流经 SQ_{6-2}→SQ_{5-2}→SQ_{3-2}→SQ_{1-2}→SQ_{2-2}→SA_{1-2}→KM_3→KM_2 线圈，KM_2 主触点闭合，进给电动机 M_2 正转，拖动回转工作台转动，回转工作台只能单方向旋转。回转工作台的控制电路串联了水平工作台工作行程开关 SQ_{4-1} 的切断触点，因此水平工作台任一操作手柄扳到工作位置，都会压到行程开关，切断回转工作台的控制电路，使其立即停止转动，从而起着水平工作台进给运动和回转工作台转动之间的连锁保护控制。

⑥水平工作台变速时的点动控制：水平工作台变速瞬时点动控制原理与主轴变速瞬时点动控制相同。变速手柄拉出后选择转速，再将手柄复位。变速手柄在复位的过程中压动瞬时点动行程开关 SQ_6，SQ_6 的动合触点闭合接通接触器 KM_2 的线圈电路，使进给电动机 M_2 转动；动断触点切断 KM_2 线圈电路自锁。变速手柄复位后，松开行程开关 SQ_6。与主轴瞬时点动操作相同，也要求手柄复位时迅速、连续，一次不到位，要立即拉出变速手柄，再重复瞬时点动的操作，直到实现齿轮处于良好啮合状态后，进入正常工作。

思考与练习

1. CA650 型卧式车床中，若发现主轴电动机 M_1 只能点动，可能的故障原因是什么？在此情况下，冷却泵电动机能否正常工作？
2. CA650 型卧式车床是采用什么方式调速的？
3. CA650 型卧式车床的主要运动是什么？辅助运动是什么？
4. CA650 型卧式车床电气控制电路中对 M_3 为什么未进行过载保护？
5. M7120 型平面磨床为什么要采用电磁吸盘？如果没有，可能出现什么情况？
6. 简述 M7120 型平面磨床中电磁吸盘的退磁原理。
7. M7120 型平面磨床的充磁为什么采用长动功能？如果采用点动，会有什么后果？
8. 在普通车床上，电动机由于过载而自动停车后有人立即按启动按钮，但不能开车。试说明这可能是什么问题？
9. X62W 型万能铣床电气控制电路主要采用了哪些连锁？如何实现的？
10. 简述 X62W 型万能铣床主轴制动过程。
11. 简述 X62W 型万能铣床主轴(或进给)变速冲动过程。

第四节 大型船用设备电气控制

1. 了解船用大型设备电气控制。
2. 掌握各种常用吊车控制。
3. 熟悉门吊的控制电路及检修方法。

一、电动葫芦控制电路

电葫芦是工厂中应用最为广泛的一种起重机械，它具有结构简单、价格低廉、适应性强、组装与维修方便等特点。

如图 5－4－1 所示，电动葫芦电源由电网经开关 QS、熔断器 FU 供给主电路和控制电路。提升机构由电动机 M_1 带动滚筒旋转，滚筒上卷的钢丝绳一端带有吊钩，用以吊住重物上升或下降。提升时按下 SB_1，接触器 KM_1 线圈得电，主触头闭合，M_1 正转实现提升重物。同时 SB_1 的常闭触头分断，KM_2 不得电。为了在提升过程中保证安全，同时使提升的重物可靠而又准确地停止在空中，提升电动机上装有断电型电磁制动器 YB。

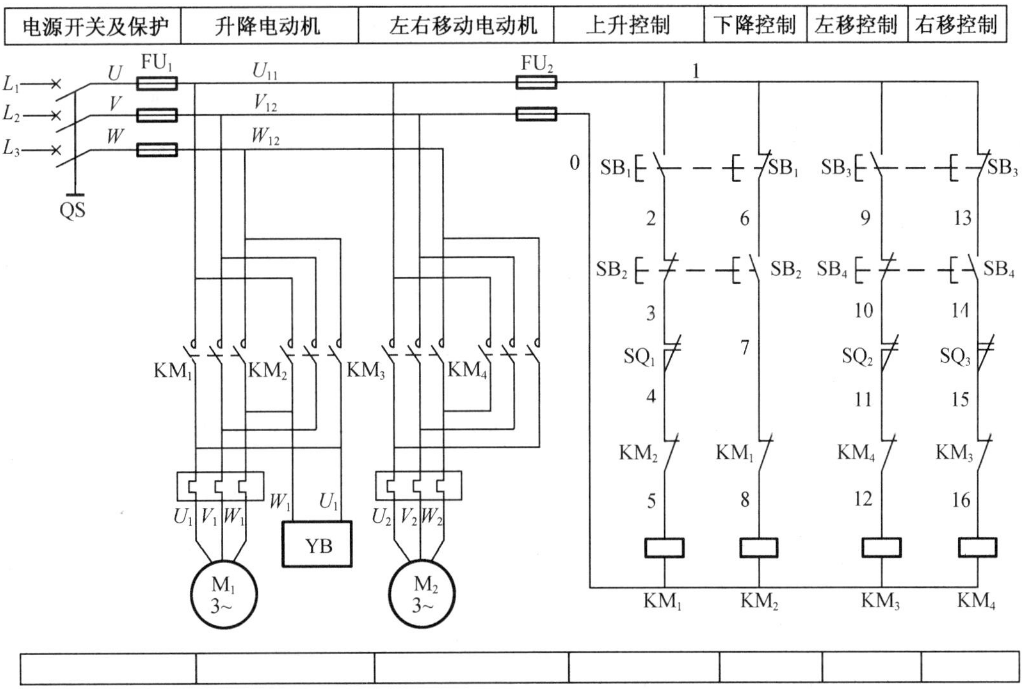

图 5－4－1 电动葫芦控制电路

当按下 SB_2 时，由于 SB_1 的复位，KM_1 线圈失电，主触头恢复原断状态，同时 KM_2 线圈得电，常闭触头与 KM_1 实现连锁；其主触头闭合，M_1 反转，使重物下降。

同理，分别按下 SB_3 和 SB_4，通过 M_2 的正反转，实现电动葫芦的前后移动。

在提升机构上端和电动葫芦的前后移动两端都装有限位开关分别为 SQ_1，SQ_2，SQ_3，当重物上升到最上端时，SQ_1 被撞开，接触器 KM_1 断电，自动切断电源。当电动葫芦向前或向后移到 SQ_2 或 SQ_3 被撞开，接触器 KM_3 或 KM_4 断电，自动切断电源从而实现限位保护。电动葫芦的提升、下降及前后运动均采用点动控制，保证操作者松开按钮时，电动葫芦能自动断电。为了防止电动机正反向同时通电，采用了接触器的电气与按钮复位式连锁。

二、15/3 吨交桥式起重机控制电路

桥式起重机：普通用途的桥式起重机，广泛地应用在室内外仓库、厂房、码头和露天贮料场等处。

桥式起重机一般由起重小车、桥架运行机构、桥架金属结构组成。如图 5－4－2 所示。起重小车又由起升机构、小车运行机构和小车架三部分组成。起升机构包括电动机、制动器、减速器、卷筒和滑轮组。电动机通过减速器，带动卷筒转动，使钢丝绳绕上卷筒或从卷筒放下，以升降重物。小车架是支托和安装起升机构和小车运行机构等部件的机架，通常为焊接结构

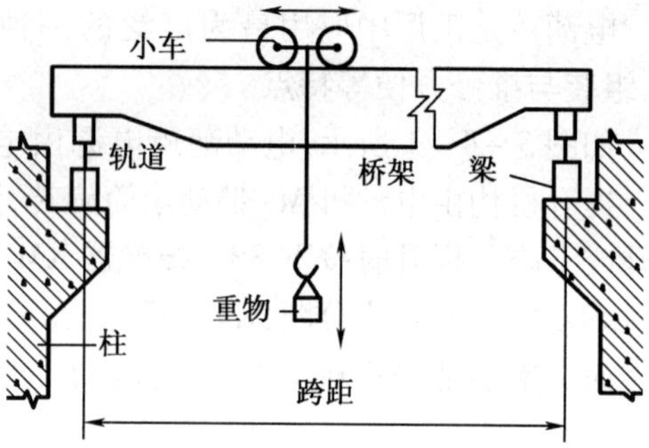

图 5－4－2　桥式起重机结构图

桥架的金属结构由主梁和端梁组成，分为单主梁桥架和双梁桥架两类。单主梁桥架由单根主梁和位于跨度两边的端梁组成，双梁桥架由两根主梁和端梁组成。主梁与端梁刚性连接，端梁两端装有车轮，用以支承桥架在高架上运行。主梁上焊有轨道，供起重小车运行

1. 主电路分析

如图 5－4－3 所示，桥式起重机的大车桥架跨度较大，两侧装置两个主动轮分别由两台相同的规格的电动机 M_3 和 M_4 拖动，沿大车轨道纵向两个方向同速运动。

小车移动机构由一台电动机 M_2 拖动，沿固定在大车桥架上的小车轨道横向两个方向运动。主钩升降由一台电动机 M_5 拖动。副钩升降由一台电动机 M_1 拖动。

电源总开关为 QS_1，凸轮控制器 SA_1，SA_2，SA_3 分别控制副钩电动机（M_1）、小车电动机（M_2）、大车电动机（M_3，M_4）；主令控制器 SA_4 配合磁力控制屏（PQR）完成对主钩电动机（M_5）的控制。

整个起重机的保护环节是由交流保护控制柜（GQR）和交流磁力控制屏（PQR）来实现的。各控制电路均用熔断器 FU_1，FU_2 作为短路保护；总电源及每台电动机均采用过电流继电器 KA_1，KA_1，KA_2，KA_3，KA_4，KA_5 作过载保护；为了保障维修人员的安全，在驾驶室舱门盖上装有安全开关 SQ_c；在横梁两侧栏杆门上分别装有安全开关 SQ_d，SQ_e；为当发生紧急情况时操作人员能立即切断电源，防止事故扩大，在保护柜上还装有一只单刀单掷的紧急开关 QS_4。上述各开关在电路中均为常开触头并与副钩、小车、大车的过电流继电器的常闭触头相串联，当驾驶室舱门或横梁栏杆门开时，主接触器 KM 线圈不能得电运行或运行中时断电释放，这样起重机的全部电动机都不能启动运行，保证了人身安全。

电源总开关 QS_1，熔断器 FU_1，FU_2，主接触器 KM_1 紧急开关 QS_4 以及过电流继电器 KA_0 ~ KA_5 都安装在保护柜上。保护柜、凸轮控制器及主令控制器均安装在驾驶室内，便于司机操作。

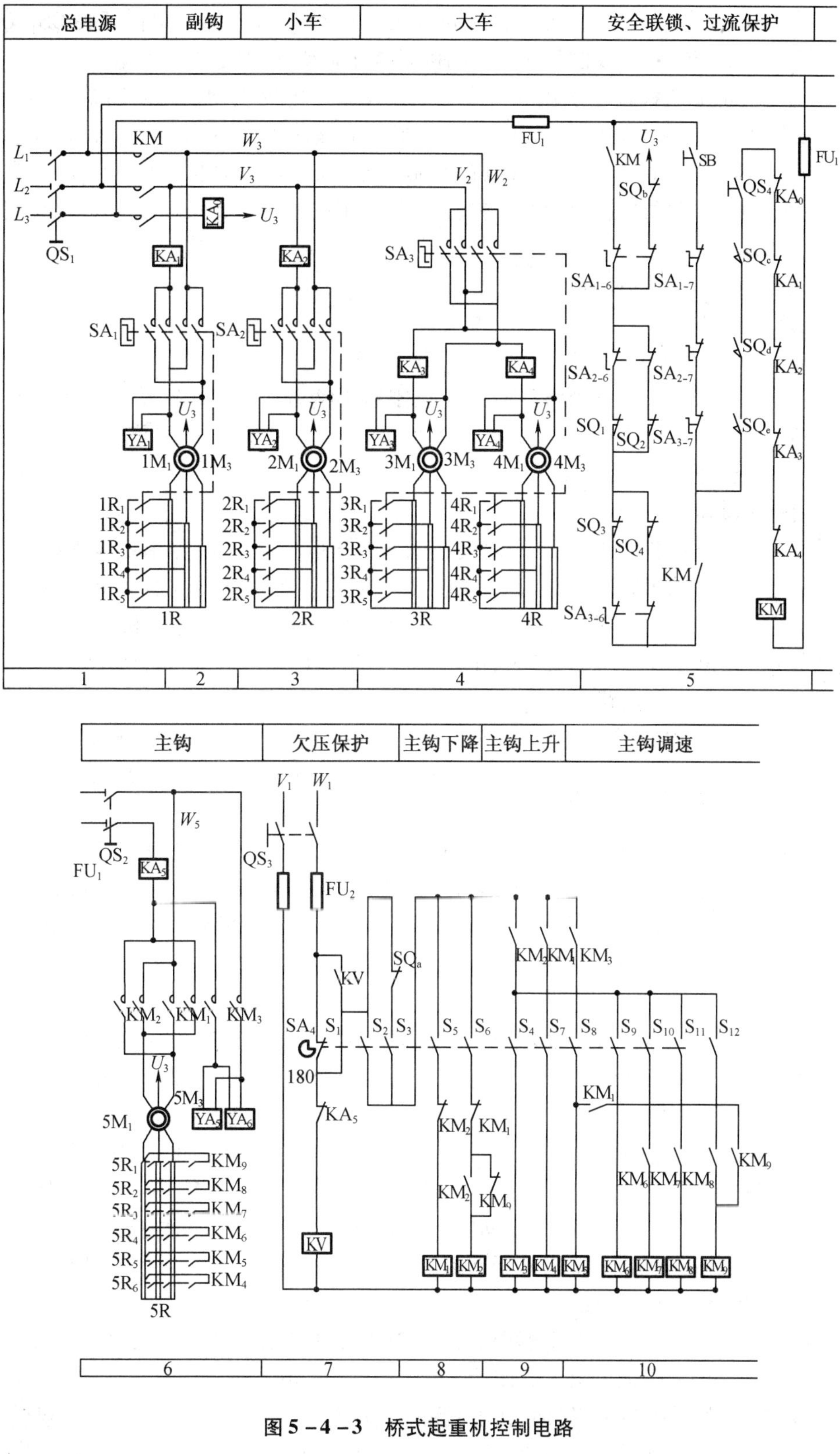

图 5-4-3　桥式起重机控制电路

起重机各移动部分均采用限位开关作为行程限位保护。分别为:主钩上升限位开关 QS_a,副钩上升限位开关 SQ_b,小车横向限位开关 QS_1、QS_2,大车纵向限位开关 QS_3、QS_4。利用移动部件上的挡铁压开限位开关将电动机断电并制动,以保证行车安全。

起重机设备上的移动电动机和提升电动机均采用电磁制动器抱闸制动,分别为:副钩制动电磁铁 YA_1,小车制动电磁铁 YA_2,大车制动电磁铁 YA_1、YA_4,主钩制动电磁铁 YA_5、YA_6。当电动机通电时,电磁铁也得电松开制动器,电动机可以自由旋转。当电动机断电时,电磁铁也断电,电动机被制动器所制动,特别是正在运行时突然停电,可以保证安全。

2. 控制电路分析

(1)主接触器 KM 的控制

控制过程如下。

①准备阶段

在起重机投入运行前应当将所有凸轮控制器手柄置于"零位",零位连锁触头 SA_{1-7}、SA_{2-7}、SA_{3-7}(6 区)处于闭合状态,合上紧急开关 QS_4。关好舱门和横梁栏杆门,使开关 SQ_c、SQ_d、SQ_e 也处于闭合状态(7 区)。

②启动运动阶段

操作人员按下保护控制柜上的启动按钮 SB(6 区),主接触器 KM 线圈得电吸合(8 区),三副常开主触头 KM 闭合(1 区)。使两相电源进入各凸轮控制器,一相电源直接引入各电动机定子接线端。此时由于各凸轮控制器手柄均在零位,故电动机不会运转。同时,主接触器 KM 两副常开辅助触头 KM 闭合自锁(5 区和 6 区),当松开启动按钮 SB1 后,主接触器 KM 线圈从另一条通路得电。

通路电源 1→KM(自锁触头)→SA_{1-6}→SA_{2-6}→SQ_1→SQ_3→SA_{3-6}→KM(自锁触头)→SQ_e→SQ_d→SQ_c→SQ_4→KA_0→KA_1→KA_2→KA_3→KA_4→KM(线圈)→电源 2

(2)凸轮控制器的控制

桥式起重机的大车、小车和副钩电动机容量较小,一般采用凸轮控制器控制。现以大车为例,说明控制过程。由于大车为两台电动机同时拖动,故大车凸轮控制器 SA_3 比 SA_1 及 SA_2 多了五副转子电阻控制触头,以供切除第二台电动机的转子电阻用。由图可以看出,大车凸轮控制器 SA_3 共有 11 个位置,中间位置是零位,右边五个位置,左边五个位置,控制电动机 M_3 和 M_4 的正反转(即大车的前进和后退)。四副主触头控制电动机 M_3 和 M_4 的定子电源,并实现正反转换接。10 副传子电阻控制触头分别切换电动机 M_3 和 M_4 的转子电阻 3_R 和 4_R。另有三副辅助触头为连锁触头,其中 SA_{3-5}、SA_{3-6}为电动机正反转连锁触头,SA_{3-7}为零位连锁触头。

操作过程:当合上电源总开关 QS_1,按启动按钮 SB 使主接触器 KM 线圈得电运行。

扳动凸轮控制器 SA_3 操作手柄向后位置 1,主触头 V_{2-3} M_1、$4M_1$ 接通,正反转连锁触头 SA_{3-6}接通,SA_{3-5}断开,SA_{3-7}断开,电动机 M_3、M_4 接通三相电源,同时电磁铁 YA_3、YA_4 得电(指示灯亮),使制动器放松,此时转子回路中串联着全部附加电阻,故电动机有较大的启动转矩、较小的启动电流,以最低速旋转,大车慢速向后运动。

扳动凸轮控制器 SA_3 操作手柄向后位置 2,转子电阻控制触头 $3R_5$、$4R_5$ 接通,电动机 M_3、M_4 转子回路中的附加电阻 3R、4R 各切除一段电阻,电动机转速略有升高。当手柄置于位置 3 时,控制触头 $3R_4$、$4R_4$ 接通,转子回路中的附加电阻又被切除一段,电动机转速进一步升高。这样凸轮控制器 SA_3 手柄从位置 2 循序转到位置 5 的过程中,控制触头依次闭合,转子电阻逐段切除，电动机转速逐渐升高，当电动机转子电阻全部切除时，转速达到最高速。

当凸轮控制器 SA_3 操作手柄扳至向前时，通过主触头将电动机电源换相，主触头 V_{2-3} M_3、4M 接通，W_{2-3} M_1、$4M_3$ 接通，电动机反方向旋转。另外正反转连锁触头 SA_{3-5} 接通，SA_{3-6} 断开，SA_{3-7} 断开，其他工作过程与向后完全一样。

由于断电或操作手柄扳至零位，电动机电源断电，电磁铁线圈断电，制动器将电动机制动。

小车和副钩的控制过程与大车相同。

(3) 主令控制器的控制

主钩运行有升降两个方向，主钩上升控制与凸轮控制器的工作过程基本相似。区别在于它是通过接触器来控制的。

主钩下降时与凸轮控制器的动作过程有较明显的差异。主钩下降有六挡位置。"J"，"1"，"2"挡为制动下降位置，防止在吊有重载下降时速度过快，电动机处于反接制动运行状态。"3"，"4"，"5"挡为强力下降位置，主要用于轻负载时快速强力下降。主令控制器在下降位置时六个挡位的工作情况如下。

合上开关 QS_1（1 区），QS_2（9 区），QS_3（13 区）接通主电路和控制电路电源，主令控制器手柄置于零位，触头 S_1（13 区）处于闭合状态，电压继电器 KV（13 区）线圈得电动作，其常开触头 KV（14 区）闭合自锁，为主钩电动机 M5 启动控制做好准备。

①手柄扳到制动下降位置"J"挡。主令控制器 SA_4 常闭触头 S_1 断开，常开触头 S_3，S_6，S_7，S_8 闭合，接触器 KM_2 线圈得电吸合，常开主触头 KM_2 闭合，电动机 M_5 定子绕组通入三相正相序电压，电动机 M_5 产生的电磁转矩为提升方向。另外，常开辅助触头 KM_2 闭合自锁，常闭辅助触头 KM_2 断开连锁，常开辅助触头 KM_2 闭合，为制动 KM_3 线圈得电做好准备；接触器 KM_4、KM_5 线圈得电吸合，常开触头 KM_4、KM_5 闭合，转子电阻 $5R_6$、$5R_5$ 被切除，转子回路中还接入四段电阻。此时，尽管电动机 M_5 已接通电源，但由于主令控制器的常开触头 S_4 未闭合，接触器 KM_3 线圈不能获得，故制动电磁铁 YA_5、YA_6 线圈也不能得电，制动器未释放，电动机 M_5 仍处于抱闸制动状态，迫使电动机 M_5 不能启动旋转。

这种操作常用于主钩上吊有很重的货物或工件，停留在空中或在空间移动时，因负载很重，防止抱闸制动失灵或打滑，所以使电动机产生一个向上的提升力，协助抱闸制动克服重负载所产生的下降力，以减轻抱闸制动的负担，保证运行安全。

②手柄扳到制动下降位置"1"挡。当主令控制器手柄扳至"1"挡时，除"J"挡时的 S_3，S_6，S_7 仍闭合，接触器 KM_2、KM_4 线圈仍获得吸合外，另有常开触头 S_4 闭合，接触器 KM_3 线圈得电吸合，常开主触头 KM_3 闭合，电磁铁 YA_5、YA_6 线圈得电动作，电磁抱闸制动放松，电动机 M_5 得以旋转。常开触头 KM_3 闭合自锁，并与常开辅助触头 KM_1、KM_2 并联，主要保证电动机 M_5 正反转切换过程中电磁铁 YA_5、YA_6 得电，处于非制动状态，这样就不会产生机械冲击。

由于触头 S_8 的分断，接触器 KM_5 线圈断电释放，此时仅切除一段转子电阻 $5R_6$，使电动机 M_5 产生的提升方向的电磁转矩减小。若此时负载足够大，则在负载重力下电动机作反向（下降方向）旋转，电磁转矩成为反接制动力矩迫使重负载低速下降。

③手柄扳到制动下降位置"2"挡。此时主令控制器触头 S_3，S_4，S_6 仍闭合，触头 S_7 分断，接触器 KM_4 线圈断电释放，附加电阻全部接入转子回路，是电动机向提升方向的电磁转

矩又减少,重负载下降速度比“1”挡时加快。这样,操作者可根据重负载情况及下降速度要求,适当选择“1”挡或“2”挡作为重负载合适的下降速度。

④手柄扳到强力下降位置“3”挡。此挡主令控制器触头 S_3 分断 S_2 闭合,因为“3”挡为强力下降故上升限位开关 SQ_a 失去保护作用,控制电源通路改由触头 S_2 控制。触头 S_6 分断,上升接触器 KM_2 线圈断电释放。触头 S_4,S_5,S_7,S_8 闭合,接触器 KM_1 线圈得电吸合,电动机电源相序切换反向旋转(向下降方向),常开辅助 KM_1 闭合自锁,常闭辅助触头 KM_1 断开连锁。同时接触器 KM_4,KM_5 线圈得电吸合,转子附加电阻 $5R_6$、$5R_5$ 被切除,这时轻负载便在电动机下降转矩作用下强制下落,又称强力下降。

⑤手柄扳到强力下降位置“4”挡。主令控制器的触头 S_2,S_4,S_5,S_7,S_8,S_9 闭合,接触器 KM_6 线圈得电吸合,转子附加电阻 $5R_4$ 被切除,电动机转速进一步增加,轻负载下降速度变快。另外,常开辅助触头 KM_6 闭合,为接触器 KM_7 得电做准备。

⑥手柄扳到强力下降位置“5”挡。此挡主令控制器触头 S_2 ~ S_{12} 全闭合,接触器 KM_7 ~ KM_9 线圈依次得电吸合,转子附加电阻 $5R_3$,$5R_2$,$5R_1$ 依次逐级切除,这样可以防止过大的冲击电流,同时使电动机旋转速度逐渐增加,待转子附加电阻全部被切除后,电动机以最高转速运行,负载下降速度也最快。此挡若负载重力作用较大使实际下降速度超过电动机同步转速时,由电动机运行特性可知,电磁转矩由驱动转矩变为制动转矩,即发电制动,能起到一定的制动下降作用,保证下降速度不致太高。

桥式起重机在实际运行中,操作人员要根据具体情况选择不同的运行位置和挡位。比如主令控制器手柄在强力下降位置“5”挡时,因负载重力作用太大使下降速度过快,虽有发电制动控制高速下降仍很危险。此时,就需要把主令控制器手柄扳回到制动下降位置“2”或“1”挡,进行反接制动控制下降速度。为了避免在转换过程中可能发生过高的下降速度,在接触器 KM_9 电路中常用辅助常开触头 KM_9 自锁。同时,为了不影响提升的调速,在该支路中再串联一个常开辅助常开触头 KM。这样可以保证主令控制器手柄由强力下降位置向制动下降位置转换时,接触器 KM_9 线圈始终都有电,只有手柄扳至制动下降位置后,接触器 KM_9 线圈才断电,在主令控制器 SA_4 触头开合表中可以看到,强力下降位置“4”“3”挡上有“0”的符号便是这个意义,表示当手柄由“5”挡向零位回转时,触头 S_{12} 接通。否则,如果没有以上连锁装置,在手柄由强力下降位置向制动下降位置转换时,若操作人员不小心,误把手柄停在了“4”或“3”挡上,那么正在高速下降的负载速度不但不会得到控制,反而使下降速度更为增加,可能造成恶性事故。

另外,串接在接触器 KM_2 支路中的常开触头 KM_2 与常闭触头 KM_9 并联,主要作用是当接触器 KM_1 线圈断电释放后,只有在接触器 KM_9 线圈断电释放的情况下,接触器 KM_2 线圈才允许得电并自锁,这就保证了只有在转子电路中保持一定的附加电阻前提下,才能进行反接制动,以防止反接制动时造成直接启动而产生过大的冲击电流。

思考与练习

1. 电葫芦的使用场合?
2. 电动葫芦升和降两条控制电路采用点动控制的原因是什么?
3. 桥式吊车控制电路中什么电路可以关闭整个电路?
4. 桥式吊车为什么用两个主电机驱动?

第六章　半导体基本知识

1. 了解半导体基本知识。
2. 掌握稳压直流电源原理与典型整流电路。
3. 熟悉三极管放大作用与动静态分析方法。

第一节　半导体二极管与整流电路

1. 了解半导体基本知识。
2. 掌握二极管整流电路。
3. 了解特殊二极管的原理与应用。

一、半导体二极管

1. 半导体基础知识

导电性能介于导体和绝缘体之间的物质称为半导体。常用的半导体材料有四价元素硅(Si)、锗(Ge)、硒(Se)和砷化镓(GaAs)及其他金属氧化物和硫化物等,半导体一般呈晶体结构。

纯净的不含任何杂质、晶体结构排列整齐的半导体叫做本征半导体。本征半导体的最外层电子(称为价电子)受到共价键束缚,因而它的导电能力差。半导体的导电能力随外界条件改变而改变。它具有热敏特性和光敏特性,即温度升高或受到光照,则半导体材料的导电能力增强,这是由于价电子从外界获得能量,挣脱共价键的束缚而成为自由电子。这时,在共价键结构中留下相同数量的空位,每次原子失去价电子后,变成正电荷的离子,从等效观点来看,每个空位相当于带一个电子电荷量的正电荷,称之为空穴。在半导体中,空穴也参与导电,其导电实质是在电场作用下相邻共价键中的价电子填补了空穴而产生新的空穴,而新的空穴又被其相邻的价电子填补,这个过程持续下去,就相当于带正电荷的空穴在移动。共价键结构与空穴产生示意图如图 6-1-1 所示。

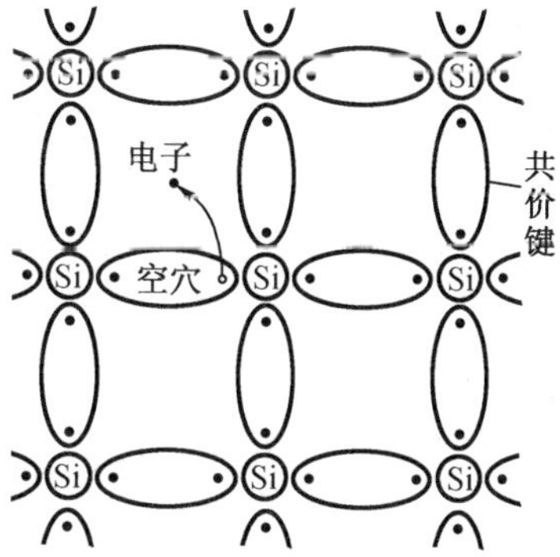

图 6-1-1　共价键结构与空穴产生示意图

本征半导体的导电能力差,但是在本征半导体中掺入某种微量元素(杂质)后,它的导电能力增如几十万甚至几百万倍。如果在本征半导体(硅)中掺入微量三价元素(硼),就形成了 P 型半导体。在掺杂过程中,每个三价原子与相邻的四个四价半导体原子组成共价键时,因其中一个共价键中缺少一个电子而产生一个空位。在室温或其他能量激发下,相邻共价键中的价电子就可能填补这些空位而在价电子原来所在位置上形成带正电的空穴。P

型半导体中空穴为多数载流子,简称多子;因热激发等原因而形成的电子为少数载流子,简称少子。在本征半导体(硅)中掺入五价元素(磷),每个五价原子与相邻四个四价半导体原子组成共价键时,有一个多余电子,就形成了N型半导体。掺杂半导体共价键结构示意图如图6-1-2所示。

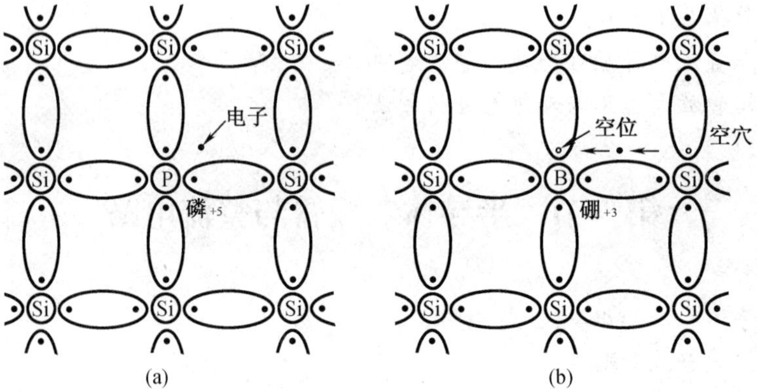

图6-1-2　掺杂半导体共价键结构示意图

(a)硅中掺磷形成自由电子;(b)硅中掺硼形成空穴

2. 二极管的结构、类型、电路符号

如果通过一定的生产工艺把半导体的P区部分和N区部分(P型半导体和N型半导体)结合在一起,则在它们的交界处就会形成一个具有单向导电性能的薄层,称为PN结。

以PN结为管芯,在P区和N区两侧均接上电极引线,并以外壳封装,就可制成半导体二极管。半导体二极管组成示意图如图6-1-3(a)所示。从P区接出的引线称为二极管的阳极(a),从N区接出的引线称为阴极(k),阳极又称正极,阴极又称负极。二极管电路符号如图6-1-3(b)所示,其中三角箭头表示二极管正向导通时电流的方向。

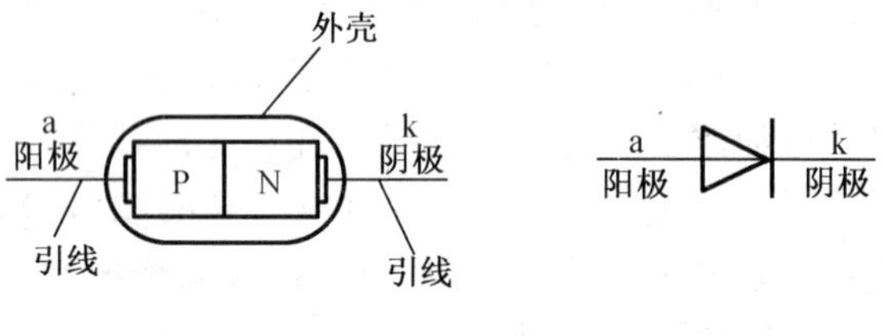

图6-1-3　二极管组成示意图和电路符号

半导体二极管按所用材料划分,可分为硅管和锗管;按制造工艺划分,可分为点接触型和面接触型两类。二极管结构示意图如图6-1-4所示。

(1)点接触型二极管

点接触型二极管结构如图6-1-4(a)所示。它是由一根很细的金属丝热压在N型锗晶片上制成的,与金属丝相接的引出线为阳极,与金属支架相接的引出线为阴极。

锗点接触型二极管,由于金属触丝与N型半导体的接触面很小,所以PN结结电容很小,允许通过的电流也很小(几十毫安以下),这类二极管适用于高频检波、变频、高频振荡等场合。国产型号检波二极管2AP系列和开关二极管2AK系列都属于这一结构。

(2)面接触型二极管

用合金法制成的面接触型二极管如图6-1-4(b)所示。面接触型二极管PN结面积较大,允许通过的电流较大,结电容也较大,这类二极管适用于工作频率较低的场合,一般

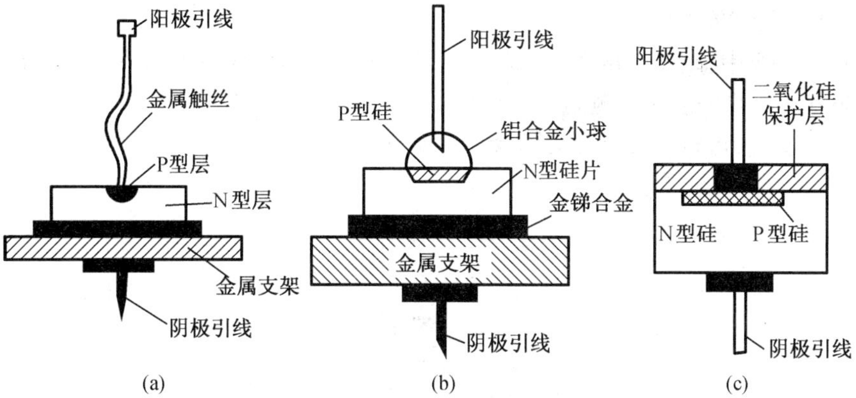

图6-1-4　二极管的结构

(a)锗点接触型二极管;(b)硅面接触型二极管;(c)硅平面型二极管

用作整流器件。国产硅二极管2CP和2CZ系列都属于这一结构。

采用光刻、杂质原子扩散等生产工艺制成的硅平面型二极管结构如图6-1-4(c)所示。它的结面积小,允许通过的电流也小。国产开关管2CK系列就是硅平面型结构的二极管。

3. 二极管的单向导电性和伏安特性

(1)二极管的单向导电性

我们把二极管接成图6-1-5(a)所示电路,当开关S闭合时,二极管阳极接电源正极,阴极接电源负极,这种情况称为二极管(PN结)正向偏置。当开关S闭合时,灯泡亮,电流表中示出较大电流,这时称二极管(PN结)导通,流过二极管电流,I_F称作正向电流。

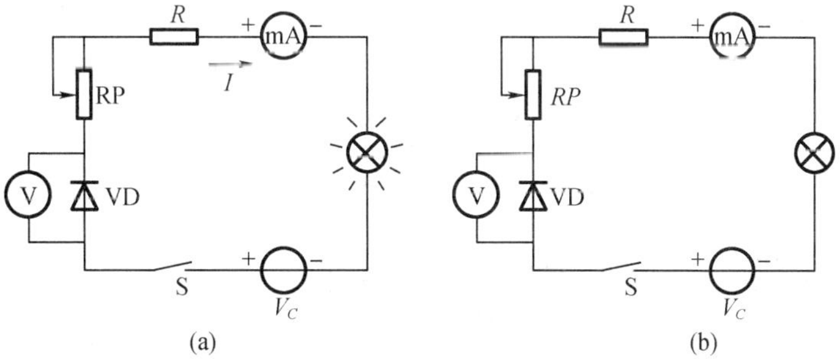

图6-1-5　半导体二极管单向导电性实验与伏安特性测试

(a)二极管正同偏置;(b)二极管反向偏置

将二极管接成图6-1-5(b)所示电路,这时二极管阳极(P区)接电源负极,阴极(N区)接正极,这时二极管(PN结)称为反向偏置。开关S闭合,灯泡不亮,从电流表中看到电流几乎为零,这时称为二极管(PN结)截止,这时二极管中仍有微小电流流过,这微小电流基本不随外加反向电压而变化,故称为反向饱和电流(亦称反向漏电流),用I_s表示,I_s很小,但它会随温度上升而显著增。所以,半导体二极管等半导体器件,热稳定性较差,在使用半导体器件时,要考虑环境温度对器件和由它构成电路的影响。

我们把二极管(PN 结)正向偏置导通、反向偏置截止的这种特性称为单向导电性。

(2)二极管的伏安特性

在图 6-1-5 中,改变电位器 RP 阻值,就可改变二极管两端电压,电压表用来测定二极管导通电压 U_F,毫安表用来测定二极管电流 I_F。

通过实验测定,可得二极管伏安特性曲线如图 6-1-6 所示。

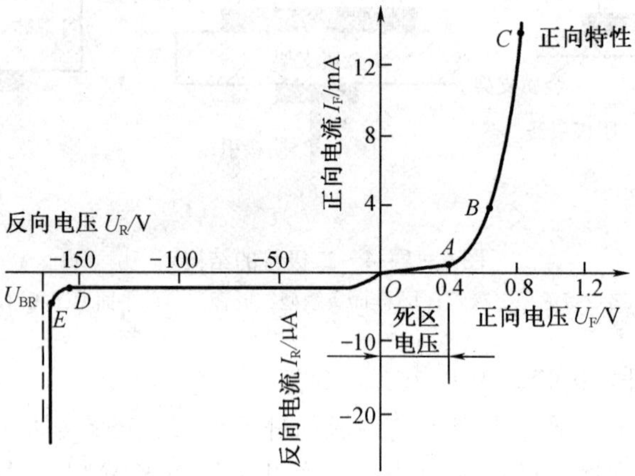

图 6-1-6　半导体二极管伏安特性

①正向特性

当二极管正向偏置时,不立即产生很大正向电流,即正向电压较小时有一段"死区",如图 6-1-6 中 *OA* 段所示。当二极管两端所加电压超过一定数值以后,正向电流随着外电压增加而快速上升,这个电压称为死区电压或阈值电压,锗管约为 0.1 V,硅管约为 0.5 V。当外加电压超过阈值电压后,曲线如图 6-1-6 中 *A* 点以后线段,正向电压稍有变化,正向电流急剧增加,此时二极管在电路中相当于一个开关导通状态。*BC* 段曲线近似于直线,称之为线性区,在此区域正向电流在相当大范围内变化,而二极管两端导通电压的变化却不大,近似为恒压特性。二极管导通电压小功率管锗管约为 0.2~0.3 V,硅管约为 0.6~0.8 V。在工程上,一般硅管取 0.7 V,锗管取 0.2 V。

②反向特性

二极管反向偏置时,二极管有微小电流通过,称为反向电流,如图 6-1-6 中 *OD* 段所示。由图可见,反向电流基本上不随反向偏置电压的变化而变化。在这时,二极管呈现很高的反向电阻,处于截止状态,在电路中相当于开关处于关断状态。

二极管的反向电流越小,表明二极管的反向性能越好。小功率硅管的反向电流在 1 μA 以下,小功率锗管达几微安到几十微安。

(3)反向击穿特性

在图 6-1-6 中,当由 *D* 点继续增加反偏电压时,反向电流在 *E* 处急剧上升,这种现象称为反向击穿,发生击穿时的电压称为反向击穿电压 U_{BR}。各类二极管的反向击穿电压大小各不相同。普通二极管、整流二极管等不允许反向击穿情况的发生,因为二极管反向击穿后,电流不加限制,会使二极管 PN 结过热而损坏。

4. 二极管引脚识别及性能简易测试

二极管阳极、阴极一般在二极管的管壳上有识别标记,有的印有二极管电路符号,对于玻璃外壳的锗二极管,有色点或黑环一端为阴极。对于极性不明的二极管,可用万用表电阻挡通过测量二极管的正、反向电阻值,来判别其阳极、阴极,具体方法如下:

用万用表电阻挡的 $R\times1$ k 或 $R\times100$ 挡测二极管的电阻值,若测得电阻值较小,则说明二极管在万用表电阻挡内置电池的偏置下正向导通,此时黑表笔所接触的一端为二极管阳极,红表笔所接触一端为阴极。若测得电阻值很大,则黑表笔所接触一端为阴极,红表笔所接触一端为阳极。

可用万用表 $R\times1$ k,$R\times100$ 挡对二极管性能进行简易测试,测试方法如图 6-1-7 所示。

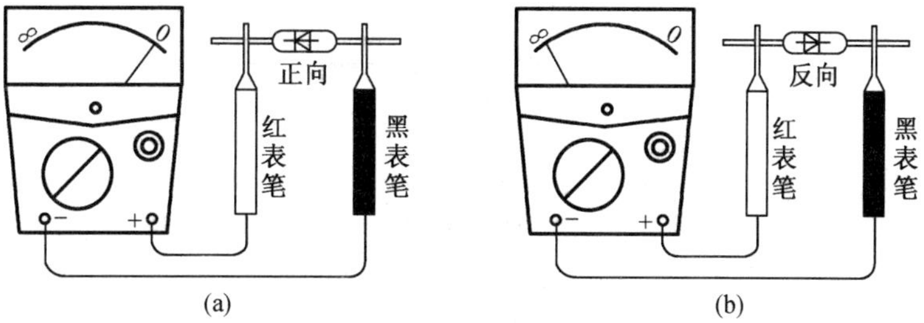

图 6-1-7　二极管性能简易测试

(a)正向测试;(b)反向测试

用万用表红表笔接二极管阴极,黑表笔接阳极,测得为正向电阻,将黑、红表笔对调测得是反向电阻。

对于小功率锗管,若测得正向电阻为 100 ~ 1 000 Ω 之间,硅管为几百到几千欧姆之间;反向电阻不论硅管还是锗管,阻值在几百千欧之上,则说明二极管的性能是正常的。

在用万用表测二极管极性和性能时,要注意以下问题:

(1)小功率二极管测试不能用 $R\times10$、$R\times1$ 挡,以防过电流损坏二极管:不能用 $R\times10$ k 挡,以防过电压击穿二极管。

(2)根据二极管的功率大小和种类的不同,选择不同倍率的电阻挡。小功率二极管用 $R\times1$ k、$R\times100$ 挡,中大功率二极管一般选用 $R\times10$ 挡或 $R\times1$ 挡。

(3)同一二极管选用万用表型号不同或同一万用表选用挡位不同所测得电阻值会有所不同,这是由于万用表的内电压、内电阻不同及二极管的非线性所致。

二、特种二极管

二极管的种类很多,有整流二极管、检波二极管、开关二极管等。此外,PN 结还有一些其他特性,利用这些特性,采用适当工艺可制成特种功能用途的二极管,如稳压二极管、光电二极管、发光二极管和变容二极管等。

1. 稳压二极管

(1)稳压二极管及其伏安特性

从上节整流二极管的伏安特性可知,当外加反向偏置电压超过一定数值后,二极管的反向电流会急剧增加,这时称之为反向击穿,反向击穿时流过二极管的电流在很大范围内变化,而管子两端电压几乎不变,这一特性称之为 PN 结的稳压特性。而这对整流二极管来说,就有可能失去单向导电性,因此在使用过程中应竭力避免。稳压二极管就是通过半导体特殊工艺处理后,使它能长期在反向击穿状态下工作,且具有很陡峭的反向击穿特性的二极管。

稳压二极管图形符号与稳压二极管伏安特性如图 6 - 1 - 8 所示。常用稳压二极管有 2CW 和 2DW 系列。

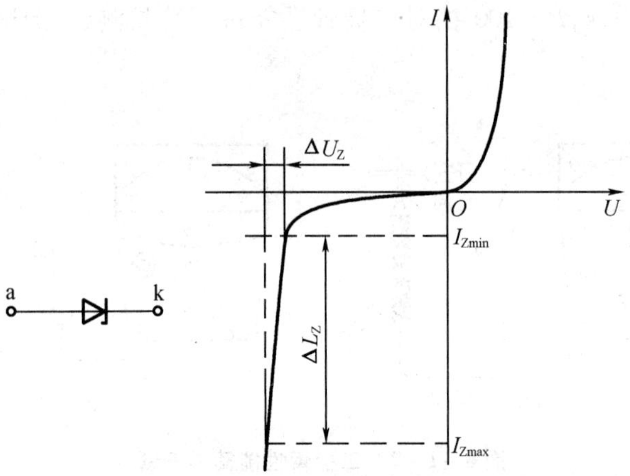

图 6 - 1 - 8 稳压二极管的电路符号与伏安特性

(a)电路符号;(b)典型稳压二极管伏安特性

(2)稳压二极管(简称稳压管)的主要参数

①稳定电压 U_Z

现即反向击穿电压,由于半导体器件的性能参数的离散性,同一型号的稳压管的 U_Z 值也不完全相同,使用时应在规定测试电流下通过测量得到。

②动态内阻 r_Z

r_Z 为稳压管反向击穿时的动态微变电阻

$$r_Z = \frac{\Delta U_Z}{\Delta I_Z}$$

在击穿区内,稳压管的 r_Z 很小,一般为十几欧。使用时应选 r_Z 小的管子,r_Z 越小,说明反向击穿特性曲线越陡,管子的稳压性越好。

③稳定电流 I_Z

I_Z 为稳压管正常使用时的工作电流,如果工作电流小于 I_Z,则稳压管稳压值不准,内阻增大,噪声增大。

④最大耗散功率 P_M

P_M 为稳压管所允许的最大功耗,超过此值,管子将会过热而损坏。

$$P_M = I_{ZM} U_Z$$

式中,I_{ZM} 为稳压管最大稳定电流。

⑤稳定电压的温度系数 α_T

α_T为温度每变化 1 ℃所引起的稳定电压相对变化量,单位为%/℃。

$$\alpha_T = \frac{\Delta U_Z}{U_Z \Delta T} \times 100\%$$

通常 $U_Z < 5$ V 的稳压管具有负温度系数,$U_Z > 8$ V 具有正温度系数,而 U_Z在 6 V 左右时稳压管的温度系数最小。

2. 发光二极管

(1)发光二极管及其驱动电路

发光二极管简称 LED,是由镓(Ga)、砷(As)、磷(P)等化合物制成的。这些材料制成的 PN 结,加上正偏电压时,将电能转化为光能而发光。光的颜色取决于制造 PN 结所用的材料。砷化镓加入一些磷发红光,磷化镓发绿光等。发光二极管按发光颜色划分,可分为红色、黄色、绿色、变色发光二极管和红外光二极管等。

发光二极管图形符号、外形图如图 6-1-9(a)所示。对于发光二极管,管脚引线较长者为正极,较短者为负极。如管帽上有凸起标志,那么靠近凸起标志的管脚就是正极。

发光二极管可以用直流、交流、脉冲等电源驱动,直流驱动电路如图 6-1-9(b)所示,交流驱动电路如图 6-1-9(c)、(d)所示。

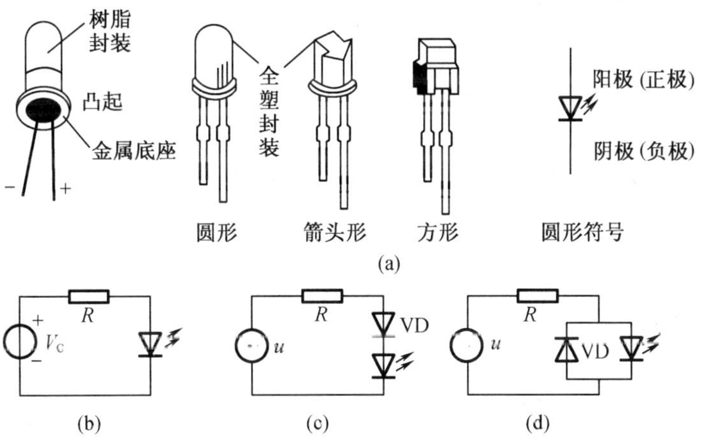

图 6-1-9　发光二极管及驱动电路

(a)图形符号、外形图;(b)直流驱动电路;(c)交流驱动电路;(d)交流驱动电路

发光二极管使用时必须正向偏置。为防止过电流而损坏,必须串接限流电阻 R。直流驱动电路的 R 阻值可用下式估算:

$$R = \frac{V_C - U_F}{I_F}$$

式中　V_C——电源电压;

U_F——LED 正向电压,取 1~2 V;

I_F——正向工作电流。

U_F与 I_F可从产品手册中查得。

(2)发光二极管使用注意事项

LED 在使用过程中应注意以下问题:

①对于全塑形封装的 LED,正、负极引脚靠环氧树脂固定,为避免管芯受热损坏和因环氧树脂受热软化致使引脚移动引起内引线断开,装配焊接时要注意:第一,印制电路板上 LED 安装孔应与管子两引脚间距相同,使引脚与环氧树脂管帽不产生应力;第二,焊接所用电烙铁应选 25 W 以下,焊接点应离管帽 4 mm 以上;第三,焊接时电烙铁接触时间不要超过 4 s,最好用镊子夹住管脚进行散热。

②要合理选择 LED 的驱动电流,不能超过允许值,以免 PN 结结温过高,缩短管子寿命。

③限流电阻 R 对保证 LED 正常工作起决定作用。一旦 R 值选定,V_C 值就不能改变,否则将会造成 LED 发光强度的变化,严重时会损坏 LED。

3. 光敏二极管

(1)光敏二极管及其主要参数

光敏二极管又称光电二极管,它是利用 PN 结在施加反向电压时,在光线照射下反向电阻由大变小的原理来工作的,即无光照射时反向电流很小,这一电流称为暗电流;当有光照射时,反向电流大,称为光电流(亮电流)。光敏二极管外形图、电路符号和应用电路如图 6-1-10 所示。

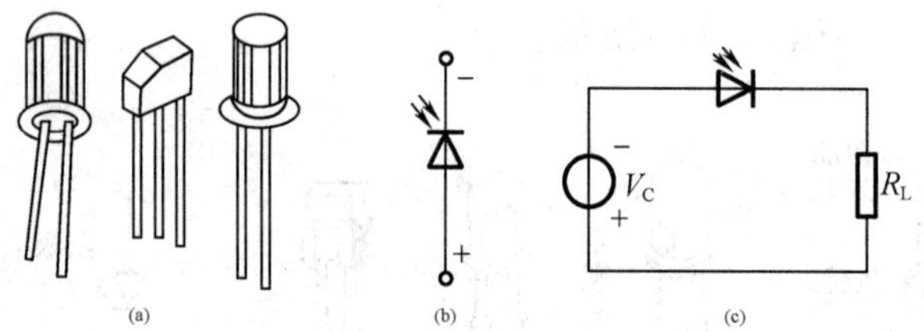

图 6-1-10 光敏二极管外形图、电路(图形)符号和应用电路

(a)外形图;(b)电路符号;(c)应用电路

光敏二极管的主要电参数有暗电流、光电流、最高工作电压。最高工作电压是指电流不超过允许值的最大反向电压。

光敏二极管的主要特性参数有:

①灵敏度 它是给定的入射光的光电流与光照功率(或光照强度)的比值,该值愈大愈好,其典型值为 0.1 $\mu A/I_x$ 数量级。

②光谱范围 指光电二极管入射光允许波长范围一般在 0.4 ~ 1.1 μm 之间。

③峰值波长 指光敏二极管灵敏度最高时入射光的波长。锗管的峰值波长为 1.465 μm,硅管的峰值波长为 0.9 μm。

④响应时间 指光敏二极管将光电信号转换成电信号所需要的时间。

(2)光敏二极管使用注意事项

光敏二极管使用过程中要注意以下问题:

①光敏二极管应用电路如图 6-1-10(c)所示,图中 R_L 为负载电阻,R_L 选取时,要保证光敏二极管反偏电压不少于 5 V;当偏置电压小于 5 V 时,光电流与入射光强度不再呈线性关系,使电路性能变坏。

②光敏二极管管壳必须保持清洁,以保证器件光电灵敏度。管壳脏了,应及时用酒精棉擦拭干净。

4. 变容二极管简介

变容二极管是利用 PN 结反偏时结电容大小随外加电压而变化的特性制成的。反偏电压增大时电容减小，反之电容增大。变容二极管的图形符号如图 6-1-11 所示。变容二极管的电容量一般较小，其最大值为几十到几百皮法，最大电容与最小电容之比约为 5∶1。它主要用于高频电路中作自动调谐、调频、调相等，例如在电视接收机的调谐回路中作可变电容等。

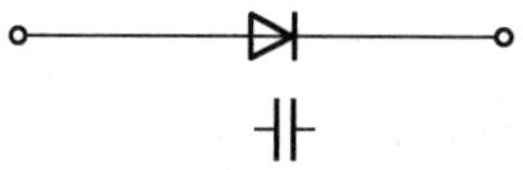

图 6-1-11　变容二极管图形符号

5. SMT 与微型二极管简介

目前，电子元器件正朝着短、小、轻、薄的方向发展。各种微型电子元器件相继问世并应用于计算机、电子仪器设备、家用电器中，如照相机、电子表、VCD、DVD 等。随着微型元器件的问世，表面安装技术 SMT 也迅速推广应用，逐步取代传统的印制电路板打孔安装技术（称为通孔组装技术）。进入 20 世纪 90 年代以来，全球采用通孔组装技术的电子产品以 11% 的速率下降，而采用 SMT 的电子产品以 8% 的速率增长。到目前为止，日本、美国等发达国家已有 80% 以上的产品采用 SMT，我国近年来也快速增长。SMT 是未来电子装配的主流。微型元器件（亦称片状元器件）具有以下特点：

（1）微型化，例如，电阻 3216R，其外形尺寸为 3.2 mm × 1.6 mm × 0.6 mm，电容 1005C 外形尺寸为 1.0 mm × 0.5 mm × 0.35 mm。

（2）引出端没有引线或只有很短的引线。

（3）能满足 SMT 要求，能实现印制电路板中的印制导线高密度化。例如印制导线的线宽与线距可减小到 0.05 ~ 0.1 mm。

微型电子元器件很多，从结构形状上划分，有薄片矩形、圆柱形、扁平异形等；从功能上分类，可分为无源元件 SMC（如片状电阻器、电容器、电感器、滤波器和陶瓷振荡器等）、有源器件 SMD（如微型二极管、晶体管、场效应晶体管、数字集成器件和模拟集成器件等）。

下面对微型二极管做简单介绍。

常见微型二极管为圆柱形、矩形两种。圆柱形微型二极管外形如图 6-1-12(a)所示，它无引线，两个端面作为阳极、阴极。外形尺寸有 2.5 mm × 5 mm 等规格。壳体一般采用黑色。

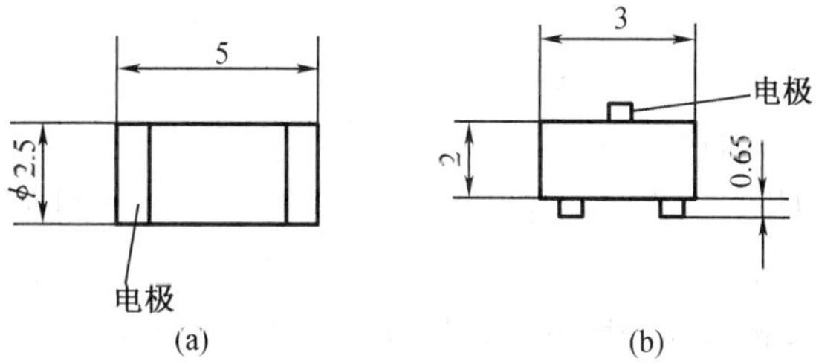

图 6-1-12　微型二极管外型

矩形片状二极管外形如图6-1-12(b)所示，它有三条仅 0.65 mm 的引线。矩形微型二极管种类较多，各有不同用途。按管内所含二极管数量来划分可分单管、对管。单管结构如图 6-1-13(a)、(b)所示。对管结构如图 6-1-13(e)、(d)、(e)所示。其中共阳对管表示两管的阳极同接在同一引脚，共阴对管表示两管阴极同接在同一引脚，NC 为空脚。

三、二极管整流滤波电路

电子设备除少数用化学电池供电外，一般都采用市电（交流电网）供电，通过整流、滤波后得到直流电。能将大小和方向都变化的工频交流电变换成单方向的脉动直流电的过程称为整流。利用二极管的单向导电性就能组成整流电路。所谓滤波，就是滤除脉动直流电

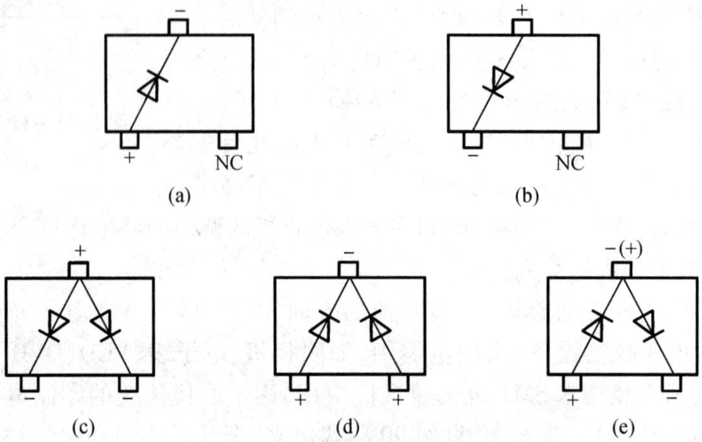

图 6－1－13 矩形片状二极管内部结构

(a)单管；(b)单管；(c)共阳对管；(d)共阴对管；(e)串接对管

中的交流成分，保留直流成分，使输出波形变得平滑。能完成滤波的功能电路称为滤波电路。

1. 单相半波整流电路

单相半波整流电路如图 6－1－14 所示，图中 T 为变压器，R_L为电阻性负载。

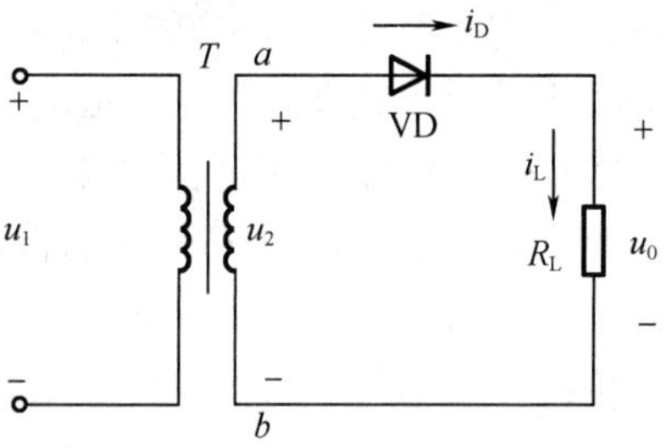

图 6－1－14 单相半波整流电路

(1)电路工作原理

设变压器二次绕组的交流电压为

$$u_2 = \sqrt{2}U_2\sin\omega t$$

式中，U_2为二次电压有效值。

u_2的波形如图 6－1－15(a)所示。设 u_2正半周期间，二次绕组电压瞬时极性上端 a 为正，下端 b 为负。二极管 VD 正偏导通，二极管和负载上有电流流过，方向如图 6－1－14 所示。若忽略二极管导通时的正向压降 U_F，则 $u_0 = u_2$。在 u_2的负半周期间，二次绕组的瞬时极性上端为负，下端为正，VD 反偏截止，R_L上电压为零，二极管上电压 $u_D = u_2$。

负载 R_L上电压和电流波形如图 6－1－15(b)、(c)所示。该电路只利用了电源电压 u_2的半个周期，故称为半波整流电路。该电路在负载上得到的是单向脉动直流电压、电流。

(2)负载上直流电压和电流的计算

负载上的直流电压是指一个周期内脉动电压的平均值。对于半波整流电路，负载上的直流电压平均值为

$$U_{O(AV)} = \frac{\sqrt{2}U_2}{\pi} \approx 0.45U_2$$

流经负载的直流电流平均值为

$$I_{L(AV)} = \frac{U_{L(AV)}}{R_L} = 0.45\frac{U_2}{R_L}$$

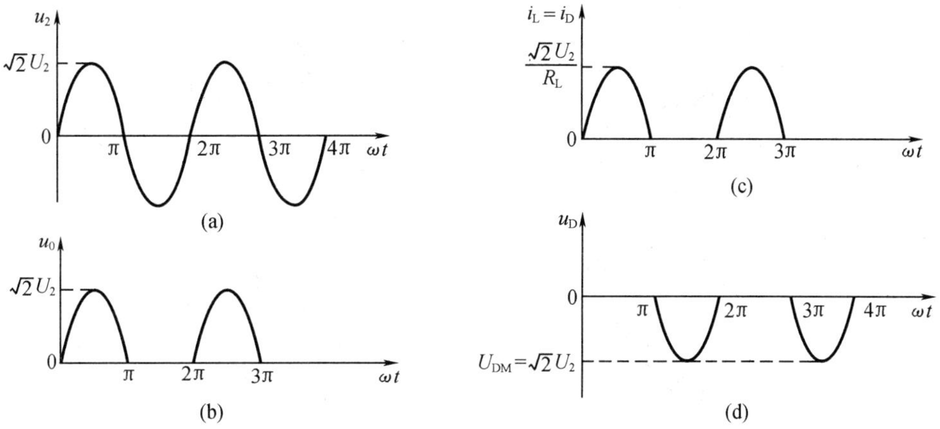

图 6－1－15　半波整流电路波形图

（3）整流二极管的选择

流经二极管的电流 i_D 与负载电流 i_L 相等，在选择二极管时 $I_F \geqslant I_D$，即

$$I_F \geqslant I_D = I_{L(AV)} = 0.45\frac{U_2}{R_L}$$

由图 6－1－15（d）可见，二极管所承受的最大反向电压 U_{DM} 等于二极管截止时两端电压的最大值，即交流电源负半波的峰值。故要求二极管的最大反向工作电压为

$$U_{RM} \geqslant U_{DM} = \sqrt{2}U_2$$

在工程实际中，查阅有关半导体器件手册选用二极管型号时，要使其性能参数值接近或略大于计算值。

2. 单相桥式整流电路

（1）电路工作原理

单相桥式整流电路如图 6－1－16 所示。设电源变压器二次绕组电压 u_2 正半周时瞬时极性上端 a 为正，下端 b 为负。二极管 VD_1、VD_3 正偏导通，VD_2、VD_4 反偏截止，导电回路为 $a \to VD_1 \to R_L \to VD_3 \to b$，负载 RL 上电压极性上正下负。负半周时，u_2 瞬时极性 a 端为负，b 端为正，二极管 VD_1、VD_3 反偏截止，VD_2、VD_4 正偏导通，导电回路为 $b \to VD_2 \to R_L \to VD_4 \to a$，$RL$ 上电压极性上正下负。u_2，i_d，u_o，i_L 波形图如图 6－1－17 所示。

（2）负载上电压、电流值的计算

在桥式整流电路中，无论在电压正半周还是在负半周，都有电流通过负载，所以输出电压平均值 $U_{O(AV)}$ 和电流的平均值 $I_{L(AV)}$ 均为半波整流电路的二倍，所以

$$U_{O(AV)} = 2\frac{\sqrt{2}U_2}{\pi} \approx 0.9U_2$$

（3）整流二极管的选择

在桥式整流电路中，四个二极管分两次轮流导通，流经每只二极管的电流为负载电流的一半，选择二极管时，$I_F \geqslant I_D$，即

$$I_F \geqslant I_D = \frac{1}{2}I_{L(AV)} = 0.45\frac{U_2}{R_L}$$

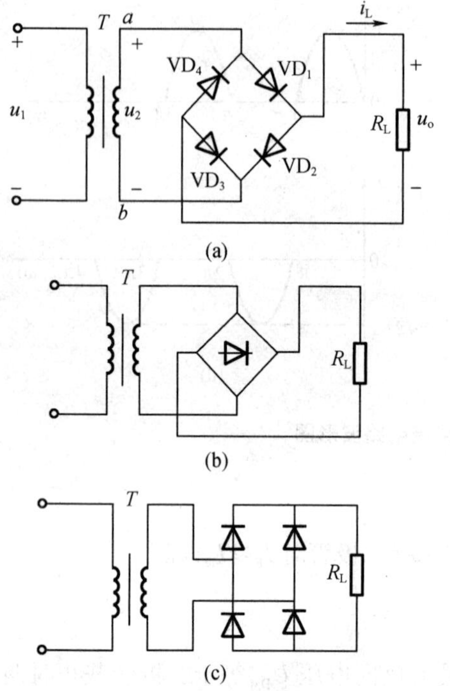

图 6－1－16　单相桥式整流电路

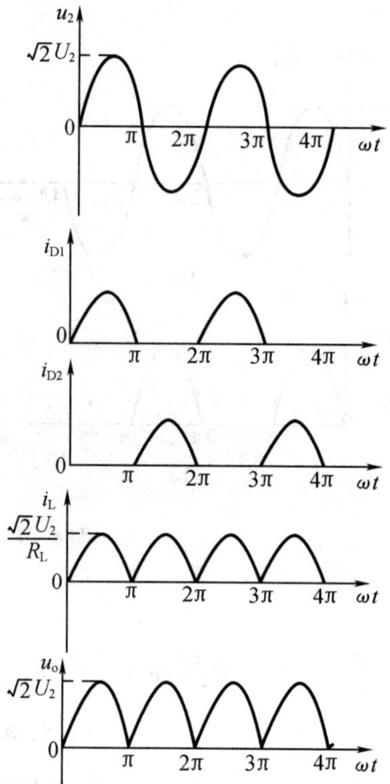

图 6－1－17　单相桥式整流波形图

从图 6－1－16 可见，二极管截止时的最大反向电压 U_{DM} 等于 u_2 的最大值，即

$$U_{DM}=\sqrt{2}U_2$$

例　某直流负载要求 $U_{L(AV)}=110$ V，$L_{L(AV)}=3$ A，要求用桥式整流电路供电，试选择二极管型号和电源变压器二次电压的有效值。

解　采用图 6－1－16 所示桥式整流电路。

变压器二次绕组电压有效值为

$$U_2=\frac{U_{L(AV)}}{0.9}=\frac{110}{0.9}\ \text{V}=122\ \text{V}$$

二极管承受最大反向电压估算

$$U_{RM}\geqslant U_{DM}=\sqrt{2}U_2=\sqrt{2}\times 122\ \text{V}=172.5\ \text{V}$$

二极管的最大整流电流估算

$$I_F\geqslant I_D=\frac{1}{2}I_{L(AV)}=0.45\frac{U_2}{R_L}=1.5\ \text{A}$$

2C256 额定正向整流电流 $I_F=3$ A，符合 $I_F\geqslant I_D$ 要求，最高反向工作电压查阅分档标志，选择 2C256E，$U_{RM}=300$ V 符合要求。

(4)硅桥式整流器简介

为使用方便，工厂生产出桥式整流组合器件——硅桥式整流器，又称桥堆。它将桥式整流电路中四个二极管集中制成一个整体，其外形图如图 6－1－18 所示。其中标有“～”引脚为交流电源输入端，其余两脚接负载。性能参数可查阅有关半导体器件手册。

3. 电容滤波电路

(1)半波整流电容并联滤波电路

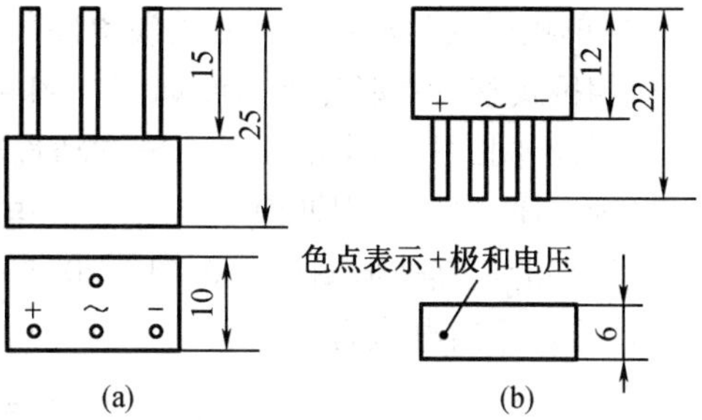

图 6-1-18　常用桥式整流器外形图

半波整流电容并联滤波电路的滤波电容直接并联在负载两端，其电路如图 6-1-19(a)所示。

电容滤波电路是利用电容能够存储电荷和电压不能突变的特性进行工作的，在图 6-1-19(a)中，当 u_2 由零逐渐上升，在 $0\sim t_1$ 期间，二极管 VD 正偏而导通，电流分成两路，一路流经负载 R_L，另一路对电容进行充电。设 r 为二极管导通时的正向电阻及变压器二次绕组直流电阻之和，充电时间常数 $\tau_{re}=(r/\!/R_L)C$。r 很小，一般 $R_L\gg r$，所以，$\tau\approx r_C$，很小。电容器两端电压 u_C 快速上升，在 t_1 时刻，u_C 达到 u_2 的峰值 $\sqrt{2}u_2$，而二极管的阳极电位是随 u_2 变化的，阴极电位是随 u_C 变化的，t_1 时刻 $u_2=u_C=\sqrt{2}u_2$，二极管零偏开始截止。R_L 上电压波形 u_0 在 $0\sim t_1$，期间波形为图 6-1-19(b)中 $0\sim A$ 段所示。在 $t_1\sim t_2$ 期间，二极管正极电位随输入电压 u_2 下降到 0 到负半周，再从 0 开始上升到 t_2 时刻对应值，阳极电位总是小于阴极电位配 u_C，二极管反偏而截止，在此期间电容 C 对负载 R_L 放电，使 R_L 上仍有电流流过。由于 $R_L\gg r$，放电时间常数 $\tau_{RC}=R_LC$ 较大，放电过程较缓慢。对应于 $t_1\sim t_2$ 期间，R_L 上电压 u_0 波形如图 6-1-19(b)中 $A\sim B$ 段所示。到 t_2 时刻，二极管阳极电位 u_2 开始大于阴极电位 u_c，二极管 VD 又开始导通，对电容 C 迅速进行充电，在 $t_1\sim t_2$ 期间，u_0 波形按图 6-1-19(b)中 $B\sim C$ 段变化。到 t_3 时刻，$u_c=u_2$，二极管又截止，使得电容 C 又开始对负载 R_L 放电。在 $t_3\sim t_4$ 期间，u_0 波形如图 6-1-19(b)中 $C\sim D$ 段变化。以后按上述过程不断重复，使 RL 上电压趋于平滑。输出直流电压平均值为

$$U_{O(AV)}=(1\sim 1.1)U_2$$

流过二极管的平均电流为

$$I_{D(AV)}=\frac{(1\sim 1.1)U_2}{R_L}$$

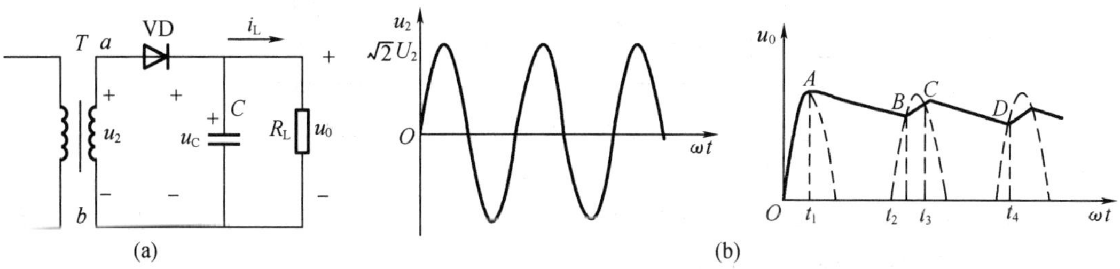

图 6-1-19　半波整流电容并联滤波电路及波形

由图 6-1-19(a)可知，在二极管截止时，变压器二次电压瞬时极性为上端 a 为负，下端 b 为正，此时电容器充电至 $\sqrt{2}U_2$，极性为上正下负，因此二极管承受的最大反向电压为两个电压相串联，为

$$U=2\sqrt{2}U_2$$

(2)单相桥式整流电容并联滤波电路

单相桥式整流并联滤波电路如图 6－1－20(a)所示。其工作原理与半波整流滤波电路基本相同,不同的是输出电压是全波脉动直流电,无论在 U_2 的正半周还是负半周,电路中总有二极管导通,在一个周期内 U_2 对电容充电两次,电容对负载放电时间大大缩短,输出电压波形更加平滑。其波形图如图 6－1－20(b)所示,图中虚线为不接滤波电容的波形,实线为滤波后波形,输出电压为

$$U=2\sqrt{2}U_2$$

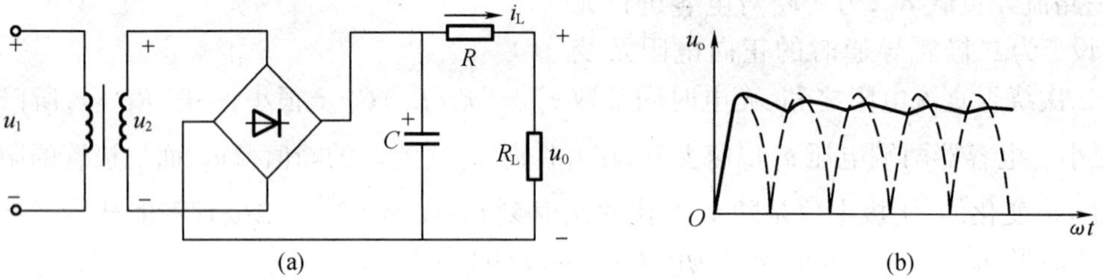

图 6－1－20　单相桥式整流并联滤波电路图和波形图

(a)电路图;(b)波形图

(3)单相桥式整流 π 型阻容滤波毫路

单相桥式整流 π 型阻容滤波电路如图 6－1－21 所示,电容器 C_1,C_2 与电阻器 R 构成 π 型滤波电路。该电路的滤波效果比电容并联滤波电路好。$U_{O(AV)}$ 可用下式估算

$$U_{O(AV)}=\frac{R_L}{R_L+R}U_{C_1}$$

式中,U_{C_1} 为 C_1 两端直流电压。

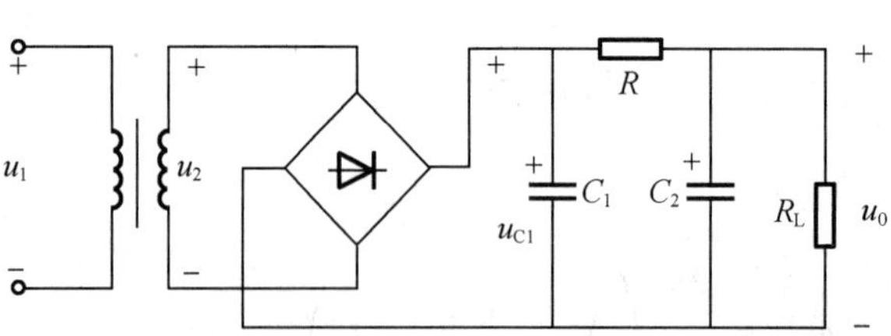

图 6－1－21　单相桥式整流 π 型阻容滤波电路

电容滤波电路效果决定于放电回路时间常数,R_LC 愈大,输出电压的脉动就愈小。滤波电容器电容量大小可根据下式选取

$$C\geqslant(3\sim5)\frac{T}{2R_L}$$

式中,T 为交流电周期,用 50 Hz 交流周期为 0.02 s。设电容器耐压值为 U_{CN},单相半波整流电容滤波电路 $U_{CN}>2\sqrt{2}U_2$,单相全波桥式整流电容滤波电路 $U_{CN}>2\sqrt{2}U_2$。

电容滤波电路适用于负载电流小且变动不大的场合。在滤波电路装接过程中要注意

电解电容极性不能接反，以免损坏电解电容或电容器发生爆炸。

此外，滤波电路还有电感滤波、*LC* 复式滤波电路等。

思考与练习

1. 空穴是________型半导体中的多数载流子，是________型半导体中的少数载流子。

2. 在杂质半导体中，多数载流子的浓度主要取决于________，而少数载流子的浓度则与________有很大关系。

3. PN 结的最主要特性是________，即加一定的正向电压时________，加一定的反向电压时________。

4. 硅二极管的导通电压约为________ V，锗二极管的导通电压约为________ V。

5. 稳压二极管正常工作时应工作在________状态，发光二极管正常工作时应工作在________状态。

6. 温度升高时，二极管在正向电流不变的情况下的正向电压________，反向电流________。

7. 图示电路，若二极管导通电压为 0.7 V，可求得输出电压 V_0 为________。

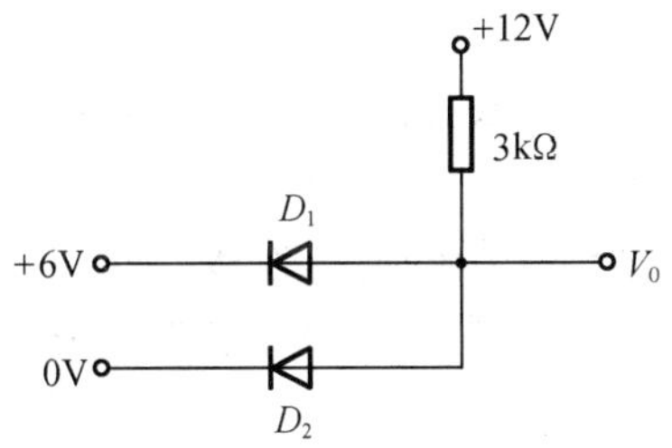

第二节　半导体三极管及放大电路

1. 了解三极管放大作用。
2. 掌握三极管的伏安特性。
3. 熟悉三极管共射放大电路与分析。

在需要将信号放大的电路中，常采用由两个 PN 结组成的半导体三极管。半导体三极管分为双极型和单极型两种。双极型三极管（BJT）又称晶体三极管，简称三极管（或晶体管），电子与空穴均参与导电。单极型三极管又称场效应晶体管（FET），它工作时只有电子（或者空穴）参与导电。本章将讨论晶体三极管及场效应晶体管的结构和工作原理，并对用三极管构成的常用放大电路（又称放大器）进行分析。

一、晶体三极管

1. 晶体三极管的结构与分类

晶体三极管（以下简称晶体管）按其结构分为 NPN 和 PNP 两类，其内部结构与符号如

图6-2-1 所示。它们有集电区、基区、发射区三个区;从这三个区引出的电极分别称为集电极 C、基极 B 和发射极 E。两个 PN 结,发射区与基区之间的 PN 结称为发射结,基区与集电区之间的 PN 结称为集电结。

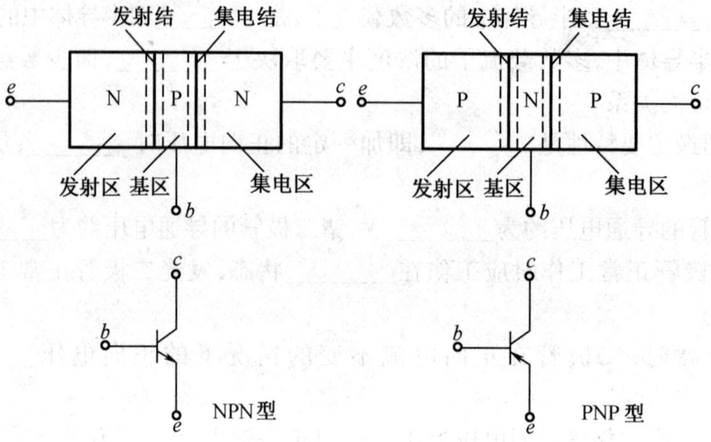

图 6-2-1　三极管的内部结构与符号

两种管子的图形符号用发射极箭头方向的不同以示区别,箭头方向表示发射结正偏时发射极电流的实际方向。

应当指出,晶体管决不是两个 PN 结的简单连接,它采用了以下制造工艺:基区很薄且杂质浓度低,发射区杂质浓度高,集电结面积大。这些都是为了保证三极管具有较好的电流放大作用。

晶体管的种类很多,除按结构(导电类型)分为。NPN 型和 PNP 型外,按工作频率可分为低额管和高频管,按功率大小可分为小功率管、中功率管和大功率管,按所用半导体材料分为硅管和锗管,按用途分为放大管和开关管等。例如,3AX31B 为锗材料 PNP 型低频小功率三极管,序号为 31,规格号为 B;3DG6C 为硅材料 NPN 型高频小功率管,序号为 6,规格号为 C;3DA2A 为硅材料高频大功率三极管,序号为 2,规格号为 A。

2. 晶体三极管的电流放大作用及其放大的基本条件

晶体三极管具有电流放大作用,下面从实验入手来分析它的放大原理。

(1)晶体三极管各电极上的电流分配

用 NPN 型三极管构成的电流分配实验电路如图 6-2-2 所示。电路中,用三只电流表分别测量三极管的集电极电流 I_C、基极电流 I_B 和发射极电流 I_E,它们的方向如图中箭头所示。基极电源 V_{BB} 通过基极偏置电阻 R_b 和电位器 R_P 给发射结提供正偏压 U_{BE};集电极电源 V_{CC} 通过集电极电阻 R_C。给集电极与发射极之间提供电压 U_{CE}。

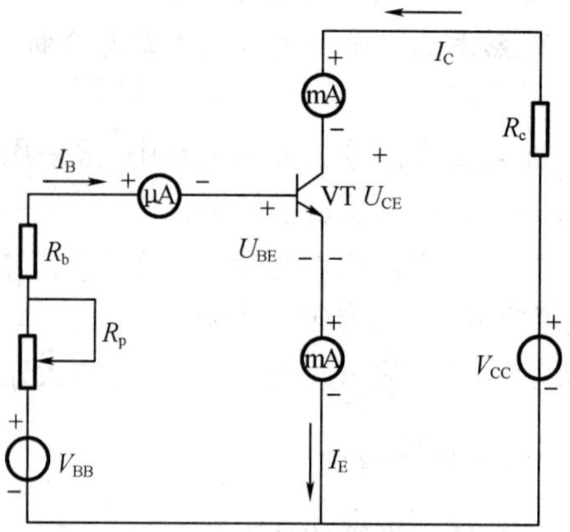

图 6-2-2　三极管电流分配实验电路

调节电位器 R_P，可以改变基极上的偏置电压 U_{BE}，从而改变基极电流 I_B 的大小。而 I_B 的变化又将引起 I_C 和 I_E 的变化。每取得一个 I_B 值，就有一组 I_C 和 I_E 值与之对应，该实验所取数据见表 6－2－1。

表 6－2－1　三极管三个电极上的电流分配

I_B/mA	0	0.01	0.02	0.03	0.04	0.05
I_C/mA	0.01	0.56	1.14	1.74	2.33	2.91
I_E/mA	0.01	0.57	1.16	1.77	2.37	2.96

表 6－2－1 所示的每一组数据，都具有如下关系

$$I_E = I_B + I_C$$

该式表明，发射极电流等于基极电流与集电极电流之和。若将三极管看成一个节点，根据基尔霍夫定律，则可表示为：流入三极管的电流之和等于流出三极管的电流之和。在 NPN 管中 I_B、I_C 流入，I_E 流出；在 PNP 管中，则是 I_E 流入，I_B、I_C 流出。

（2）晶体三极管的电流放大作用

从表 6－2－1 可以看到，当基极电流 I_B 从 0.02 mA 变化到 0.03 mA 时，集电极电流 I_C 随之从 1.14 mA 变化到了 1.74 mA，这两个变化量相比 $(1.74 - 1.14)/(0.03 - 0.02) = 60$，说明此三极管集电极电流，$I_C$ 的变化量是基极电流 I_B 的变化量的 60 倍。

可见，由于基极电流 I_B 的变化，使集电极电流 I_C 发生更大曲变化，即基极电流 I_B 的微小变化控制了集电极电流 I_C 较大的变化，这就是三极管的电流放大作用。三投管是一个电流控制器件。

值得注意的是，在三极管放大作用中，被放大的集电极电流 I_C 是电源提供的，并不是三极管自身制造或生成了能量，它实际体现了用小信号控制大信号的一种能量控制作用。

（3）晶体三极管放大的基本条件

要使晶体三极管具有放大作用，必须要有合适的偏置条件，即发射结正向偏置，集电结反向偏置。具体来说，对于 NPN 型三极管，集电极电压必须高于基极电压，基极电压又高于发射极电压，即 $U_C > U_B > U_E$；而对于 PNP 型三极管，则与之相反，即 $U_C < U_B < U_E$。

3. 晶体三极管的伏安特性曲线

晶体三极管的伏安特性可以用它的各个电极上电压和电流之间的关系曲线来表示，这种曲线称为三极管的伏安特性曲线或特性曲线，它是三极管内部特性的外部表现，是分析由三极管组成的放大电路和选择管子参数的重要依据。常用的是输入特性曲线和输出特性曲线。

晶体三极管在电路中的连接方式（组态）不同，其特性曲线也不同，下面以 NPN 型为例，讨论应用最为广泛的共射特性曲线，其测试电路如图 6－2－3 所示。

（1）输入特性曲线

晶体三极管的发射输入特性曲线表示当管子的输出电压 u_{CE} 为常数时，输入电流 i_B 与输入电压 u_{BE} 之间的关系曲线，即

$$i_B = f(u_{BE}) \mid u_{CE} = 常数$$

先固定 u_{CE} 为某一值，调节电路中的 R_P，可得到与之对应的 i_B 和 u_{BE} 值。在以 u_{BE} 为横

轴、i_B为纵轴的直角坐标系中按所取数据描点，得到一条 i_B 与 u_{BE} 的关系曲线；再改变 u_{CE}为另一固定值，又得到另一条 i_B 与 u_{BE} 的关系曲线。图 6－2－4(a)为 NPN 型硅管 3DG4 的共射输入特性曲线。$u_{CE}>1$ V 曲线与 $u_{CE}=1$ V 曲线重合。

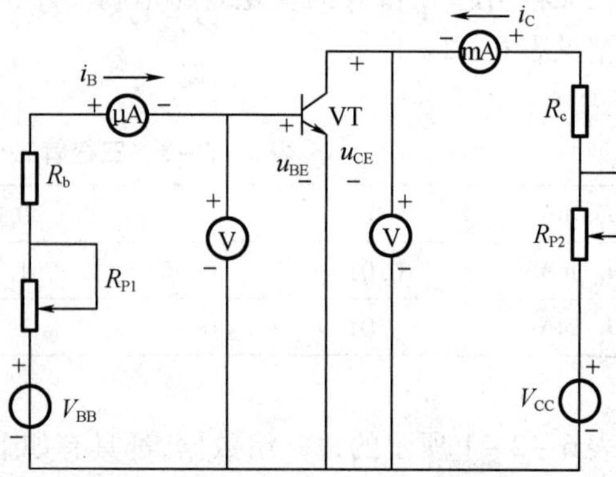

图 6－2－3　三极管共射特性曲线测试电路

①$u_{CE}=0$ 时，u_{BE}加在发射结上，该三极管相当于两个二极管并联，等效电路如图 6－2－4(b)所示，所以三极管的输入特性曲线与二极管伏安特性曲线的正向特性相似，u_{BE}与 i_B 也为非线性关系，同样存在着死区，这个死区电压的大小与三极管材料有关，硅管约为 0.5 V，锗管约为 0.1 V。

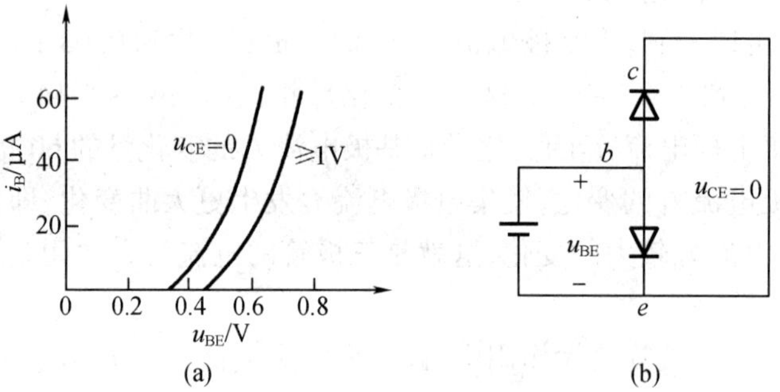

图 6－2－4　共射输入特性

(a)输入特性曲线；(b)$u_{CE}=0$ 时输入等效电路

②从该曲线可看出，三极管正常工作时，加在发射结上的正向偏压 u_{BE} 只能为零点几伏。其中硅管为 0.7 V 左右，锗管为 0.2 V 左右，这是检查放大电路中三极管是否处于放大状态的依据之一。

(2)输出特性曲线

晶体三极管的共射输出特性曲线表示当管子的输入电流 i_B 为某一常数时，输出电流 i_C 与输出电压 u_{CE}之间的关系曲线，即

$$i_B=f(u_{CE})\mid i_B=\text{常数}$$

在测试电路中，先使基极电流 i_B为某一定值，再调节 R_{P2}，可得与之对应的 u_{CE}和 i_C值，将这些数据在以 u_{CE}为横轴、i_C为纵轴的直角坐标系中描点，得到一条 u_{CE} 与 i_C 的关系曲线；再改变 i_C为另一个固定值，又得到另一条曲线。若用一组 i_B 的不同数值可得到如图 6－2－5 所示的共射输出特性曲线。

由图 6－2－5 中可以看出，曲线起始部分较陡，且不同 i_B 曲线的上升部分几乎重合；随着 u_{CE}的增大，i_B跟着增大；当 u_{CE}大于 1 V 左右以后，曲线比较平坦，只略有上翘，这说明三极管具有恒流特性，即 u_{CE}变化时，i_B基本上不变。输出特性是非线性的，晶体三极管是一种

非线性器件。

晶体三极管输出特性曲线可分为四个区域。

①截止区　截止区就是 $i_B=0$ 曲线以下的区域。u_{BE} 在死区电压之内，集电结与发射结均反偏。此时三极管各极电流均很小（接近或等于零），e，b，e 极之间近似看作开路。

②放大区　放大区是指 $i_B>0$ 和 $u_{CE}>u_{BE}$ 的区域，就是曲线的平坦部分。在放大区，发射结正偏，集电结反偏，当如有一个微小变化时，i_B 将发生较大变化，体现了三极管的电流放大作用。曲线间的间隔大小反映出三极管电流放大能力的大小。三极管只有工作在放大区才有放大作用。放大时硅管 $U_{BE}\approx0.7$ V，锗管 $U_{BE}\approx0.2$ V；$U_{CE}>1$ V。

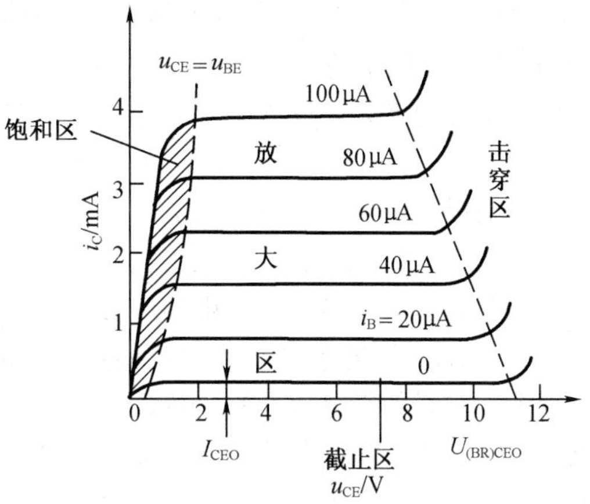

图 6-2-5　共射输出特性曲线

③饱和区　饱和区是指 $u_{CE}\leq u_{BE}$ 的区域。在饱和区，发射结和集电结均正偏，i_B 随着 u_{CE} 变化而变化，却几乎不受 i_B 的控制，三极管失去放大作用。

此时，三极管各极之间电压很小。饱和时的 u_{CE} 称为饱和压降，用 U_{CE}(sat) 表示，小功率硅管 U_{CE}(sat) $=0.3$ V，小功率锗管 U_{CE}(sat) $=0.1$ V。

④击穿区当 u_{CE} 增大到某一值时，i_B 将急剧增加，特性曲线上翘，这时三极管发生击穿。

此外，由于电源电压极性和电流方向不同，PNP 管的特性曲线与 NPN 管的特性曲线将是相反、“倒置”的。

4. 晶体三极管的主要参数及温度对特性的影响

晶体三极管的参数是用来表征管子性能优劣和适用范围的，它是合理选用三极管的依据。

（1）电流放大系数

电流放大系数是表征三极管放大能力的参数。

①共发射极电路直流电流放大系数

图 6-2-2 所示电路就是共发射极电路。电路的信号由三极管基极和发射极之间输入，由集电极和发射极之间输出，发射极成为输入、输出信号的公共端，因此得名。

电路无交流信号输入而工作在直流状态时，称作静态。此时三极管集电极直流电流 I_C 与基极直流电流 I_B 的比值，称为直流电流放大系数，用 $\bar{\beta}$ 表示，即

$$\bar{\beta}=\frac{I_C}{I_B}$$

②共发射极电路交流电流放大系数

电路中，当基极回路有信号输入时，将得到变化的基极电流和更大变化的集电极电流。集电极电流变化量 ΔI_C 与基极电流变化量 ΔI_B 的比值，称为交流电流放大系数，用 β 表示，即

$$\beta=\frac{\Delta I_C}{\Delta I_B}$$

一般 $\bar{\beta}$ 与 β 数值相近，基本上可认为 $\bar{\beta}=\beta$，以后只用 β 表示。

三极管β值的大小会受温度的影响,温度升高,β值增大;温度每升高1 ℃,β值增加0.5% ~1%,这反映在输出特性曲线上,各条曲线的间距增大。

(2)极间反间电流

极间反向电流是表征管子工作稳定性的参数。由于极间反向电流受温度影响很大,故其值太大,将使管子不能稳定工作,使用中总希望这类电流越小越好。

①集电极—基极反向饱和电流I_{CBO}

I_{CBO}是三极管发射极开路,集电极与基极间加上一定反向电压时的电流。在一定温度下,I_{CBO}接近于常数,所以又称为发射极开路时的集电极—基极反向饱和电流。室温下,小功率硅管的I_{CBO}小于1 μA,小功率锗管大于1 μA,温度升高时I_{CBO}会增大,使管子的稳定性变差。其测量电路如图6-2-6(a)所示。

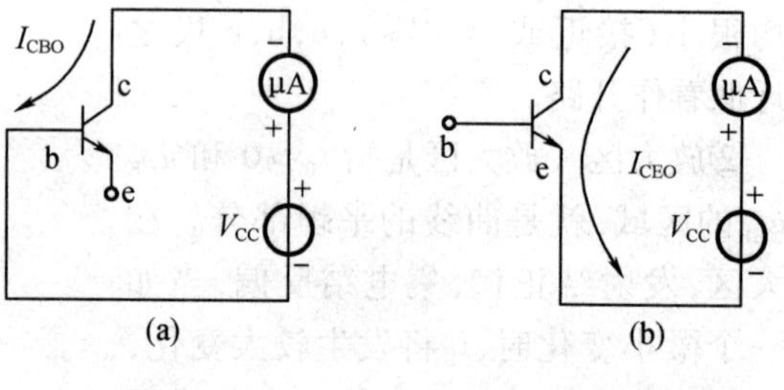

图6-2-6　极间反向电流的测量

(a)测量I_{CBO}的电路;(b)测量I_{CEO}的电路

②集电极—发射极反向饱和电流(穿透电流)I_{CEO}

I_{CEO}是三极管基极开路,集电极与发射极之间加上规定电压时的电流。因为I_{CEO}由集电区穿过基区而到发射区,所以又称为穿透电流,温度越高,I_{CEO}越大,其测量电路如图6-2-6(b)所示。

I_{CBO}与I_{CEO}的关系是

$$I_{CEO}=(1+\beta)I_{CBO}$$

所以,I_{CEO}受温度的影响更为严重。在选用三极管时,要求选用I_{CEO}小的管子,而且β值也不宜太大。

(3)极限参数

极限参数是表征三极管能安全工作的参数,即三极管所允许的电流、电压和功率等的极限值。

①集电极最大允许电流I_{CM}

当集电极电流I_C超过一定数值后,β将明显下降。一般以β下降到正常值的2/3时的I_C值作为集电极最大允许电流I_{CM}。可见,当工作电流超过I_{CM}时,管子不一定会损坏,但它的放大倍数却大大降低了。

②集电极—发射极间反向击穿电压$U_{(BR)CEO}$

指基极开路时,集电极与发射极之间所能承受的最高反向电压。在输出特性曲线中,I_{CEO}曲线上翘点所对应的电压即为$U_{(BR)CEO}$。在温度升高的情况下,这个数值还得降低,才能保证管子安全。

③集电极最大允许耗散功率P_{CM}

指集电结允许功率损耗的最大值,其大小主要决定于允许的集电结结温。一般硅管允许结温为150 ℃,锗管约为70 ℃。显然,P_{CM}的大小与管子的散热条件及环境温度有关。

根据此式,可在输出特性曲线上画出管子的最大允许功耗线. 再综合I_{CM},$U_{(BR)CEO}$的要求,可画出管子的安全工作区,如图6-2-7所示。

5. 晶体三极管的引脚判别及性能粗侧

(1)晶体三极管的引脚判别

晶体三极管引脚判别示意图如图 6－2－8(a)、(b)所示。

①基极与管子类型的判别

将万用表欧姆挡拨到 $R\times1k$ 挡,用黑表笔接三极管的某一极,再用红表笔分别去接触另外两个电极,可以测得两个电阻值,然后将黑表笔换接一个电极再测,重复上述步骤,又测得一组阻值,这样测 3 次;其中有一组两个阻值都很小的,对应测得这组值的黑表笔接的极为基极,且管子是 NPN 型的。反之,若用红表笔接一个管脚,重复上述做法,若测得两个阻值都较小,对应红表笔的管教为基极,且管子为 PNP 型的。

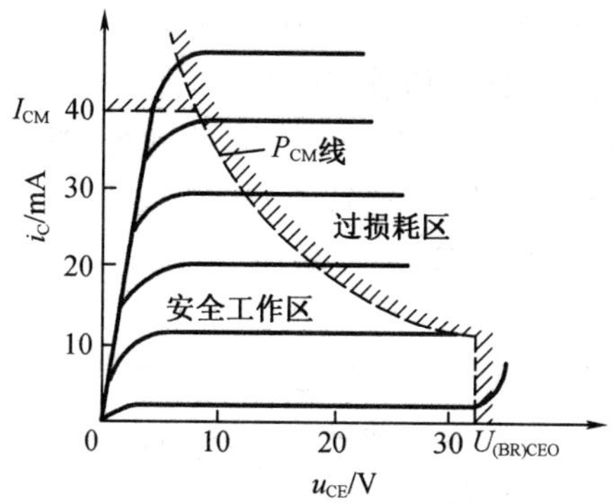

图 6－2－7　三极管的安全工作区

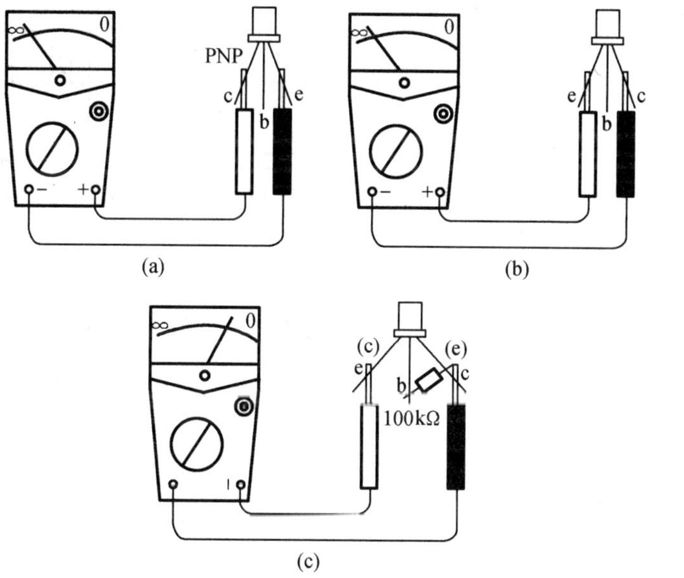

图 6－2－8　用万用表测三极管

②集电极、发射极的判别

因为三极管发射极和集电极正确连接时 β 大(表针摆动幅度大),反接时 β 就小得多。因此,先假设一个集电极,用欧姆表连接(对 NPN 型管,发射极接黑表笔,集电极接红表笔)。测量时,用手捏住基极和假设的集电极,两极不能接触,若指针摆动幅度大,而把两极对调后指针摆动小,则说明假设是正确的,从而确定集电极和发射极,如图 6－2－8 所示。

(2)用万用表粗测晶体三极管性能

①晶体三极管极间电阻的测量

通过测量三极管极间电阻的大小,可判断管子质量的优劣。测量时,要注意量程的选择。测量小功率管时,应当用 $R\times1$ k 或 $R\times100$ 挡。测量大功率锗管时,则要用 $R\times1$ 或 $R\times10$ 挡。

对于质量良好的中、小功率三极管，基极与集电极、基极与发射极正向电阻一般为几百欧到几千欧，其余的极间电阻都很高，约为几百千欧。硅管要比锗管的极间电阻高。

②晶体三极管穿透电流的估测

对于 PNP 管，红表笔接集电极，黑表笔接发射极，用 $R\times1$ k 挡测的阻值应在 50 kΩ 以上，此值越大，说明管子的穿透电流越小，管子性能优良；若阻值小于 25 kΩ，则该管不宜选用。对于 NPN 管，应将红、黑表笔对调测其电阻，阻值应比 PNP 管大很多，一般应在几百千欧。

③电流放大系数 β 值的估测

电流放大系数 β 值估测如图 6－2－8(c)所示，将万用表拨到 $R\times1$ k 挡。对于 NPN 型管，红表笔接发射极，黑表笔接集电极，测出两极之间电阻，记下阻值，然后在基极与集电极之间接入一个 100 kΩ 电阻。此时的阻值比不接电阻时要小。两次测得的电阻值相差越大，则说明 β 值越大，放大能力越好；若差值很小，说明管子的放大能力很小。对于 PNP 三极管，测量时只要将红、黑表笔对调即可，其他方法完全一样。

6. 微型三极管简介

下面对采用 SOT－23 封装形式的微型三极管做一简单介绍。图 6－2－9 给出了它的外形尺寸及引脚分布，标注尺寸单位为 mm。

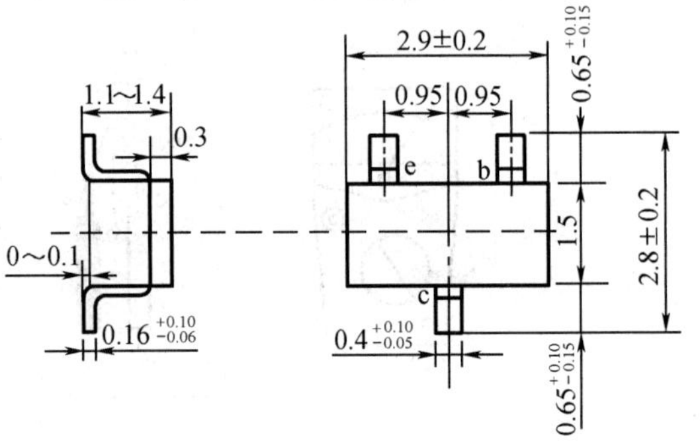

图 6－2－9　SOT－23 封装形式的微型三极管

由于微型三极管体积小，管壳上不可能印上型号，故用代号或标记(标志)表示型号，其标记由字母和数字组成，最多不超过 4 位。

微型三极管体积小，耗散功率也较小，约为 150 ~ 300 mW，其他参数变化不大。电路设计时，应考虑散热条件。另外，它还具有以下优点：可靠性高，抗震性好，高频特性佳，有利于电子设备实现自动化生产，降低制造成本。

7. 光敏晶体管

光敏晶体管(又称光敏三极管)是一种半导体光电器件，它的电流受外部光照的控制，在完成光电转换时将光电流进行了放大，灵敏度比光敏二极管高。光敏晶体管的外形、电路符号和等效电路如图 6－2－10 所示，它可以看作是集电结上并联了一个光敏二极管的普通三极管。在光照的作用下，光敏二极管将光信号转换成电信号，并经晶体管放大。显然，

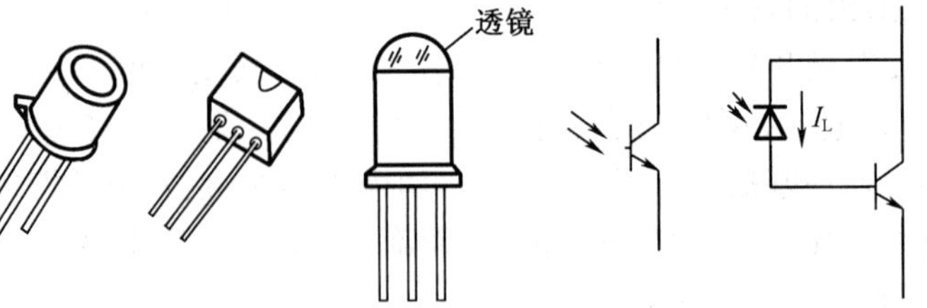

(a)　(b)　(c)

图 6－2－10　光敏晶体管

(a)外形；(b)图形符号；(c)等效电路

在晶体管的电流放大系数为β时，光敏晶体管的光电流要比光敏二极管的光电流大β倍。

除了基极无引线的形式外，光敏晶体管还有基极有引线和达林顿型两种形式。在使用时，光敏晶体管必须外加偏置电路，以保证光敏晶体管发射结正偏，集电结反偏。工作时电压、电流、功耗等不允许超过其最大值。另外，光敏晶体管对不同波长光的反应灵敏度不同，这在选用光源时应加以注意。

二、共射基本放大电路

放大电路又称为放大器，它的功能是利用三极管的电流放大作用，把微弱的电信号（简称信号，指变化的电压、、电流等）不失真地放大到所需要的数值，实现将直流电源的能量部分地转化为按输入信号规律变化的且具有较大能量的输出信号。所以，放大电路的实质是一种用较小的能量去控制较大能量的能量控制装置。

1. 放大电路的基本要求

要使放大电路完成预定的放大功能，必须满足以下要求：

（1）应具备为放大电路提供能量的直流电源。电源的极性应满足三极管发射结正偏、集电结反偏的条件，使三极管工作在放大区。

（2）信号输入回路中，应难使输入信号在基极产生电流i_B，以控制集电极电流i_C。

（3）输出回路中，应能产生受基极电流i_B控制的集电极电流i_C，并以尽可能小的损耗输送到负载。

（4）元件参数的选择要保证信号能不失真地放大，并满足放大电路的性能指标要求。

2. 共射基本放大电路的组成、工作原理

（1）共射基本放大电路的组成

图6－2－11是一个根据上述要求构成的阻容耦合单管共射基本放大电路。图中，三极管VT是NPN型管，起电流放大作用，是整个电路的核心。V_{CC}是直流电源，它为发射结提供正向偏置电压，为集电结提供反向偏置电压，也是信号放大的能源，一般为几伏至几十伏。R_b是基极偏置电阻，它和电源V_{CC}一起为基极提供一个合适的基极电流I_B（常称为偏流），R_L的取值一般为几十千欧至几百千欧。R_e是集电极负载电阻，它将集电极电流如的变化转换

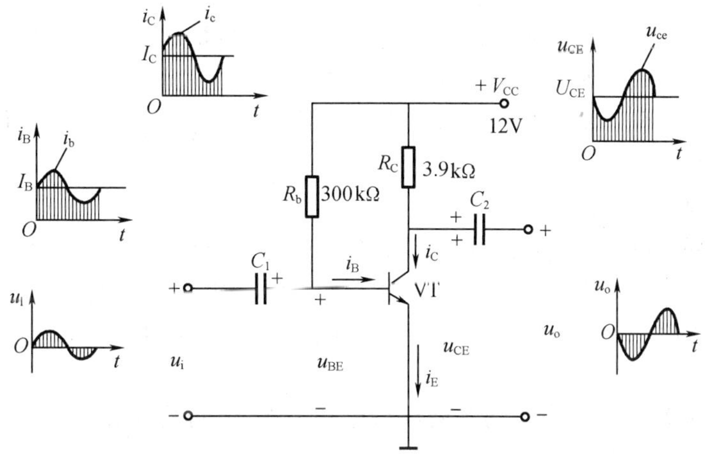

图6－2－11　共射基本放大电路

成变化的电压—放大器的输出信号电压，即通过 R_e 把三极篱的电流放大作用转换为电压放大作用。R_e 的取值一般为几百欧至几千欧。C_1、C_2 分别是输入、输出信号耦合电容，又叫隔直电容，其作用是隔断直流、传送交流。C_1、C_2 常选用容量较大的电解电容，一般是几微法至几十微法。

(2)共射基本放大电路的工作原理

未加输入信号 u_i 时，电路的工作状态为静态，其各处的电压、电流都为固定的静态值，如 U_{BE}、I_B、I_C 和 U_{CE}，输出电压 $u_o=0$。

当正弦信号 u_i 输入时，发射结两端电压 u_{BE}。在静态值 U_{BE} 的基础上变化了 $u_{be}(u_{be}=u_i)$，即

$$u_{BE}=U_{BE}+u_{be}=U_{BE}+u_i$$

如果 U_{BE} 大于三极管死区电压，且 u_i 很小，i_B 将随 u_{BE} 的变化而变化。i_B 也在静态值 I_B 基础上变化了 i_b 即

$$i_B=I_B+i_b$$

由于三极管的电流放大作用

$$i_C=\beta i_B=\beta I_B+\beta i_b=I_c+i_c$$

式中，$I_C=\beta I_B$，$i_c=\beta i_b$，说明集电极电流 i_c 也在静态值 I_C 的基础上叠加了交流分量 i_c。

由图 6-2-11 可见，$u_{CE}=V_{CC}-i_CR_e$。静态时，$u_{CE}=U_{CE}=V_{CC}-I_CR_e$。加入信号 u_j 后，$i_c=I_C+i_c$ 则

$$u_{CE}=V_{CC}-i_CR_c=(V_{CC}-I_CR_c)-i_cR_c=U_{CE}+u_{ce}$$

式中，$u_{ce}=-i_cR_c$，这说明 u_{CE} 也在静态值 U_{CE} 的基础上变化了 u_{ce}。

u_{CE} 中的直流成分 U_{CE} 被耦合电容 C_2 隔断，交流成分 u_{ce} 经 C_2 传送到输出端，成为输出电压配 u_o 即

$$u_o=u_{ce}-i_cR_c$$

式中，负号表示 u_o 与 i_c 相位相反，由于 i_c 与 i_b、u 相位相同，因此 u_o 与 u_i 相位相反。电路中相应的电压、电流波形如图 6-2-11 中所示。

只要电路参数选择适当，u_o 的幅值将比 u_i 的幅值大得多，从而达到电压放大的目的。在分析放大电路时，需注意以下问题：

(1)三极管上各极的电流和各极间的电压都是在直流量的基础上叠加一个随输入信号变化的交流量，放大电路处于交、直流并存的状态。

(2)为了便于分析，本书对各类电流、电压的符号作了统一的规定，在使用时要注意区分各个符号的含义。

3. 直流通路与交流通路

对放大电路的分析包括静态分析和动态分析。静态分析的对象是直流量，用来确定管子的静态工作点；动态分析的对象是交流量，用来求放大电路的性能指标。为了分析问题的方便，常将放大电路分别画出直流通路和交流通路，把直流静态量和交流动态量分开来研究。

下面以图 6-2-12(a)所示的共射放大电路为例，说明其画法。图中，u_s 为信号源，R_s 为信号源内阻，R_L 为放大电路的负载电阻。

(1)直流通路的画法

电路在输入信号为零时所形成的电流通路，称为直流通路。画直流通路时，将电容视

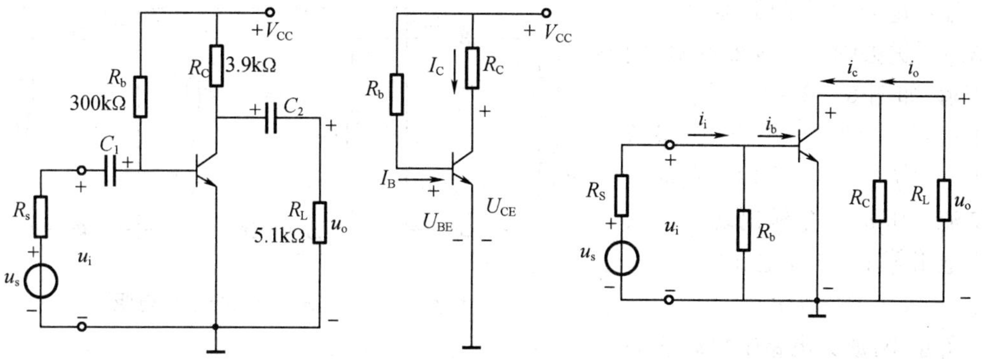

图 6－2－12　共射基本放大电路及其直流通路、交流通路

(a)共射放大电路;(b)直流通路;(c)交流通路

为开路,其他不变。图 6－2－12(a)电路的直流通路如图 6－2－12(b)所示。

(2)交流通路的画法

电路只考虑交流信号时所形成的电流通路称为交流通路。它的画法是,将容量较大的电容视为短路,将直流电源也视为短路,其他不变。画出图 6－2－12(a)电路的交流通路如图 6－2－12(c)所示。

4. 放大电路的常用性能指标

(1)放大倍数

放大倍数是衡量放大电路放大能力的指标,常用 A 表示。放大倍数可分为电压放大倍数、电流放大倍数和功率放大倍数。

放大电路输出电压与输入电压之比,称为电压放大倍数,用 A_u 表示,即

$$A_u = u_o / u_i$$

放大电路输出电流与输入电流之比,称为电流放大倍数,用 A_i 表示,即

$$A_i = i_o / i_i$$

放大电路输出功率与输入功率之比,称为功率放大倍数:用 A_p 表示,即

$$A_p = P_o / P_i = |A_u A_i|$$

工程上常用对数来表示放大倍数,称为增益 G,单位为分贝(dB),常用的有

$$G_u = 20\lg|A_u|$$

$$G_i = 20\lg|A_i|$$

$$G_p = 20\lg A_p$$

(2)输入电阻

输入电阻就是向放大电路输入端看进去的交流等效电阻,用 R_i 表示。在数值上等于输入电压 u_i 与输入电流 i_i 之比,即

$$R_i = u_i / i_i$$

由图 6－2－13 可以看出,足相当于信号源的负载,而 i_i 则是放大电路向信号源索取的电流,R_i 越大,信号源的电压更多地传输到放大电路的输入端。实际应用中,总希望 R_i 大一些。

(3)输出电阻

输出电阻就是从输出端(不包括 R_L)看进去的交流等效电阻,用 R_o表示,如图 6－2－13 所示。R_o的求法:先将信号源短路,但保留内阻 R_s,将 R_L开路,在输出端加一个交流电压 u,产生输出端电流 i,输出电阻等于 u 与 i 之比即

$$R_o = u/i$$

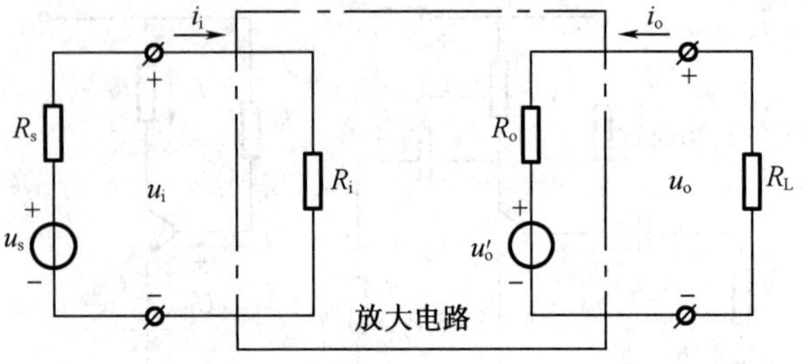

图 6－2－13　输入电阻与输出电阻

R_o越小,放大电路带负载能力越强,且负载变化时,对放大电路影响也小,所以 R_o越小越好。

(4)最大输出幅值

最大输出幅值是指放大的信号基本不失真时,放大电路的最大正弦输出信号的幅值,它包括最大输出电压幅值和最大输出电流幅值,常用的是最大电压幅值 U_{omax}。

5. 共射基本电路的估算

估算法是用方程式通过近似计算来分析放大器的方法,估算法比较简便,且准确性较好,在分析小信号放大器时尤为适用。

(1)共射基本电路静态工作点的估算

静态工作点可以由放大电路的直流通路采用估算法求得,也可以由图解法确定。下面就以估算法确定共射基本电路的静态工作点。

在如图 6－2－12(b)所示共射基本电路的直流通路中,由 $+V_{CC} \to R_b \to$ b 极→e 极→地可得,$V_{CC} = I_B R_b + U_{BE}$,$U_{BE}$对于硅管约为 0.7 V,锗管约为 0.2 V(绝对值),一般 $V_{CC} \gg U_{BE}$,则

$$I_B = (V_{CC} - U_{BE})/R_b \approx V_{CC}/R_b$$

当 V_{CC}和 R_b选定后,偏流 I_B为固定值,得

$$I_C = \beta I_B + I_{CEO} \approx \beta I_B$$

由 $+V_{CC} \to R_c \to$ c 极→e 极→地可得

$$U_{CE} = V_{CC} - I_C R_c$$

上述三式即为共射基本电路估算静态工作点的关系式。

(2)动态性能指标的估算——微变等效电路法

①三极管的微变等效电路

“微变”指微小变化的信号,即小信号。在低频小信号条件下,三极管在工作点附近的特性可近似看成线性的。这时,具有非线性的三极管可用一个线性电路来等效,称之为微变等效电路。双极型三极管的简化微变等效电路如图 6－2－14 所示。

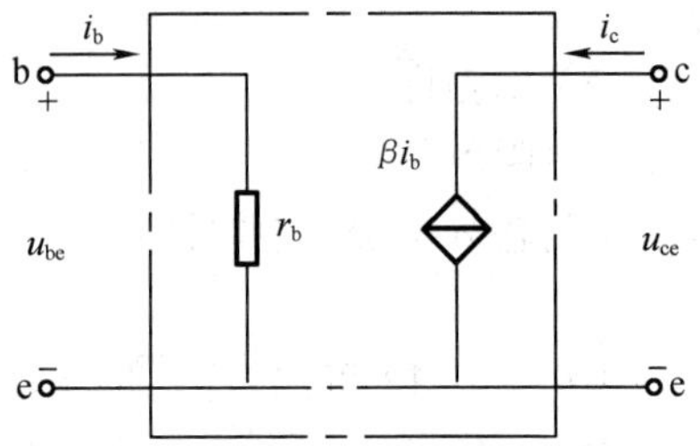

图 6－2－14　双极型三极管的简化微变等效电路

三极管的输入回路用一个等效电阻 r_{be}来替代,称为三极管的输入电阻,可用以下经验公式估算

$$r_{be} = 300 + (1 + \beta)26/I_E$$

式中，I_E射极静态电流（mA）；r_{be}的单位为欧姆，阻值约在几百到几千欧之间。

三极管输出回路有一个等效受控电流源 βi_b，其大小和方向均受基极电流毛的控制，反映了三极管的电流控制作用，$i_c = \beta i_b$。

用三极管微变等效电路分析电路时，要注意以下问题：

a. 只能用于放大电路的动态分析，绝不能用于静态分析。

b. 只限于低频小信号时使用。

c. 图 6－2－14 为 NPN 管的微变等效电路，对 PNP 管亦适用，只是电压极性及电流方向与 PNP 管相反。

②电压放大倍数 A_u的估算

将图 6－2－12（c）所示的交流通路转变为微变等效电路，电路如图 6－2－15 所示。

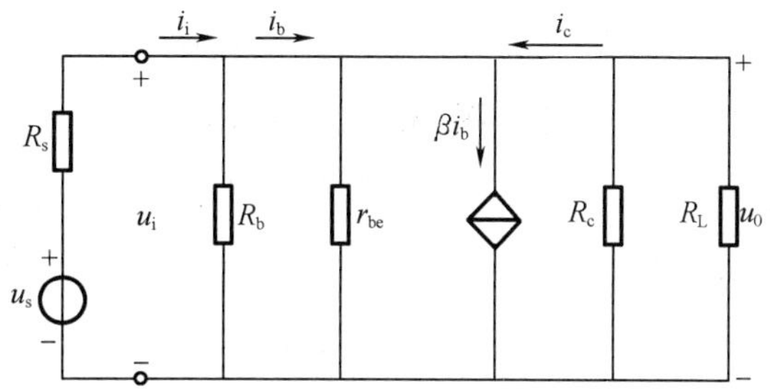

图 6－2－15　共射放大电路的微变等效电路

从图中输入端可以看出

$$u_i = i_b r_{be}$$

在输出端，输出电压为

$$u_o = -i_c(R_c//R_L) = -i_c R'_L = -\beta i_b R'_L$$

因此，电压放大倍数为

$$A_u = u_o/u_i = -\beta R'_L/r_{be}$$

③输入电阻 R_i和输出电阻 R_o的估算公式

由图 6－2－15 可以看出，输入电阻 R_i为 R_b与 r_{be}的并联值，因 $R_b \gg r_{be}$，所以输入电阻为

$$R_i = R_b//r_{be} = r_{be}$$

由图 6－2　－15 可知，当 u_s被短路时，$i_b = 0$，则 $i_c = 0$，从输出端看进去，只有电阻 R_c，所以

$$R_o = R_c$$

思考与练习

1. 晶体三极管的 I_{CBO}是指________极开路的情况下，________的电流。

2. 已知某三极管 $V_{BE} = 0.7$ V，$V_{CE} = 0.3$ V，则该管工作在________区，是由________材料制造的。

3. 三极管用来放大时，应使发射结处于________偏置，集电结处于________偏置。

4. 在三种组态基本放大电路中，________组态同时有电压和电流放大作用，________组态输入电阻最大，________组态没有电压放大作用，只有电流放大作用。

参 考 文 献

[1] 杨翠敏. 电工常识[M]. 北京:机械工业出版社,2005.

[2] 蒙俊健. 电工常识[M]. 北京:机械工业出版社,2009.

[3] 宋昌才. 电工识图[M]. 北京:化学工业出版社,2010.

[4] 林向淮,安志强. 电工识图入门[M]. 北京:机械工业出版社,2004.

[5] 张巍山. 电工基础[M]. 北京:中国电力出版社,2010.

[6] 刘建军. 电工基础[M]. 武汉:武汉理工大学出版社,2009.

[7] 周南星. 电路基础[M]. 北京:中国电力出版社,2006.

[8] 张志良. 电工基础[M]. 北京:机械工业出版社,2010.